AF545366

Susanna Partsch

Artemisia Gentileschi

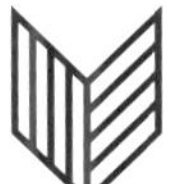

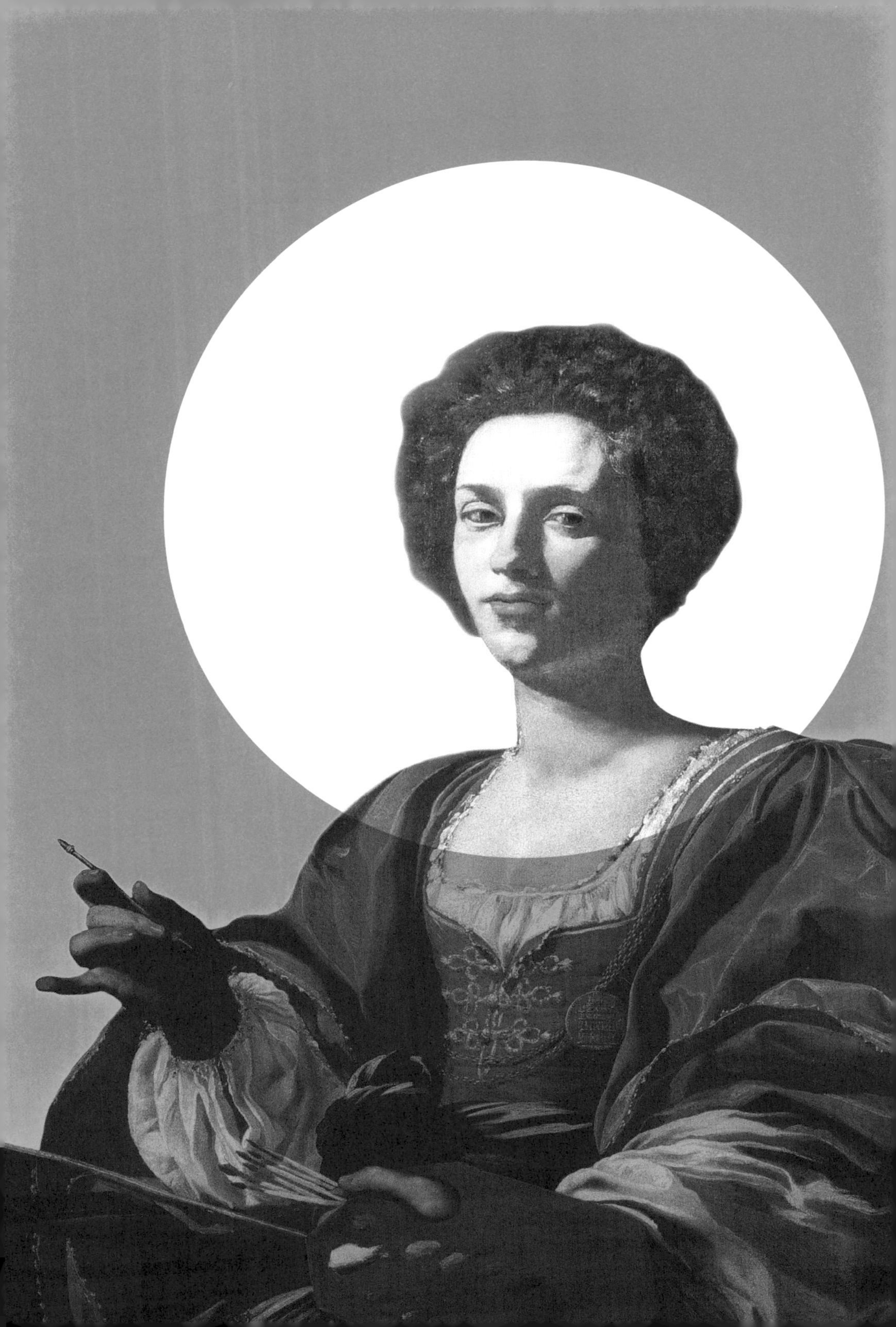

Susanna Partsch

Artemisia Gentileschi

Kämpferische Barockmalerin

Kompromisslose Geschäftsfrau

Künstlerin zwischen Florenz und Rom

Die Biografie

MOLDEN

„Ich arbeite schnell
und ununterbrochen“

Artemisia Gentileschi, 1649

Intro

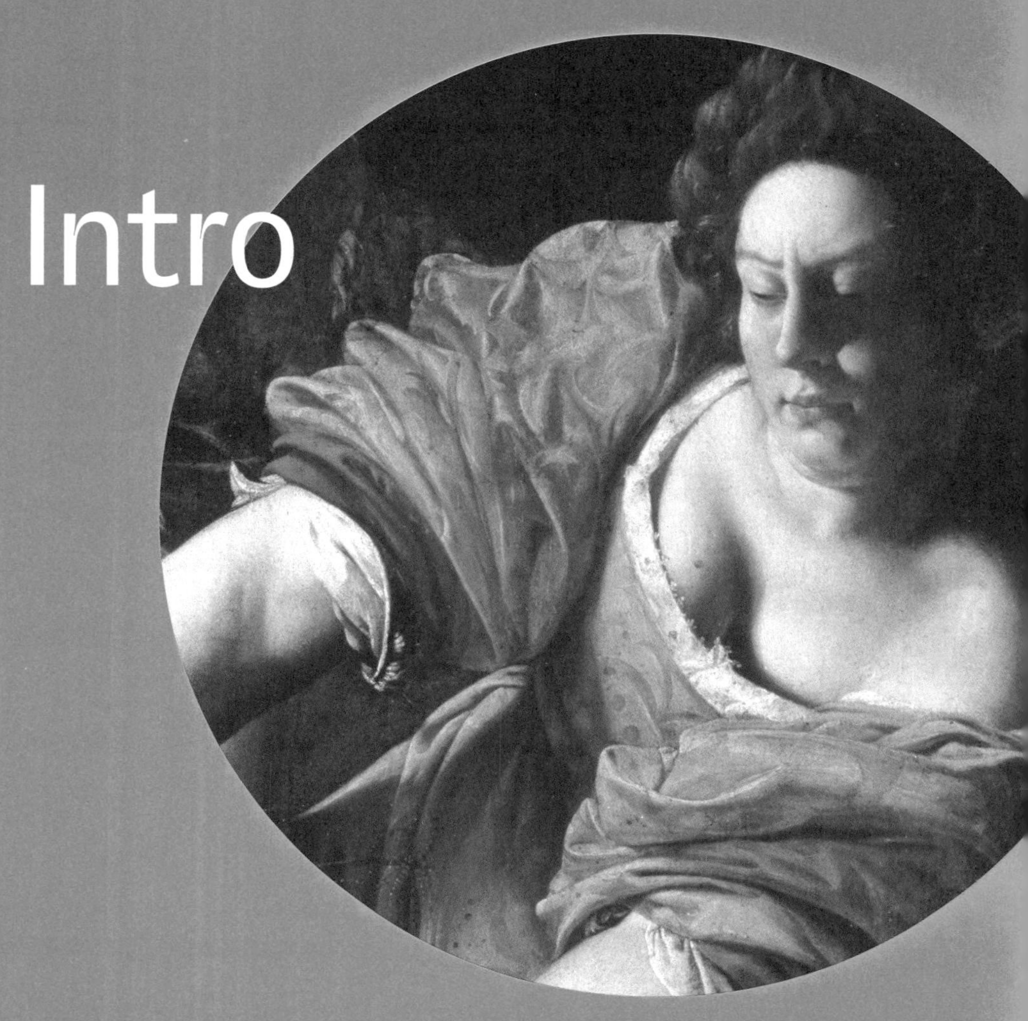

„Einen kämpferischen Geist im Herzen einer Frau“

Artemisia Gentileschi, 1649

„Ma questa è la donna terribile“, schrieb der italienische Kunsthistoriker Roberto Longhi 1916 in dem ersten, Artemisia Gentileschi gewidmeten kunsthistorischen Aufsatz. Bezogen war dieser Satz allerdings nicht nur auf die Malerin, sondern vielmehr auch auf das Bild, das sie gemalt hatte: *Judith enthauptet Holofernes* (Farbtafel 5) war noch nie so gewalttätig und so kaltblütig dargestellt worden – und das auch noch von einer Frau! Doch wollte Longhi damit wirklich sagen, dass Artemisia Gentileschi eine furchterregende Frau war? Wollte er nicht eher darauf hinweisen, wie außergewöhnlich sie war? Denn auch das kann das italienische Wort *terribile* bedeuten.

Roberto Longhi kommt das Verdienst zu, einen ersten wissenschaftlichen Aufsatz über die Malerin geschrieben zu haben, die im 17. Jahrhundert in Rom, Florenz, Venedig, Neapel und London gelebt und gewirkt hatte. Doch noch lange danach gehörte sie weiterhin zu den vergessenen Künstlerinnen in einer männlich dominierten Welt. So schrieb 1970 ein namhafter Kunsthistoriker in einem Standardwerk der Kunstgeschichte über das Rom im 17. Jahrhundert: „Wer der Malerin Artemisia Gentileschi vorgestellt zu werden das Glück hatte, lernte eine skandalumwitterte Schönheit kennen.“[1] Der Katalog einer großen Kunstbibliothek verzeichnet von 1915 bis 1970 zwanzig Einträge, heute sind sie auf etwa 350 angewachsen.

Nach dem Aufsatz von 1915 blieb es also weiterhin still um die Malerin, daran änderte sich auch nichts, als die mit Longhi verheiratete Kunsthistorikerin Lucia Lopresi unter dem Pseudonym Anna Banti 1947 einen Roman über Artemisia veröffentlichte, der 1992 (!) auch auf Deutsch erschien. Doch in den 1970er-Jahren begannen vor allem US-amerikanische Kunsthistorikerinnen nach vergessenen Künstlerinnen zu suchen, und es stellte sich heraus, dass es doch eine größere Anzahl an Frauen gegeben hatte, die künstlerisch tätig gewesen waren als angenommen. Sie waren zu Lebzeiten und darüber hinaus bekannt gewesen, aber dann von den männlichen Kunsthistorikern mit Nichtachtung gestraft worden, da es Frauen angeblich an Kreativität mangelte.

In den letzten Jahrzehnten wurden viele Künstlerinnen wiederentdeckt, und auch über Artemisia Gentileschi haben neue Archivfunde Erstaunliches zutage befördert, so eine zeitgenössische Biografie und eine aus

S. 8: Judith enthauptet Holofernes, um 1613/14, Detail

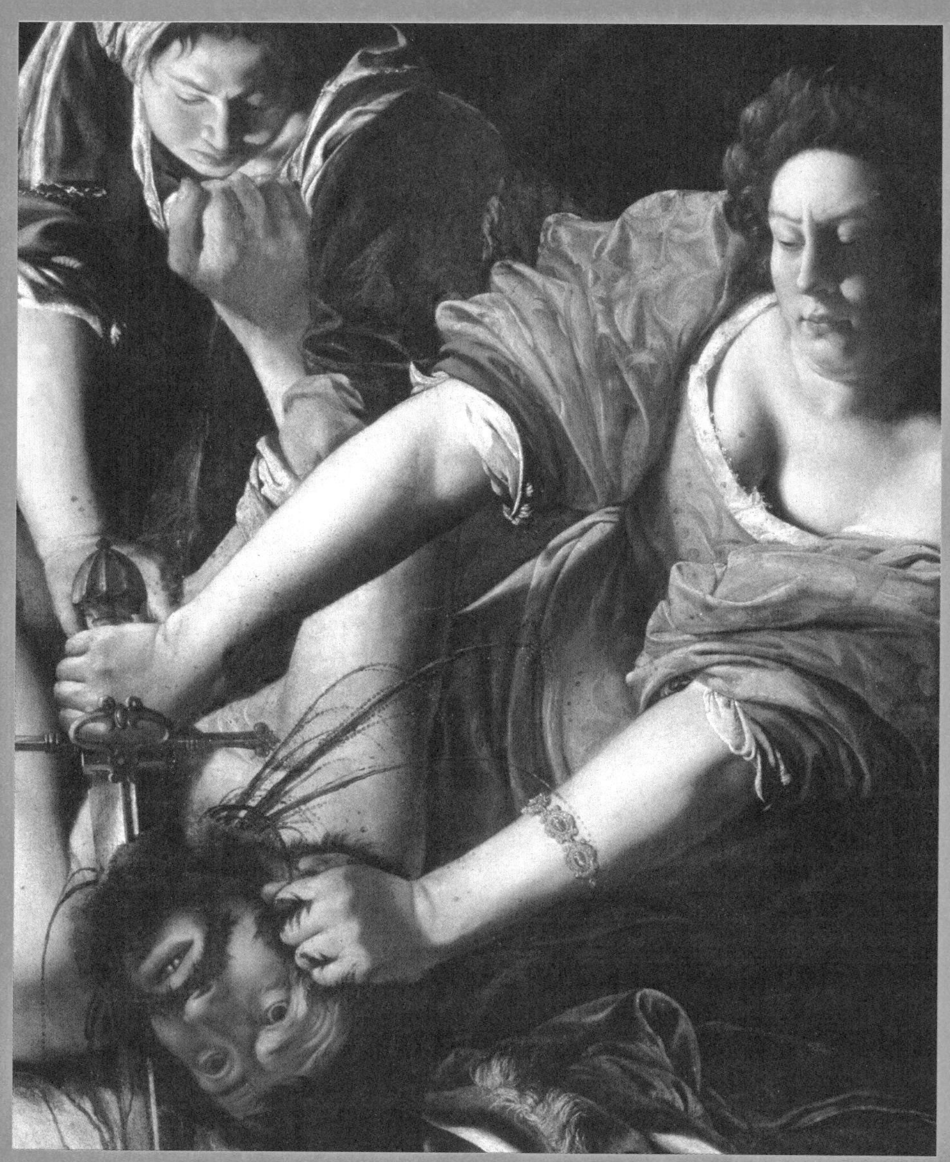

Judith enthauptet Holofernes wurde zuvor nie so gewalttätig und kaltblütig dargestellt.

dem 18. Jahrhundert, den Heiratsvertrag, Artemisias Finanzgebaren in Florenz und die Liebesbriefe an den Florentiner Bankier Francesco Maria Maringhi. Sie bestätigen ihr Selbstbewusstsein als Malerin, das sich allein schon in der Äußerung einem ihrer Mäzene gegenüber ausdrückt, dem sie 1649 versicherte, er finde bei ihr „einen kämpferischen Geist im Herzen einer Frau".[2] Damals war sie 55 Jahre alt und blickte auf ein reiches Leben zurück – und auf ein großes malerisches Werk, das nicht nur zu ihren Lebzeiten viel Beachtung fand. Erst die Kunsthistoriker machten eine frivole Schönheit aus ihr. Aus dieser Schublade haben sie die Kunsthistorikerinnen wieder befreit. Allerdings haben einige von ihnen sie zu einer Feministin gemacht, die an einem grausamen Schicksal trug, das sie mit ihren Bildern versuchte zu verarbeiten. Dieses Artemisia-Trauma geistert bis heute durch die Literatur und verstellt den Blick auf die hervorragende Malerin, die Aufträge von den großen europäischen Herrscherhäusern erhielt. Sie malte vor allem Historienbilder und entwickelte für das damals so beliebte alttestamentarische Sujet *Judith und Holofernes* sogar eine neue Bildsprache. Zu Recht werden die Gemälde der „donna terribile" in den Museen inzwischen an prominenter Stelle gezeigt und sind ihr in den letzten Jahrzehnten große Ausstellungen gewidmet worden.

I
Rom um 1600

„… denn Rom ist die Stadt, wohin vor andern Städten der Maler Reise geht …“

Karel van Mander, 1604

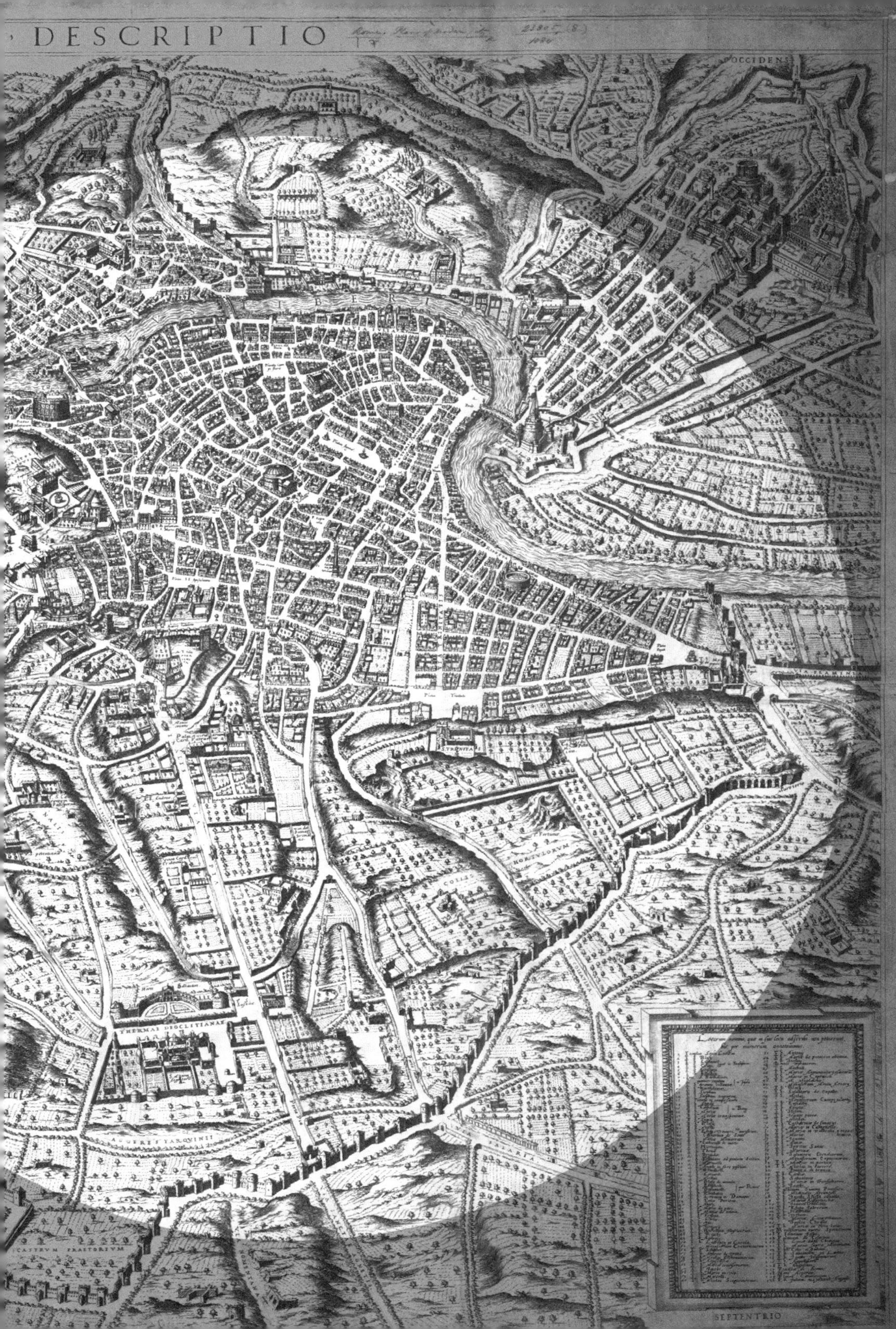

DESCRIPTIO
OCCIDENS
VIA FLAMINIA
THERMAE DIOCLITIANAE
AGGER TARQUINII
CASTRUM PRAETORIUM
SEPTENTRIO

Stadt der Künste

Als Artemisia Gentileschi 1593 geboren wurde, war Rom (Abb. S. 15) eines der wichtigsten künstlerischen Zentren Italiens. Der Neubau von Sankt Peter, 1506 begonnen, war immer noch nicht vollendet. Architekten, Bildhauer, Maler, Kunsthandwerker fanden dort nach wie vor ein großes Betätigungsfeld. Außerdem bereitete sich die Stadt mit weiteren Bauvorhaben auf das Heilige Jahr 1600 vor. Aus allen Teilen Italiens, aber auch aus anderen europäischen Ländern, wie den Niederlanden, Frankreich und den deutschsprachigen Gebieten, drängten Künstler:innen in die Heilige Stadt und bildeten ihre eigenen kleinen Kolonien. Sie lebten vorwiegend in dem relativ neuen Viertel, das von der Piazza del Popolo stadteinwärts führte. Es bildeten sich Freundschaften, gemeinsam geführte Werkstätten, aber natürlich auch Rivalitäten, die häufig zu Handgreiflichkeiten führten, was in vielen Fällen durch Prozessakten belegt ist. Diese Rivalitäten waren auch durch das Überangebot an Künstlern zu erklären. Außerdem war Rom dafür bekannt und berüchtigt, dass Diebe und Raufbolde ihr Unwesen trieben und Überfälle an der Tagesordnung waren. Hinzu kam ein lockerer Lebenswandel, der auch vor den Toren des Vatikans nicht haltmachte. Und so stellte der holländische Maler, Dichter und Kunstschriftsteller Karel van Mander in seinem 1604 verfassten Schilderboek (Malerbuch) die Gefahren dar, die in Rom auf die jungen Maler warteten: „Doch ich möchte euch vollends zum Reisen ermutigen, würde ich nicht befürchten, ihr würdet abirren; denn Rom ist die Stadt, wohin vor andern Städten der Maler Reise geht; sie ist das Haupt der Malerschulen, aber auch der rechte Platz, wo Verschwender und verlorene Söhne ihre Habe durchbringen. Es bleibt gewagt, der Jugend die Reise zu erlauben.“[3] Und er fuhr fort, dass manch einer arm und beraubt aus diesem „Verräternest“ zurückkehrte. Des Weiteren warnte er vor „leichtfertigen Frauenzimmern“, die einem das ganze Leben ruinieren könnten.[4]

S. 12/13: Stadtplan von Rom, 1577

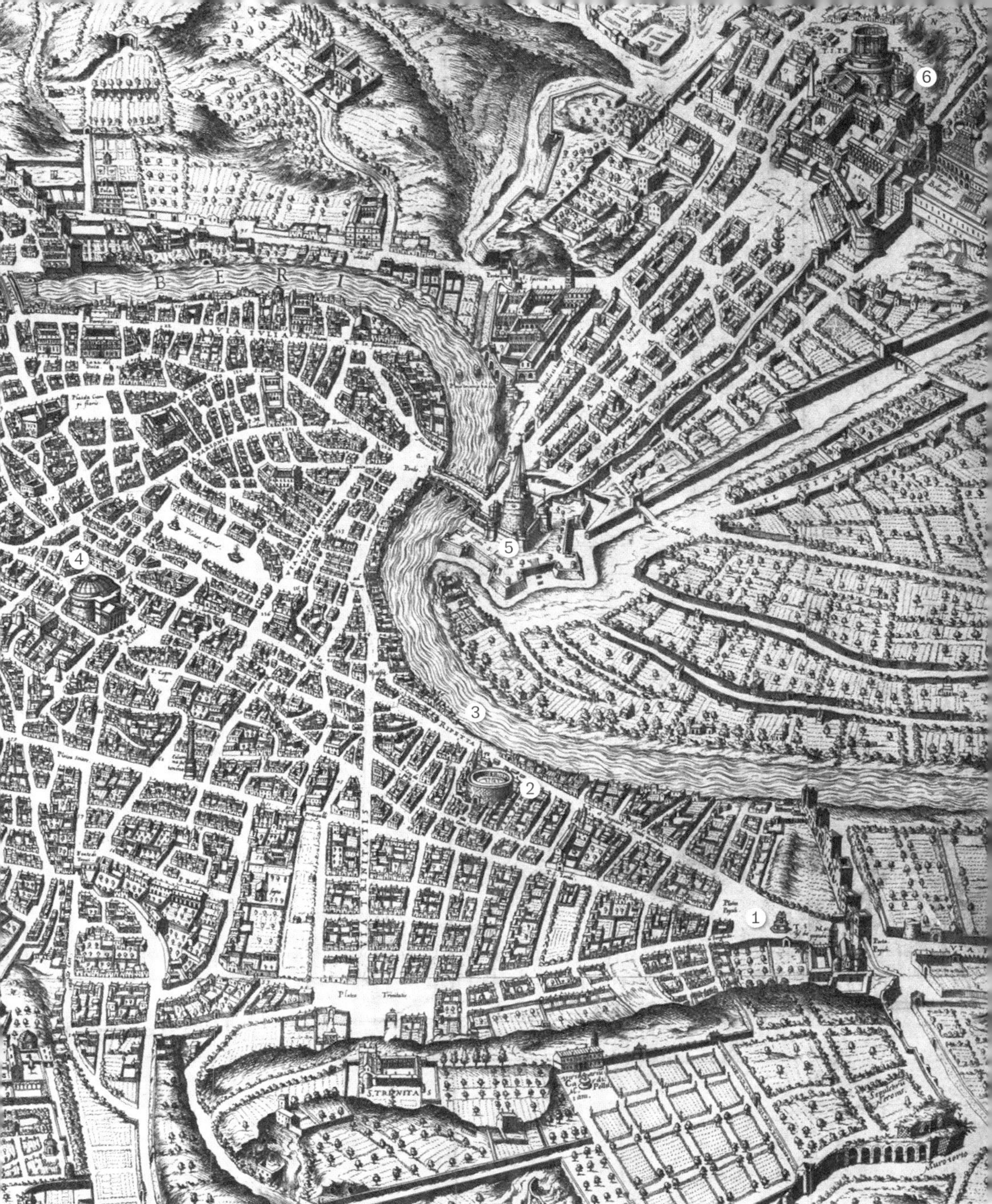

Im Jahr 1577, also kurz vor Artemisias Geburt, war das besiedelte Rom relativ klein. In der Nähe der Piazza del Popolo rechts im Bild befand sich das Künstlerviertel, in dem auch die Familie Gentileschi wohnte.
1 Piazza del Popolo, 2 Augustusmausoleum, 3 Porto di Ripetta, 4 Pantheon, 5 Engelsburg, 6 Petersdom

Karel van Mander hielt sich vermutlich zwischen 1575 und 1577 in Rom auf. Er traf dort unter anderem auf seinen Landsmann Bartholomäus Spranger, hatte aber natürlich auch zu italienischen Künstlern Kontakt. Orazio Gentileschi wird nicht darunter gewesen sein, der als junger Mann irgendwann zwischen 1575 und 1578 nach Rom kam und wahrscheinlich erst dort zum Maler ausgebildet wurde. Zehn Jahre später gehörte Gentileschi zu den Künstlern, die die Bibliothek im Vatikan mit Bildern ausstatteten. Von 1593, also dem Jahr, in dem seine Tochter geboren wurde, stammt sein erstes bekanntes, eigenständiges Werk.[5]

1593 lebte auch der aus Caravaggio bei Mailand stammende Maler Michelangelo Merisi bereits in Rom und führte ab da seinen Geburtsort im Namen. Er arbeitete erst in der Werkstatt des damals führenden römischen Malers, Giuseppe Cesari, gen. Cavalier d'Arpino, und wurde ab 1594 von Kardinal Del Monte gefördert, in dessen Haus er auch eine Weile lebte. Cesari wiederum sorgte 1594 dafür, dass einer der bekanntesten Bologneser Maler, Annibale Carracci, nach Rom kam, um dort einen großen Auftrag auszuführen.

Viele der Künstler waren in der erst 1577 initiierten und 1593 gegründeten Accademia di San Luca organisiert. Lange hatten sie dafür kämpfen müssen, nicht mehr als Handwerker einer Zunft anzugehören, in der strenge Regeln herrschten. In Florenz gelang bereits 1563 die Gründung der ersten Akademie, Rom folgte erst 30 Jahre später. Jetzt galten die Künstler und die wenigen Künstlerinnen als Gelehrte und waren freier in ihrem Handeln. Regeln für ihre Ausbildung wurden allerdings auch hier festgelegt.

Durch die Akademie gab es erstmals ein Forum, in dem die Bilder der Künstler:innen ausgestellt wurden. Es entstand ein freier Markt, der Beruf des Kunsthändlers oder -agenten etablierte sich. Damit wurde aber natürlich auch die Konkurrenz befördert.

Hinzu kam, dass durch die vielen Künstler aus den verschiedenen Orten (und es waren tatsächlich hauptsächlich Männer, aber davon später) die unterschiedlichsten Stilmittel Verwendung fanden. Die Niederländer malten anders als die Franzosen, die Bologneser unterschieden sich von den Florentinern und vor allem von den Römern. Diese

Gemengelage besaß ein kreatives Potenzial, durch das neue Ideen entstanden. Caravaggio zum Beispiel war nicht nur ein Meister im Chiaroscuro, also in der Hell-Dunkel-Malerei, sondern er malte die Heiligen nach Modellen, die er auf der Straße kennenlernte – Bettler, Diebe, Prostituierte, deren Gesichter man in den Bildern wiedererkannte. Und er malte sie mit nackten, dreckigen Füßen.[6] Skandalös und faszinierend zugleich. Im Gegensatz dazu bediente sich der aus Bologna stammende Annibale Carracci einer ganz anderen Malweise. Mit seinen meist hellen Bildern in klaren, strahlenden Farben und einer seinen Gestalten innewohnenden andächtigen Frömmigkeit kam er zu vollkommen anderen Ergebnissen.

Künstlerwettstreit in der Cerasi-Kapelle

Die unterschiedlichen künstlerischen Ausdrucksformen faszinierten den Kunstsammler Vincenzo Giustiniani, einen Förderer Caravaggios. Als Berater des römischen Juristen und päpstlichen Schatzmeisters Tiberio Cerasi schlug er diesem vor, seine Grabkapelle in Santa Maria del Popolo von jenen beiden Künstlern ausstatten zu lassen. Im Sommer 1600 hatte Cerasi die Zusage der Augustiner erhalten, die links vom Chor gelegene Kapelle nutzen zu dürfen. Kurz darauf erhielt Annibale Carracci den Auftrag für die Deckenfresken und das Altarbild mit der *Himmelfahrt Mariens* (Abb. S. 18), am 24. September wurde dann Caravaggio beauftragt, die beiden seitlichen Gemälde mit der *Bekehrung des heiligen Paulus* (Abb. S. 19) und der *Kreuzigung des heiligen Petrus* auszuführen.

Cerasi erlebte die Vollendung seiner Kapelle nicht mehr, er starb bereits am 3. Mai 1601. Die Bilder waren zwar schon fertig, doch die Umbaumaßnahmen und die Ausstattung der Kapelle selbst dauerten an, sodass sie erst im November 1605 offiziell eingeweiht wurde. Die Bilder waren im Mai 1605 montiert worden und konnten jetzt den Wettstreit miteinander aufnehmen. Doch die dazugehörigen Hauptverantwortlichen fehlten. Der Auftraggeber, der wahrscheinlich stolz die Konfrontation der damals besten Maler in Rom hatte präsentieren wollen, lebte nicht mehr. Caravaggio verließ die Stadt noch vor der offiziellen Einweihung der Kapelle fluchtartig nach einem Streit, der für die Gegenseite tödlich endete und damit den Maler zum Mörder machte. Carracci hingegen hatte sich 1604 krankheitsbedingt aus der Öffentlichkeit zurückgezogen.

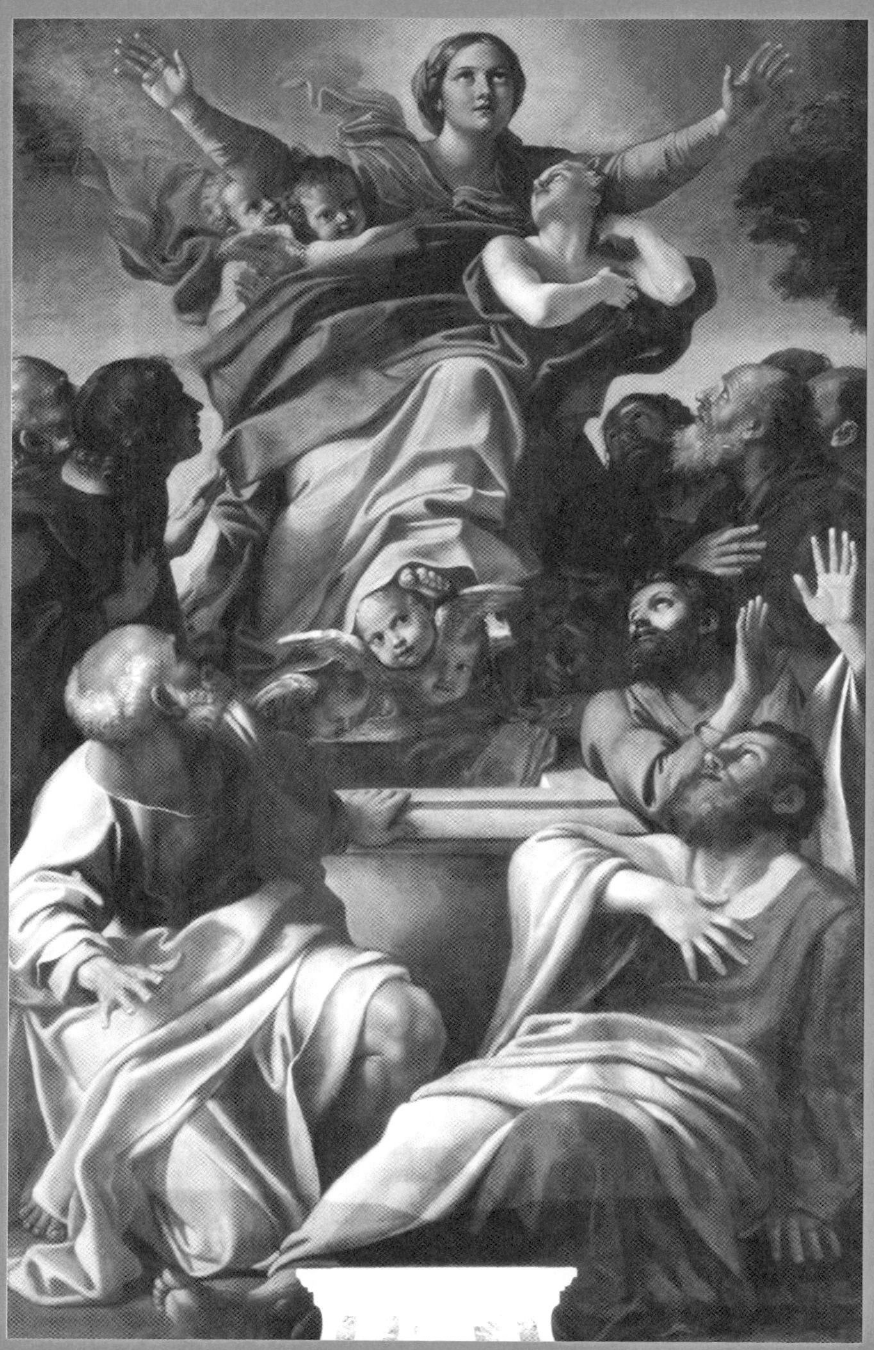

Auf dem Altarbild mit der *Himmelfahrt Mariens* von Annibale Carracci sind die Apostel Petrus und Paulus besonders prominent in Szene gesetzt.

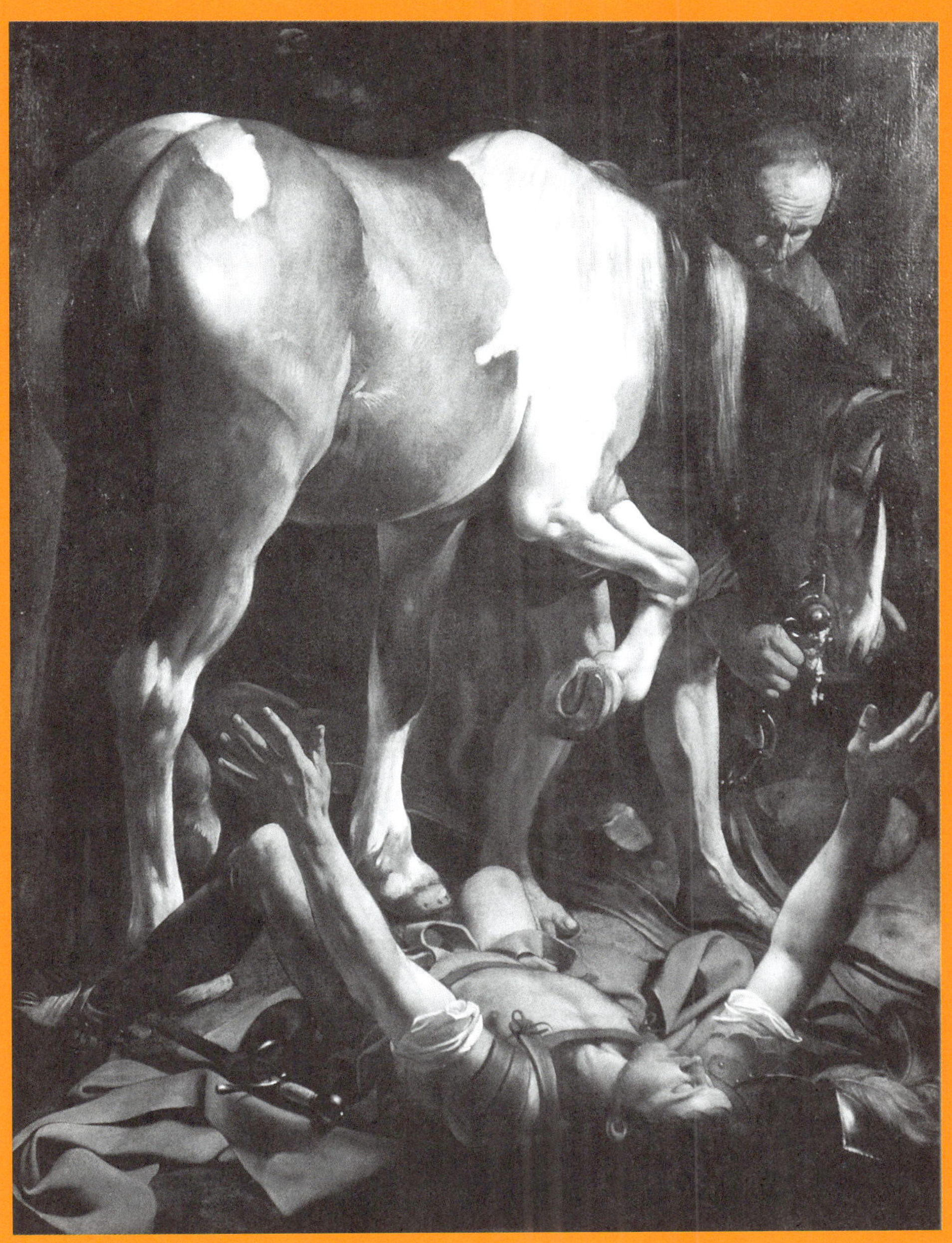

Die *Kreuzigung Petri* und die *Bekehrung des Paulus* von Caravaggio rahmen bis heute Carraccis Altarbild in der Cerasi-Kapelle von Santa Maria del Popolo in Rom.

Natürlich wurde die Kapelle in der römischen Öffentlichkeit wahrgenommen, und auch heute noch kann man in der Cerasi-Kapelle von Santa Maria del Popolo die drei Werke betrachten. Bei der *Himmelfahrt Mariens* fallen die leuchtenden klaren Farben auf. Maria, in ein rotes Gewand gehüllt, das teilweise von ihrem blauen Mantel bedeckt ist, hat die Arme ausgestreckt und strebt dem Himmel entgegen, begleitet von Engeln, die sie nach oben tragen. Die Apostel blicken ihr nach. Exponiert am unteren Bildrand und größer als die anderen befinden sich Petrus in Blau mit gelbem Mantel und Paulus in Grün mit einem leicht ins Violette changierenden roten Mantel. Diese Farben übernahm Caravaggio zwar in seinen Bildern, sie leuchten aber nicht so wie bei Carracci, weil Caravaggio entgegen der im Auftrag formulierten Absprache, Zedernholz zu verwenden, es vorgezogen hatte, die Bilder auf Leinwand zu malen.

Das Gemälde der *Kreuzigung des heiligen Petrus* befindet sich auf der linken Seite der Kapelle und damit auch auf jener Seite, wo der Heilige in der *Himmelfahrt* dargestellt ist. Der ans Kreuz genagelte Petrus wird kopfüber aufgestellt, weil er nicht in derselben Position sterben wollte wie Christus. Sein nackter Oberkörper, das strahlend weiße Lendentuch und sein Gesicht sind von einer Lichtquelle beleuchtet, die sich außerhalb des Bildes befindet. Sie scheint von der *Himmelfahrt Mariens* zu stammen. Die Schergen, die das Kreuz aufrichten, bleiben im Schatten, das Gesicht des linken ist kaum zu erkennen, die Köpfe der anderen beiden nur von hinten zu sehen. Der Schmerz spiegelt sich im Gesicht des alten Petrus, der auf den einen Nagel starrt, der seine Hand durchbohrt hat. Die Muskeln der Schergen sind angespannt, sie brauchen all ihre Kraft, das Kreuz aufzurichten. Der blaue Mantel des Petrus liegt am Boden, die Kleidung der Schergen ist in Rot, Gelb und Grün gehalten.

Ebenfalls von der *Himmelfahrt* beleuchtet ist das andere Bild, das die *Bekehrung des Saulus zum Paulus* thematisiert. Der aus Tarsus stammende Saulus verfolgte die Anhänger von Jesus Christus, bis dieser ihm in einer Vision erschien. Überwältigt von dem Ereignis stürzte er vom Pferd, blieb drei Tage blind und wurde danach gläubig (sehend). Als Paulus wurde er zum ersten Missionar des Christentums. Caravaggio hat in seinem Bild den Moment eingefangen, als Saulus vom Pferd gestürzt ist und mit ausgebreiteten Armen auf seinem roten Mantel am Boden liegt. Seine Armhaltung entspricht der Mariens, es ist, also ob sie sich umarmen wollten und er damit Aufnahme in die Kirche erhielte. Das Licht bescheint auch den Körper des Pferdes, vom Stallknecht, der der Szene beiwohnt, sind nur die Beine und das verschattete Gesicht zu erkennen.

Auch wenn eine gewisse Konkurrenz mit Sicherheit zwischen den beiden Malern bestanden hat, so haben sie sich aber auch gegenseitig respektiert und geschätzt. Von Caravaggio ist unter anderem die Aussage überliefert, dass er Annibale Carracci für einen Meister ersten Ranges hielt. Das sagte er in einem Verhör, das 1603 stattfand, nachdem er im Gefängnis gelandet war. Der Verhaftung waren Streitigkeiten vorausgegangen, die im damaligen Rom auf der Tagesordnung standen und die so gar nicht zu den frommen Bildern passen wollen. In diesem Fall haben sich die Gerichtsakten erhalten, wodurch ein Bild der Rivalität überliefert ist, wie sie sich im damaligen Rom häufiger abspielte.

Irdische gegen himmlische Liebe

1601/02 hatte Caravaggio für Vincenzo Giustiniani das Bild eines *Amors als Sieger* (Abb. S. 26) gemalt, das einen nackten Jungen mit Flügeln zeigt. Die Pfeile in seiner Hand weisen ihn als Liebesgott aus. Auf dem Fußboden liegen Musikinstrumente und Notenblätter, außerdem Winkel und Zirkel, ein Lorbeerkranz sowie Teile eines sternenbesetzten Globus. Amor hat sein linkes Bein elegant auf ein Tuch gelegt, das über einem Bett oder einer Tischkante hängt. Dahinter sind noch Krone und Zepter zu erkennen, die Insignien der weltlichen Macht.

Kurz danach malte sein Widersacher Giovanni Baglione als Antwort auf diesen seine Nacktheit zur Schau stellenden Jungen das Bild *Der himmlische Amor besiegt den irdischen Amor* (Abb. S. 22) und schenkte es dem Bruder von Caravaggios Auftraggeber, dem Kardinal Benedetto Giustiniani, nachdem er es in der jährlich stattfindenden Ausstellung in der Kirche S. Giovanni Decollato gezeigt hatte. Für dieses Bild eines gerüsteten Engels, der einen wehrlosen Knaben mit seinem Flammenschwert bedroht, hatte Baglione vom Kardinal eine goldene Kette

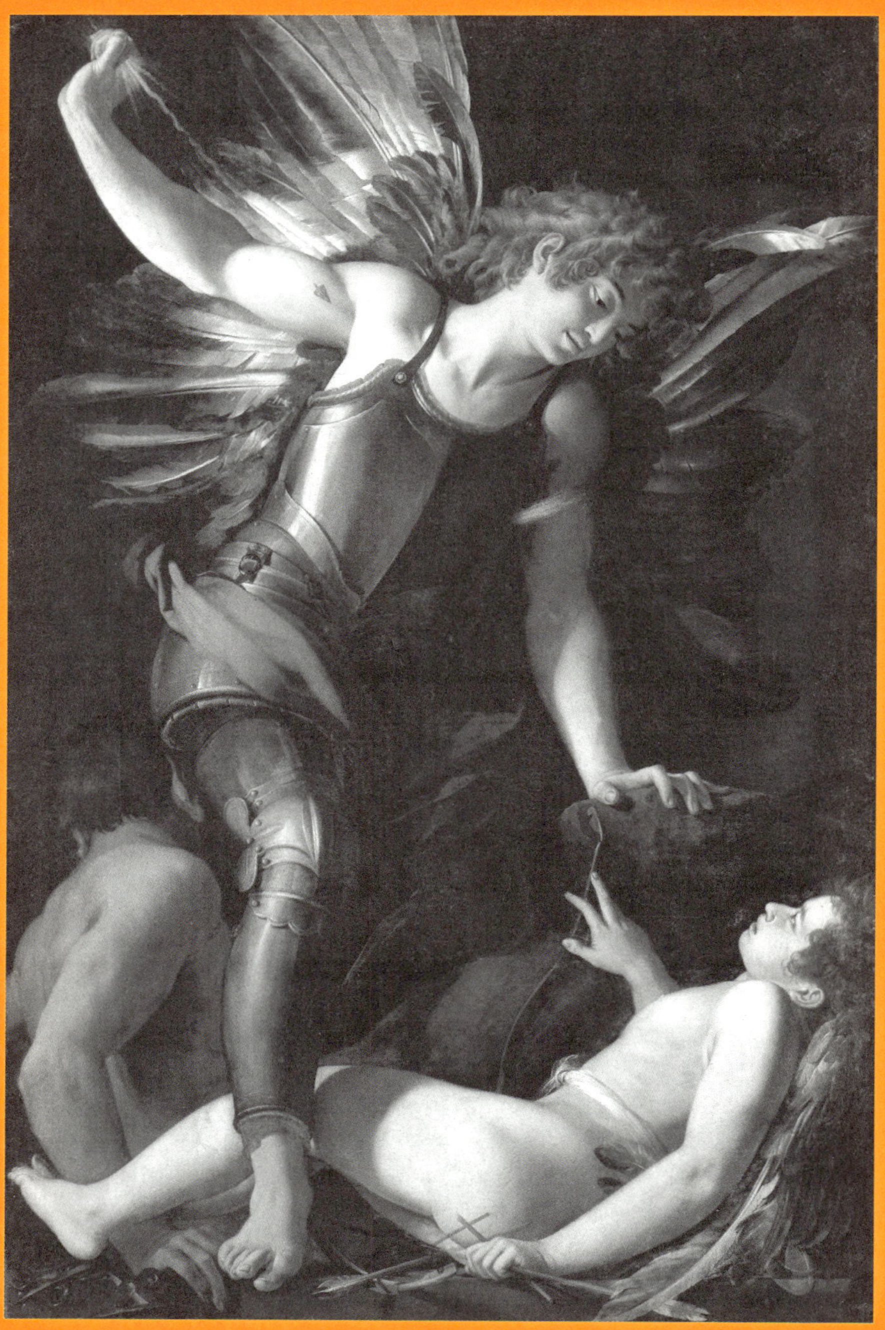

Für das Gemälde *Der himmlische Amor besiegt den irdischen Amor* erhielt Giovanni Baglione zwar eine goldene Kette, wurde aber von etlichen Malerkollegen verspottet.

erhalten. Außerdem bekam er den Auftrag von den Jesuiten, eine *Auferstehung Christi* zu malen, die zu Ostern 1603 präsentiert wurde.

Nur wenig später machten zwei Spottverse in Rom die Runde. Der erste von ihnen lautet:

„Giovanni ‚Krempel', Du hast keine Ahnung.
Deine Gemälde sind große Schmierereien [Weiberwerk]
Ich möchte sehen, wie Du mit ihnen auch nur einen Heller verdienst,
um Dir (genügend) Stoff für ein Paar Hosen zu leisten.
So wird jeder Deinen Arsch sehen können.
Also trage Deine Zeichnungen und Kartons, die Du gemacht hast,
zu Andrea, dem Wurstverkäufer, [damit er seine Salami darin einwickeln kann].
Oder wisch Dir den Arsch damit ab, oder stopfe der Frau von Mao [das ist Tomaso Salini]
(damit) die Fotze, damit er sie mit seinem Maultierschwanz nicht mehr fickt.
Vergib mir Maler, wenn ich Dir nicht schmeichle,
weil Du der Kette unwürdig bist, die Du trägst
und der Malerei eine Schande".[7]

Es sind deftige Worte, derer sich der Verfasser bediente, und im zweiten, längeren, Gedicht nimmt er ebenfalls kein Blatt vor den Mund, kritisiert wieder die Malweise von Baglione und spielt noch einmal auf die Kette an, die besser um seine Füße passen würde als um seinen Hals.

Einzelne Anspielungen sind erklärungsbedürftig. So wird in der ersten Zeile der Name Baglione in Bagaglia verändert, was Gepäck bedeutet oder eben wertloser Krempel. Dieser Begriff wird in drastischer Form auf seine Gemälde und Zeichnungen übertragen, um dann Bagliones Schüler und Mitarbeiter Tommaso Salini (Mao) und dessen Frau zu diffamieren. Salini gehörte dann auch im folgenden Prozess zu den wichtigsten Zeugen, war er es doch, der die Gedichte von dem Maler Filippo Trisegni erhalten hatte. Im Austausch hatte sich der junge Trisegni erhofft, dass Salini ihm bestimmte Maltechniken zeigen würde. Dann gäbe er auch die Namen der Verfasser preis. Doch dazu kam es nicht mehr, denn Salini zeigte die Gedichte Baglione, der daraufhin am 28. August 1603 Strafanzeige stellte. Am 11. September wurden Caravaggio, Orazio Gentileschi und Trisegni verhaftet und in zwei verschiedene Gefängnisse gesteckt, damit sie keine Absprachen treffen konnten. Caravaggio und Trisegni landeten im Carcere Torre di Nona, Gentileschi in demjenigen, das Corte Savella hieß.[8]

Der Prozess verlief im Sand. Gentileschi wurde als unschuldig entlassen und Caravaggio wenig später zu Hausarrest verurteilt. Doch die Verfasser der Spottverse konnten nicht ermittelt werden, zumal noch ein junger Mann an den Geschehnissen beteiligt war, den man nicht mehr befragen konnte, weil er am 6. September gestorben war.[9] Auch wenn sich das alles nicht mehr ergründen lassen wird, bleiben die Aussagen von Gentileschi und Caravaggio interessant, weil sie ein Bild der damaligen Künstlerszene in Rom zeichnen.

Orazio Gentileschi wurde am 14. September verhört und erst einmal nach den in seinen Augen wichtigsten Künstlern Roms befragt. Daraufhin nannte er unter anderen den Cavalier d'Arpino, also Giuseppe Cesari, Annibale Carracci, Pomarancio, Caravaggio, Giovanni Baglione „und andere, an die ich mich nicht erinnere, die zur ersten Klasse gehören." Und dann fuhr er fort, als er nach seinem Verhältnis zu diesen Malern befragt wurde, dass er mit ihnen befreundet sei, es aber natürlich auch eine gewisse Konkurrenz zwischen ihnen gäbe. Als er das Bild eines *Erzengels Michael* in San Giovanni dei Fiorentini[10] ausstellte, hing diesem genau gegenüber ein Gemälde von Giovanni Baglione, ein göttlicher Amor, „den er wiederum in Konkurrenz zu einem irdischen Amor von Michelangelo da Caravaggio gemacht hatte; jenen göttlichen Amor hatte er Kardinal Giustiniani gewidmet, und obwohl besagtes Bild nicht so sehr gefiel wie dasjenige von Caravaggio, so schenkte ihm der Kardinal trotzdem, zumindest soweit zu erfahren ist, eine Kette; dieses Bild hatte viele Unzulänglichkeiten, auf die ich ihn hinwies, so zum Beispiel, dass er einen großen bewaffneten Mann gemacht habe, anstelle eines nackten Knaben, und so fertigte er daraufhin ein anderes Bild, wo er dann ganz nackt war."[11] Er bezichtigte Baglione außerdem des Hochmuts, da er von ihm, Gentileschi, erwarte, dass er als Erster den Hut zum Gruß ziehe, wenn sie sich träfen.

Caravaggio war schon einen Tag früher befragt worden und hatte wiederum die Maler aufgezählt, die er in Rom kannte, aber nicht mit allen befreundet sei und außerdem nur wenige für begabt hielte. Als valent'huomini, also als Meister ersten Ranges nannte er Giuseppe Cesari, Annibale Carracci, Pomarancio und Federico Zuccari. Gentileschi gehörte für ihn nicht dazu und er behauptete auch, dass er seit drei Jahren keinen Kontakt zu ihm gehabt hätte. Das widersprach zwar der Aussage Gentileschis, er sei mit Caravaggio befreundet, doch auch er wollte seit Monaten nicht mehr mit ihm geredet, ihm jedoch unlängst ein Kapuzinergewand und Flügel geliehen haben. Solch ein Austausch von Requisiten als Vorlagen für Bilder war unter Malern damals durchaus üblich. Da die beiden ihren engen Kontakt herunterspielen wollten, um die Sache mit den Gedichten aus der Welt zu schaffen, dienten ihre diesbezüglichen Aussagen in den Verhören nicht unbedingt der Wahrheitsfindung und können auch heute nicht als Fakten herhalten.

Amor als Sieger

Noch einmal zurück zu dem Bild (Abb. S. 26), das die ganze Debatte auslöste und schließlich zu den Gedichten und dem Prozess führte.[12] Die Nacktheit des Knaben wurde später als aufreizend empfunden und durch einige Kunsthistoriker homoerotisch gedeutet. So kam es dann wohl auch zu dem Gerücht, das Bild sei durch einen schwarzen Vorhang verdeckt gewesen und nur ausgesuchten Besuchern unter bestimmten Bedingungen gezeigt worden. Den Vorhang hatte es tatsächlich gegeben, doch aus einem ganz anderen Grund. Er war auf Anraten des deutschen Malers und Kunstschriftstellers Joachim von Sandrart angebracht worden, weil das so hervorragende Gemälde sonst alle anderen Werke überstrahlt hätte. Erst wenn die Besucher alle anderen Bilder zur Genüge gesehen hatten, wurde ganz zuletzt auch dieses Bild gezeigt.[13]

Doch auch heute noch provoziert dieses Bild. 2014 fand gegen einen Bundestags-Abgeordneten ein Ermittlungsverfahren wegen Besitzes von kinderpornografischem Material statt. In der daraufhin geführten Debatte rückte auch das Bild Caravaggios in den Fokus einiger Personen, die in der öffentlichen Präsentation eine Gefahr sahen, weil es pädophile Gefühle wecken könne. Die Berliner Gemäldegalerie erhielt einen offenen Brief, in dem die verantwortlichen Kurator:innen aufgefordert wurden, das Bild ins Depot zu verbannen.

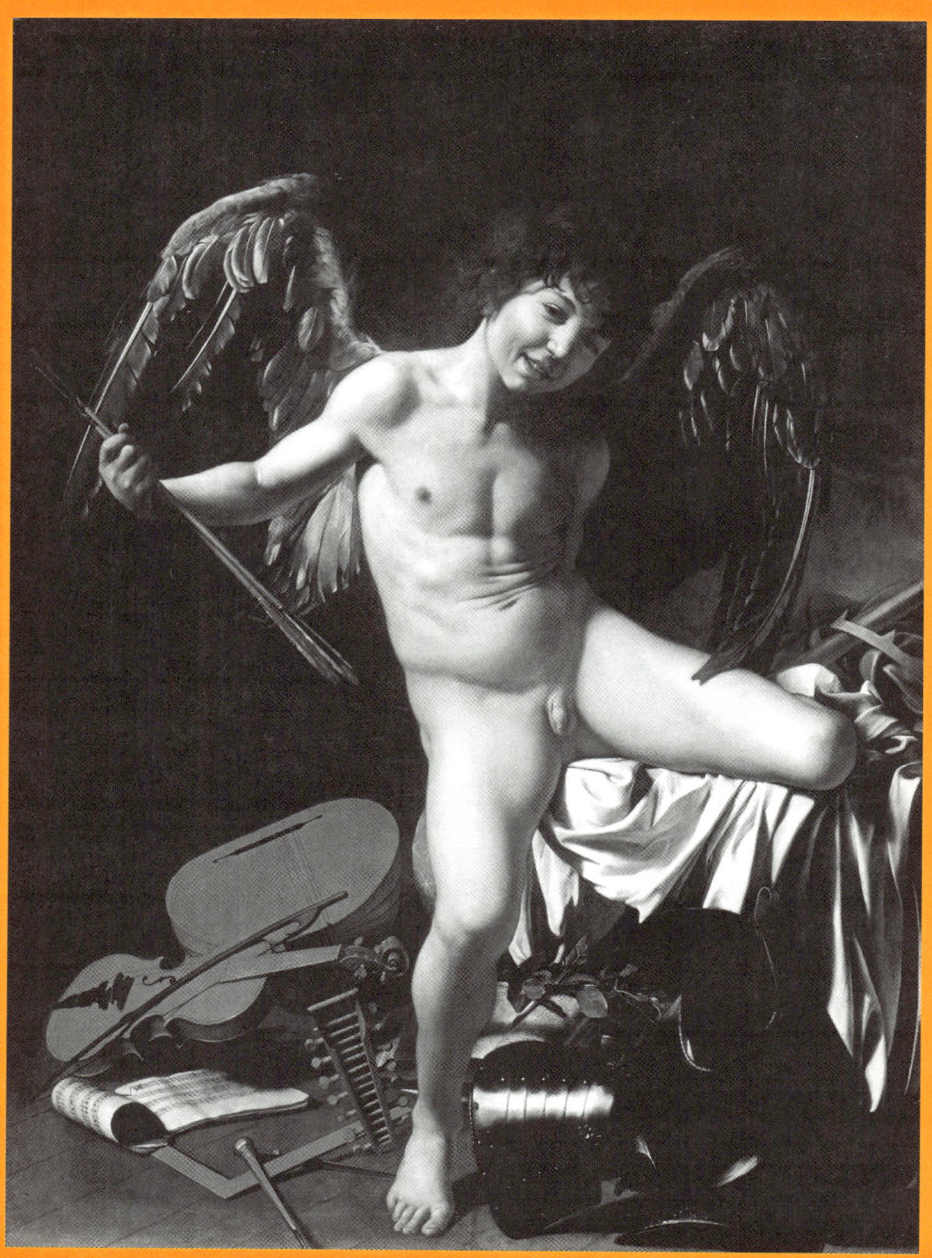

Amor als Sieger von Caravaggio provozierte bei seiner Entstehung Giovanni Baglione und im 21. Jahrhundert gestrenge Sittenwächter.

Die Begründung lautete: „... die ausdrücklich obszöne Szene dient zweifellos der Erregung des Betrachters; unter Rücksicht auf das Alter des ‚Modells' ist dieses ‚künstlerische Produkt' höchst verwerflich."[14] Der damalige Direktor der Gemäldegalerie wies das Verlangen der nicht bekannten Verfasser:innen des Briefes mit dem Argument der Kunstfreiheit zurück. Außerdem gehöre zur Darstellung des Liebesgottes Amor nun mal die Nacktheit ebenso wie die Jugend. Schon kurz davor war in der Berliner Zeitung zu lesen: „Auf solch eine Idee kam nicht mal der prüde Kaiser Wilhelm, derweil er Realisten und Impressionisten ‚Rinnsteinkünstler' schimpfte. Und nahm etwa die Barock-Epoche all ihre Putten-Bildnisse (auch in Kirchen) mit obszönen Hintergedanken auf? Kunst gerät unter Verdacht. So müssten nun gar alle Museen – von Dresden über Prag, Paris bis London – ihre Bildwerke mit nackten Kindern verbannen."[15]

Als Orazio Gentileschi verhaftet wurde, war seine Tochter Artemisia zehn Jahre alt. Zwei Jahre danach starb ihre Mutter und wurde in der Kirche Santa Maria del Popolo begraben, dort, wo die Bilder von Caravaggio und Carracci bereits zu sehen waren. Sie dürften auch Artemisia beeindruckt haben, die wohl nur wenig später ihre Ausbildung zur Malerin beim Vater begann. Denn Orazio hatte offensichtlich das Talent seiner Tochter erkannt. Außerdem war es nicht unüblich, dass alle in der Familie in der Werkstatt eines Malers mithalfen. Ob aus ihnen dann tatsächlich gute Maler:innen wurden, blieb allerdings abzuwarten.

II Kindheit und Jugend in Rom

„Der Wunsch, eine professionelle Malerin zu werden“

Cristofano di Ottaviano Bronzini, um 1618/19

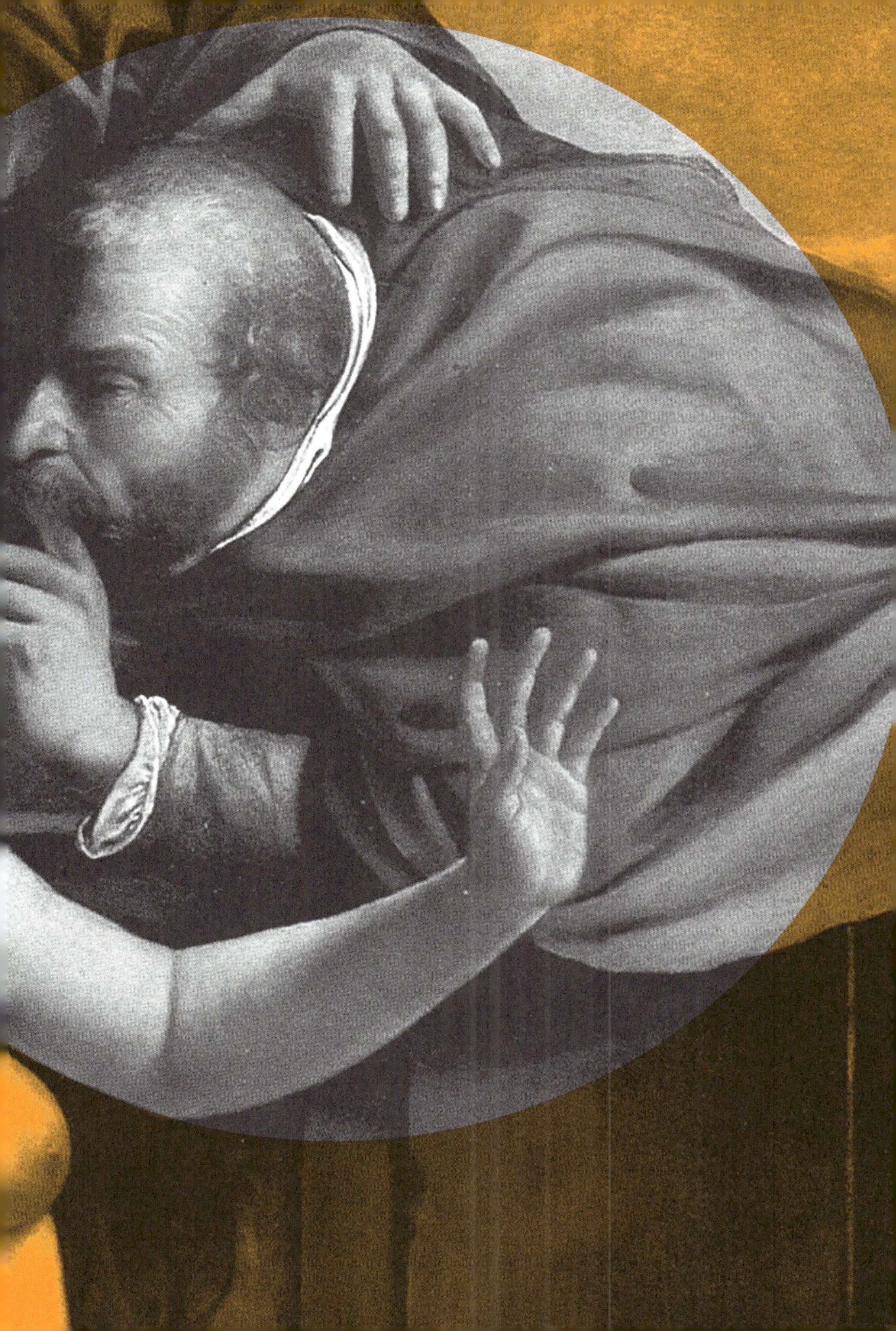

Die Eltern

Artemisia Gentileschi wurde am 8. Juli 1593 in Rom geboren und zwei Tage später in der Kirche San Lorenzo in Lucina getauft. Sie war die älteste von vier überlebenden Kindern. Ihr Vater war der Maler Orazio Gentileschi, die Mutter Prudenzia (Abb. S. 32) eine gebürtige Montoni. Das Ehepaar lebte in der Via di Ripetta, die von der Piazza del Popolo zum Tiber führt und damals noch zum gleichnamigen Hafen, dem Porto di Ripetta (Abb. S. 31).

Orazio Gentileschi stammte aus Pisa. Sein Vater, der Goldschmied Giovanni Battista di Bartolomeo Lomi, war aus Florenz nach Pisa gekommen, um dort zu arbeiten. Orazios Brüder, Aurelio und Baccio Lomi, wurden ebenfalls Maler. Orazio begann möglicherweise noch eine Lehre beim Vater und ging nach dessen Tod irgendwann zwischen 1575 und 1578 nach Rom, vielleicht sogar begleitet von dem älteren Bruder Aurelio. Dort lebte er bei einem Onkel mütterlicherseits und nannte sich nach diesem Gentileschi. Ob Orazio in den ersten Jahren in Rom als Lehrling in einer Malerwerkstatt arbeitete, ist ebenso wenig überliefert wie seine anschließenden Tätigkeiten. Man weiß, dass Aurelio 1587 noch einmal nach Rom kam, beim Bruder lebte und eine Kapelle in der Kirche Santa Maria in Vallicella mit Fresken ausstattete. Möglicherweise ging Orazio ihm dabei zur Hand. Erst danach, 1588/89, ist er mit vielen anderen Malern an der Ausstattung der Bibliothek im Vatikan beteiligt,[16] allerdings wohl nur als Gehilfe.[17]

Prudenzia stammte aus einer angesehenen römischen Familie und war mit dem Maler Sebastiano Guerra verlobt, der, als er 1591 starb, sie vorher testamentarisch als Alleinerbin eingesetzt hatte. Dadurch erhielt Orazio mit der Heirat eine komplett eingerichtete Werkstatt, was vielleicht auch zu dem ersten eigenständigen Auftrag geführt hatte. Paten von Artemisia waren der spätere päpstliche Nuntius Offredo Offredi und die Patrizierin Artemisia Capizucchi, von der sie ihren Namen erhielt.

S. 28/29: Susanna und die beiden Alten, 1610, Detail

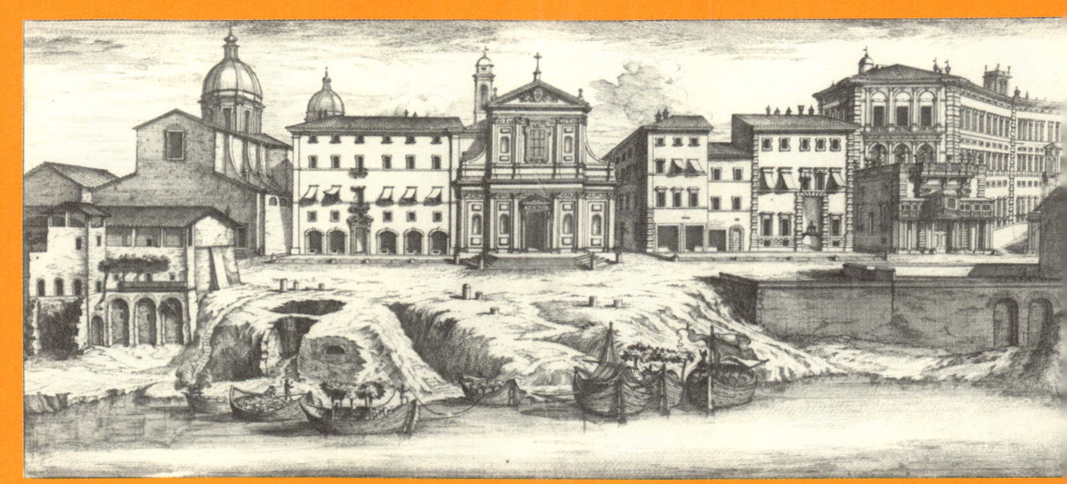

Der römische Porto di Ripetta am Tiberufer vor seinem Umbau in den Jahren 1702/03.

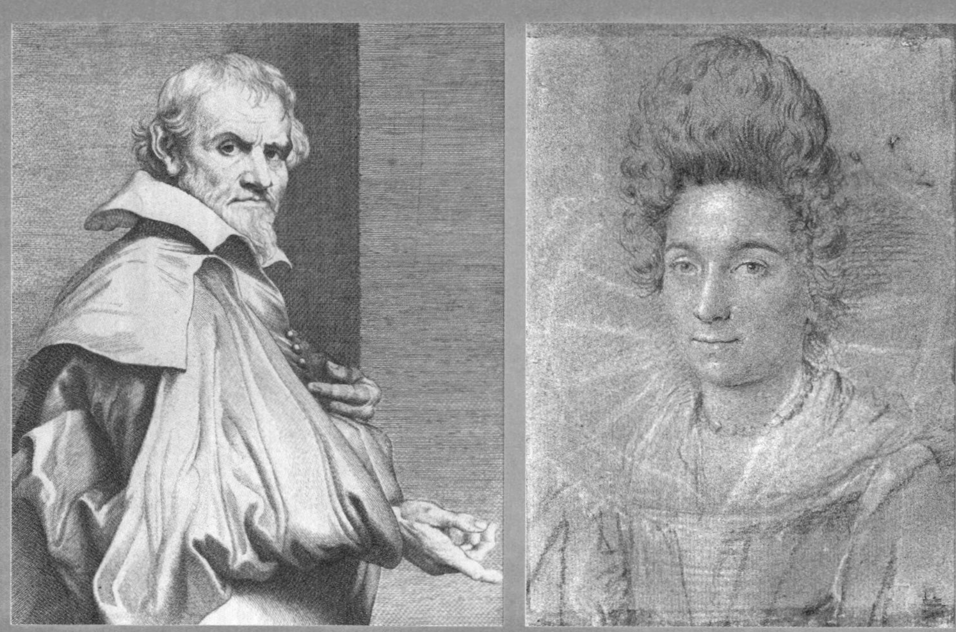

Die Eltern von Artemisia Gentileschi: Anthonis van Dyck zeichnete Orazio um 1627/35, wahrscheinlich in ihrer gemeinsamen Londoner Zeit, die Zeichnung von Prudenzia Montoni fertigte Ottavio Leoni bereits um 1600.

Eineinhalb Jahre nach Artemisias Geburt wurde der erste ihrer Brüder geboren. Dieser Giovanni Battista überlebte nur wenige Jahre, ebenso wie ein zweiter Bruder dieses Namens. Doch die Brüder Francesco, Giulio und Marco wuchsen gemeinsam mit ihr auf und begleiteten sie auch später in ihrem Leben immer wieder. Die größer werdende Familie zog mehrfach um, blieb aber lange im Künstlerviertel wohnen. Ab 1597 lebten sie in der Nähe der Piazza di Spagna, ab 1601 in der Via Paolina (heute Via del Babuino), 1611 in der Via Margutta, dann in der Via della Croce. Im Juli zogen sie dann aber auf die andere Seite des Tiber, in den Borgo Santo Spirito oberhalb des Ospedale di Santo Spirito in Sassia.

Als Orazio 1592 oder 1593 die zwölf Jahre jüngere Römerin Prudenzia heiratete, arbeitete er gerade an seinem ersten eigenständigen und dokumentierten Auftrag.[18] In den nächsten Jahren folgten weitere Aufträge, die meisten in Rom, einer in Farfa in den Sabiner Bergen. Doch die Familie blieb in Rom. Um 1600 dürfte Orazio Bekanntschaft mit Caravaggio gemacht haben. 1604 wurde er Mitglied in der Accademia di San Luca, und ein Jahr später wurde ihm die Ehre zuteil, in die Congregazione dei Virtuosi al Pantheon aufgenommen zu werden, der bis heute bestehenden päpstlichen Akademie der schönen Künste. Damit zählte Orazio zu den bedeutenderen Malern Roms, was sich auch in den Aufträgen der nächsten Jahre niederschlug. Als 1611 seine Zusammenarbeit mit Agostino Tassi begann, war Artemisia 18 Jahre alt. Ein Jahr später, im Februar 1612, klagte Orazio Agostino Tassi an, seine Tochter Artemisia am 6. Mai 1611 gewaltsam entjungfert zu haben. Der daraufhin angestrengte Prozess dauerte vom 2. März bis zum 28. November. Die Prozessakten haben sich erhalten und sind mehrfach publiziert und unterschiedlich interpretiert worden (s. Kapitel III).

Die Ausbildung zur Malerin

Im Sommer 1605 fand Artemisias Firmung in San Giovanni in Laterano statt, der eigentlichen Papstkirche. Im Dezember starb die Mutter Prudenzia im Kindbett. Der kleine Bruder Marco war gerade einmal eineinhalb Jahre alt. Artemisia mit ihren zwölf Jahren war dagegen nach damaligen Verhältnissen der Kindheit entwachsen und dürfte spätestens ab jetzt im Haushalt tätig gewesen sein, ab 1607 unterstützt von ihrer Tante Lucrezia, einer verwitweten Schwester von Orazio. Gleichzeitig machte sie vermutlich auch ihre ersten Malversuche. Denn auch, wenn sie als Frau nicht offiziell bei ihrem Vater in die Lehre gehen konnte, so hat er sie doch unterrichtet, wie er in einem Brief im Juli 1612 an die Großherzogin der Toskana schrieb. Darin pries er die Malkünste seiner Tochter, die in drei Jahren das Malerhandwerk gelernt habe und heute besser malen könne als einige der großen Meister.[19] Den Brief hatte Orazio zwar 1612 abgefasst, darin aber nicht geschrieben, dass Artemisia vor drei Jahren begonnen hatte, zu malen, sondern eben in drei Jahren das Malerhandwerk gelernt hatte. Spätestens 1607 hatte sie angefangen zu malen und drei Jahre später, 1610, ihr erstes Bild signiert, *Susanna und die beiden Alten* (Farbtafel 1), ihr (wenn auch nicht offizielles) Gesellenstück. Vielleicht war Orazio auch deshalb auf die Hilfe der Schwester Lucrezia angewiesen, weil Artemisia als Ersatzmutter und Hausfrau ausfiel. Am Tag, nachdem Agostino Tassi schuldig gesprochen war, sie gewaltsam entjungfert zu haben, also am 29. November 1612, heiratete Artemisia den Apotheker Pierantonio Stiattesi aus Florenz. Gemeinsam verließen sie Rom und lebten spätestens ab dem 11. Januar 1613 in der Stadt am Arno.

Die Biografie von Cristofano di Ottaviano Bronzini

2018 wurde eine bisher unbekannte Biografie von Artemisia publiziert, die der Literat Cristofano di Ottaviano Bronzini um 1618/19 verfasst hatte. Sie ist Teil eines 32-bändigen Manuskripts, das hauptsächlich zwischen 1615 und 1622 entstand und das von bemerkenswerten Frauen handelt.[20] Von 1622 bis 1632 wurden Teile davon in vier Büchern publiziert, doch bei seinem Tod blieb der größte Teil des Manuskripts unveröffentlicht, darunter auch derjenige mit den

Biografien von Malerinnen, Bildhauerinnen und Stickerinnen, der ungefähr 50 Seiten umfasst.

Der in Ancona geborene Bronzini lebte wohl von etwa 1591 bis 1615 in Rom und zog anschließend nach Florenz, wo er auch das Traktat schrieb. In dem den Künstlerinnen gewidmeten Teil nimmt die Biografie über Artemisia einen relativ großen Umfang ein.

„Hier lebt heute (und mag sie noch viele Jahrhunderte leben) Mizia, die von Florentiner Vorfahren abstammt, aber in Rom geboren wurde. Eines Tages, als sie etwa zwölf Jahre alt war, wollte sie einen Rock tragen, den ihre Mutter ihr ein paar Jahre früher genäht hatte." Da der Rock zu kurz war, verlängerte sie ihn und fügte dann „Stickereien hinzu, die sie selbst entworfen hatte." Diesen Rock begutachteten „Experten auf dem Gebiet von Malerei und Zeichnung", die davon überzeugt waren, „dass dieses junge Mädchen ein Potenzial für diese Künste besaß. Sie sprachen mit Artemisias Vater und versuchten ihn zu überzeugen, sie Malerei studieren zu lassen, aber er wollte davon nichts hören." Der Vater weigerte sich nicht nur, „sie selbst zu unterrichten, er wollte sie auch davon abhalten, eine Künstlerin zu werden, und schickte sie deshalb für ihre weitere Erziehung in das Kloster von Sant'Apollonia in Trastevere." Doch im Konvent wurde der Wunsch, eine professionelle Malerin zu werden, noch stärker „und sie bat die Äbtissin, ihr zu erlauben, das gute Werk eines bekannten Meisters zu studieren. Die Äbtissin brachte ihr mehrere Gemälde, darunter eine *Susanna* von Caravaggio, ein Künstler, von dem einstmals behauptet wurde, er wäre der größte lebende Maler. Die Kopien, die Artemisia von diesen Gemälden machte, waren so hervorragend (besonders die der *Susanna*), dass alle erstaunt waren, allen voran ihr Vater." Orazio war von den Kopien zwar beeindruckt, zweifelte aber trotz der Versicherung, dass sie von seiner Tochter stammten, an ihrer Urheberschaft. Deshalb „schickte er seiner Tochter weitere Gemälde zum Kopieren, diesmal wirklich große Formate, alle von Caravaggio (dessen Stil sie immer zu imitieren versuchte als denjenigen, der ihr am meisten gefiel). Nachdem sie die Kopien meisterhaft vollendet hatte, erlangte sie dafür Preise von 300, 500, sogar 600 [scudi] und mehr, obwohl es ihre ersten Bilder waren." Nachdem sie einen Florentiner geheiratet hatte, zog sie mit ihm in seine Geburtsstadt. „Die

Gemälde und Porträts, die sie hier machte, wurden nicht weniger bewundert als diejenigen der Lalla Cizicena [Iaia von Kyzikos, eine griechische Malerin aus dem 1. Jahrhundert v. Chr., d. V.], und sie zierten und zieren noch die Räume der wichtigsten und respektierten Herren und die Hallen der berühmtesten und edelsten Prinzen, die heute in Florenz leben.“[21]

Diese Biografie hat mit derjenigen, die uns aus den Dokumenten überliefert ist, wenig zu tun, abgesehen von der Tatsache, dass Artemisia in Rom geboren wurde, die Familie aber ursprünglich aus Florenz stammte, wohin sie mit ihrem Mann dann zog. Die anderen Geschichten hat Bronzini vermutlich von Artemisia erzählt bekommen, denn in Florenz dürften sie genügend Berührungspunkte gehabt haben, um sich kennenzulernen. Bei der Geschichte mit dem Rock sind zwei Aspekte bemerkenswert: Als Artemisia zwölf Jahre alt war, starb ihre Mutter, die diesen Rock genäht hatte. Sie musste ihn selbst verändern, wollte sie ihn noch einmal tragen. Aufgrund ihres großen Talentes fügte sie aber selbst entworfene Stickereien hinzu, die so schön waren, dass die Experten die Künstlerin in ihr erkannten. Das künstlerische Talent, das den Künstlern von der Natur (oder von Gott) gegeben ist, ist ein Topos, der sich in der gesamten Künstlerbiografik findet und den auch Bronzini kannte. Berühmtes Beispiel ist der Hirtenjunge Giotto, der auf einen Stein ein Schaf so zu zeichnen versteht, dass der große Cimabue, als er das entdeckt, Giotto mit zu sich nach Florenz nimmt und ihn zum Maler ausbildet. An dieser Geschichte stimmt nichts, außer dass es die Maler wirklich gegeben hat.

Ebenso ist die von Artemisia geschaffene Stickerei ein Beweis für ihr außerordentliches Talent. Interessanterweise wollten die Experten (wer auch immer damit gemeint war) aber nicht, dass sie zur Stickerin ausgebildet wurde, einem für Frauen angemessenen Beruf, sondern zur Malerin. Dass sich ihr Vater, der berühmte Maler, dagegen wehrte, ist ein weiterer Topos. Artemisia setzte trotz aller widrigen Umstände durch, Malerin zu werden, weil sie den inneren Drang dazu besaß und damit auch den Willen, ihm zu folgen. Außerdem konnte sie sich durch diese Geschichte ins Kloster verabschieden, womit sie fernab der Männer lebte und damit auch Agostino Tassi nicht begegnen konnte. Und damit verschwand auch der Prozess aus ihrer Biografie. Dass sowohl die Äbtissin als auch Orazio Zugriff auf Bilder von Caravaggio hatten, ist relativ unwahrscheinlich, zeigt aber, dass Artemisia sich auf die Kunst Caravaggios berief. Artemisia hatte einige seiner Bilder in Rom aus eigener Anschauung kennengelernt wie diejenigen in Santa Maria del Popolo, aber auch in anderen Kirchen oder vermittelt durch Orazio in privaten Sammlungen. Vielleicht kannte sie auch das nicht erhaltene Gemälde *Susanna mit den beiden Alten* von Caravaggio, das Bronzini als einziges mit dem Titel nennt. Ein Bezug auf Artemisias 1610 geschaffenes Bild (Farbtafel 1) ist nicht von der Hand zu weisen. Die Preise, die Artemisia für Kopien erzielt haben soll, sind exorbitant, vergleicht man sie mit den Lebenshaltungskosten im damaligen Rom, in denen ein Landarbeiter im Jahr 50 scudi verdiente, aber auch mit denen anderer Künstler. Caravaggio erhielt für beide Gemälde in Santa Maria del Popolo zusammen 300 scudi und war damals ein berühmter Maler.[22]

Im Gegensatz zu der in der Biografie behaupteten Weigerung Orazios, Artemisia zur Malerin auszubilden, förderte er offensichtlich schon früh ihr Talent. Schon als Kind konnte sie in der väterlichen Werkstatt die Entstehung eines Gemäldes genau verfolgen, angefangen beim Reiben der Farben, beim Präparieren des Malgrundes, also dem Aufspannen und Grundieren der Leinwand, oder der Behandlung der Kupfertafel bis hin zur eigentlichen Malerei. Orazio hatte zwar anfänglich vor allem Fresken gemalt, die er ja nur vor Ort ausführen konnte, doch durch den Einfluss von Caravaggio begann er um 1600, sich verstärkt auch Gemälden auf Leinwand oder auf Kupfertafeln zuzuwenden. Die Ölfarben eigneten sich besser für die Hell-Dunkel-Malerei, die im Fresko nur schwer zu realisieren war. Außerdem konnten einzelne Bilder auf dem sich allmählich entwickelnden freien Markt zum Verkauf angeboten werden. Den im Prozess um die Schmähgedichte erwähnten *Heiligen Michael im Kampf mit dem Teufel* (verloren) stellte er 1602 in San Giovanni Decollato aus, bei der jährlichen Bilderausstellung der römischen Künstler.

1602 war Artemisia neun Jahre alt. Zwischen 1605 und 1607 begann sie, bei ihrem Vater zu lernen, und das von der Pike auf, wie alle Lehrlinge, nämlich mit dem Anreiben der Farben. In den nächsten Jahren wird sie schrittweise an die Kunst der Malerei herangeführt worden sein, bis sie 1610 erstmals ein Bild signierte und damit ihre Fähigkeit als Malerin unter Beweis stellte.

Susanna und die beiden Alten

Das erste von Artemisia signierte und 1610 datierte Bild stellt eine *Susanna und die beiden Alten* (Farbtafel 1) dar. Die biblische Geschichte aus dem Buch Daniel erzählt von einer jungen verheirateten Frau, die in ihrem Garten ein Bad nehmen möchte und dabei von zwei alten Richtern bedrängt wird. Sie wehrt sich, worauf beide behaupten, sie mit einem jungen Mann erwischt zu haben und sie zum Tode verurteilen. Der Prophet Daniel aber setzt durch, die beiden Richter einzeln zu befragen. Als der eine behauptet, das Geschehen habe sich unter einem Mastixbaum zugetragen, der andere, unter einer Eiche, sind sie der Lüge überführt und werden nun ihrerseits zum Tode verurteilt.

Artemisia verzichtete in ihrem Gemälde auf den Garten und damit auch auf den Baum, sie beschränkte sich auf einen Brunnen mit Bassin, auf dessen gemauerter Bank die fast völlig entblößte Susanna sitzt und einen Fuß ins Wasser steckt. Mit ihren Händen versucht sie, ihren Busen zu verdecken und gleichzeitig die beiden Männer abzuwehren, die hinter dem eingemauerten Brunnen stehen, weshalb man nur ihre Oberkörper sieht, mit denen sie sich über den Mauerrand beugen. Der Ältere legt einen Finger auf den Mund, um die Heimlichkeit ihrer Begierde anzudeuten oder um Susanna zum Schweigen zu bewegen. Der Jüngere hat seinen Arm um die Schulter des Alten gelegt und flüstert ihm etwas ins Ohr, während einer seiner Finger am Beckenrand den Haaren Susannas gefährlich nahe kommt.

Das Bild, das zahlreiche Interpretationen erfahren hat, trägt links unten zwischen Bank und Stufe die Inschrift: ARTEMISIA GENTILESCHI F. / 1610.

Das Thema der Susanna wurde seit der Spätantike auf unterschiedliche Weise dargestellt.[23] Es bot die Chance, in einem als biblisch geltenden Thema einen weiblichen Frauenakt in aufreizender Schönheit zu zeigen, um die Begierde der alten Richter ebenso zu unterstreichen wie die Tugendhaftigkeit der jungen Ehefrau. Das Thema erfreute sich im Venedig des 16. Jahrhunderts großer Beliebtheit und verbreitete sich durch die aus dem Norden nach Rom kommenden Künstler auch in der Heiligen Stadt. Der aus Bologna stammende Annibale Carracci hatte um 1590/95 einen Kupferstich geschaffen und 1603 ein Gemälde mit diesem Sujet gemalt.[24] Etliche andere Maler wiederholten bald auch in Rom das Thema. Übereinstimmend findet sich der Brunnen, allerdings meistens von einem üppigen Garten umgeben, und auch der auf den Mund gelegte Finger ist vielfach dargestellt.

Artemisia hatte die anderen Werke durch eigene Anschauung, durch Reproduktionsgrafiken oder durch Zeichnungen ihres Vaters kennengelernt. Die Beinstellung der Susanna ist offensichtlich von Carraccis Kupferstich übernommen. Bei dem Gemälde, das Peter Paul Rubens um 1607 in Rom malte,[25] steckt Susanna einen Fuß ins Wasser, und der Schweigegestus, also der Finger auf den Lippen, findet sich zum Beispiel in dem Gemälde von Carracci. Dort stehen die beiden Alten auch hinter der Brunnenbrüstung. Für die starke Abwehrhaltung Susannas diente ihr hingegen der von Michelangelo in der Sixtinischen Kapelle gemalte *Sündenfall* als Vorbild. Dort wehrt Adam bei der *Vertreibung aus dem Paradies* auf eine sehr ähnliche Weise das Schwert des Erzengels ab. Da Artemisia als junge Frau mit Sicherheit nicht in den Vatikan und schon gar nicht in die Papstkapelle gehen durfte, muss sie dieses Bild aus Reproduktionen gekannt haben, die damals in Rom zirkulierten.[26] Mit dem Michelangelo-Zitat stellte sie sich als eine Künstlerin dar, die imstande war, sich mit dem Werk des allergrößten Künstlers auseinanderzusetzen und es zu reflektieren. Damit bewies sie auch in jungen Jahren ein erstaunliches Selbstbewusstsein.

Durch die eindeutige Abwehrhaltung der jungen Frau fehlt die aus männlicher Sicht häufig, aber nicht immer dargestellte Ambivalenz von Ablehnung und Lust. Das führte zusammen mit dem vergleichsweise jugendlichen Alter einer der beiden Männer immer wieder zu Interpretationen, bei denen die Biografie Artemisias Berücksichtigung fand, vor allem die 1611 (!) stattgefundenen Ereignisse mit Agostino Tassi. Es ist zwar durchaus denkbar, dass Artemisia als Frau eine andere Position bezog als ihre Malerkollegen, direkte biografische Erlebnisse haben aber weder bei der Themenwahl noch bei der Ausführung eine Rolle gespielt.

Es war eine kluge Entscheidung von Artemisia (oder Orazio?), dieses Motiv für ihr Gesellenstück gewählt zu haben. Sie beschäftigte sich mit einem damals äußerst populären Thema, das der Keuschheit gewidmet war, benützte dies aber gleichzeitig dazu, einen weiblichen Akt darzustellen und damit ein begehrtes Sujet.[27] Denn die Geschichten der Susanna und anderer Heldinnen wie Judith symbolisierten besonders in Zeiten der Gegenreformation weibliche Tugenden und Tapferkeit. Bei Susanna kam noch der Aspekt der Gerechtigkeit hinzu: Das von den Richtern gebrochene Recht wurde durch Daniel wiederhergestellt. Zahlreiche theologische Schriften wurden in der damaligen Zeit zu diesem Thema publiziert und die Maler wahrscheinlich dadurch angehalten, in ihren Bildern die Richter als Voyeure darzustellen, die die keusche Susanna in ihrem abgeschlossenen Garten bedrohten. Auf diese Weise ist die Geschichte auch von Baldassare Croce um 1600 als Freskenzyklus in der römischen Kirche Santa Susanna wiedergegeben worden.[28]

Frühe Aktbilder

Susanna und die beiden Alten ist nicht das einzige Bild, das Artemisia in Rom malte, aber das einzige, das sie signierte und datierte. Vermutlich malte sie in dieser Zeit noch eine *Maria mit Kind*, eine *Kleopatra*, eine *Danaë* (Abb. S. 41), ein *Selbstbildnis als Allegorie der Malerei* (Abb. S. 165) und einen *David mit dem Haupt Goliaths*. Aus den Prozessakten geht hervor, dass sie damals eine *Maria mit Kind*

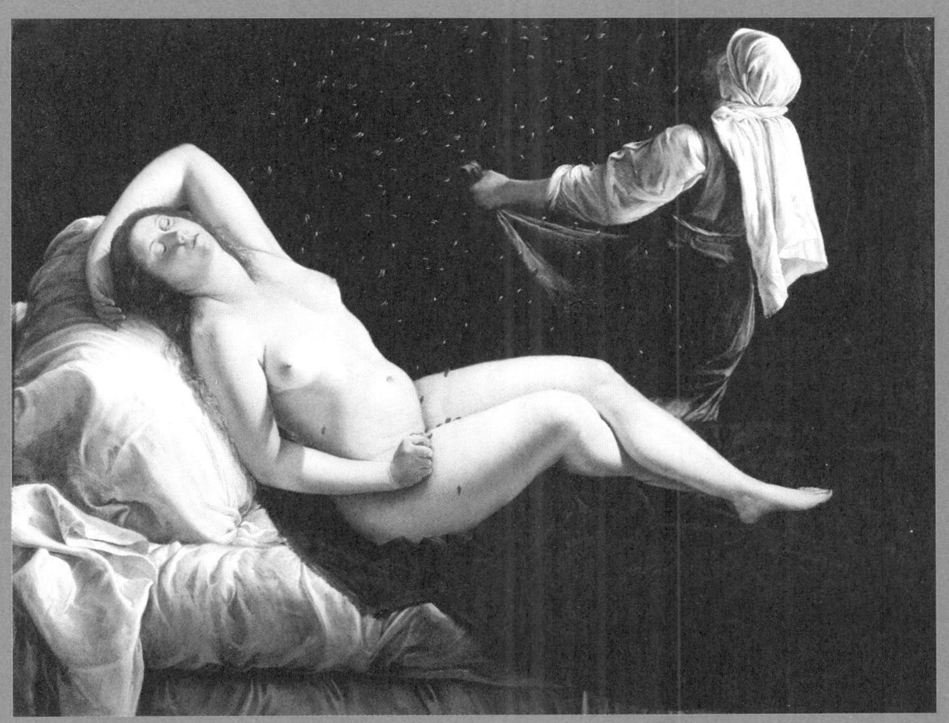

Das Bild der *Danaë*, einer Geliebten des Göttervaters Zeus, malte Artemisia noch in Rom. Es zählt zu ihren frühen Aktbildern, bei denen ihr Venusdarstellungen als Vorbild dienten.

malte und das Porträt von einem Herren namens Artigenio, das nicht bekannt ist.

Zählt man die *Susanna* hinzu, zeigen drei der Bilder einen weiblichen Akt. Im Rom der Zeit war es den Malern von der Akademie untersagt, nach weiblichen lebenden Modellen zu malen, weder bekleidet noch unbekleidet. Insofern besaß das kursierende Gerücht, Orazio habe Artemisia als Aktmodell benutzt, eine gewisse Brisanz. Aber könnte es sein, dass Artemisia ihren eigenen Körper malte? Und mit diesen Bildern dann größere Erfolge erzielte? Sicher ist, dass sie das Aktmalen beherrschte und die Physiognomie des weiblichen Körpers ins Bild zu setzen verstand. *Kleopatra* und *Danaë* hatten mit ihren liegenden Figuren unter anderem die bekannten Venusdarstellungen venezianischer Maler wie Giorgione und Tizian zum Vorbild und glichen sich dabei auch untereinander. Artemisia setzte also eine einmal gefundene Komposition gleich mehrfach um – eine damals durchaus gängige Praxis –, auch wenn die Geschichten auf den ersten Blick nicht unterschiedlicher sein könnten, handelt es sich doch einmal um den Selbstmord der ägyptischen Pharaonin mithilfe einer Giftschlange, das andere Mal um einen – wenn auch verklausulierten – Geschlechtsakt. Hingebungsvoll nimmt die eine den Biss der Schlange entgegen, die andere den sich in einen Goldregen verwandelten Göttervater, der sie begehrte und mit ihr Perseus zeugte. Kleopatra allerdings ist allein, im Zimmer der Danaë hingegen befindet sich noch eine Magd, die versucht, die Goldstücke mit ihrer Schürze aufzufangen, doch es gelangen noch genügend in den Schoß der Königstochter.

Die Gemälde werden um 1611/12 datiert, also in eine Zeit, als Artemisia Tassi schon kannte und der Prozess stattfand. Die Bilder, die sie vermutlich für private Auftraggeber malte, zeigen, dass sie sich in Rom damals bereits einen Namen als Malerin gemacht hatte. Dass sie auch selbst unterrichtete, geht aus den Prozessakten hervor. Doch sicher wollte sie sich damit nicht „selbstbewusst als Sexualwesen" darstellen und sich als „Projektionsfläche männlicher Phantasien"[29] exponieren. Das ist zu modern gedacht. Auch wenn offiziell nicht nach lebenden Modellen gemalt werden durfte, waren Aktbilder außerordentlich begehrt. Artemisia bediente mit diesen Bildern einen Markt, der nach weiblichen Aktbildern verlangte, prostituierte sich damit aber nicht. Doch ist es nicht von der Hand zu weisen, dass „solche Gemälde den zeitgenössischen Betrachtern [...] eine zusätzliche Attraktion"[30] boten, wenn sie nicht von einem Mann, sondern von einer Frau gemalt waren. Das werden Vater und Tochter gewusst und sich danach gerichtet haben.

III
Der Prozess

„… gewaltsam entjungfert und mehrfach fleischlich erkannt wurde von dem Maler Agostino Tassi, einem engen Freund und Mitarbeiter …“

Orazio Gentileschi, 1612

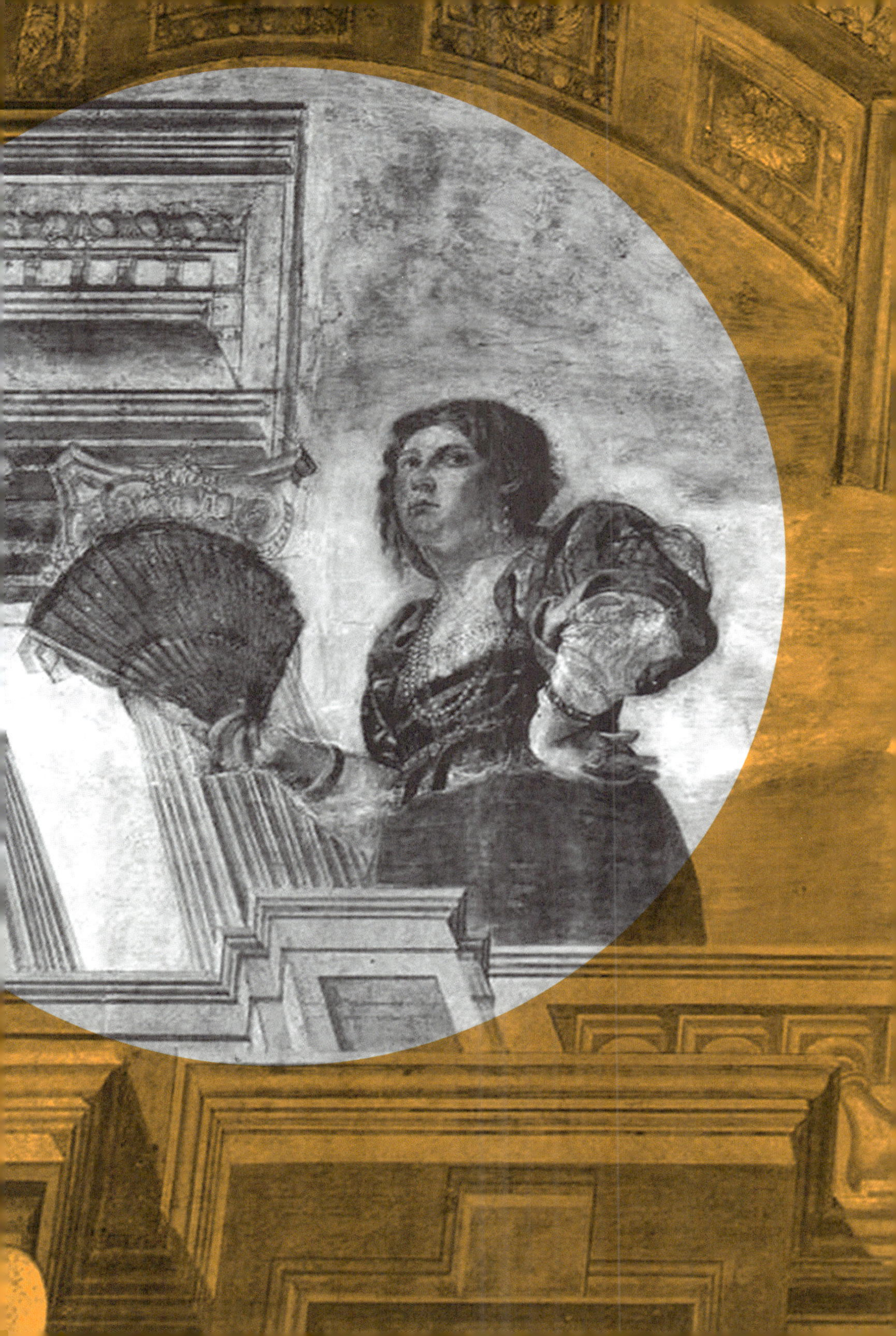

Die Wiederentdeckung der Malerin und die große Aufmerksamkeit, die Artemisia zuteilwurde, liegt nicht allein in ihrer Malerei begründet, sondern auch und wohl erst einmal vor allem in dem Prozess, der 1612 durch ihren Vater Orazio angestrengt wurde und in dem es um ihre gewaltsame Entjungferung ging. Durch die erhaltenen Akten kann der komplette Ablauf der Ereignisse nachvollzogen werden, jedenfalls dann, wenn man den Zeugenaussagen Glauben schenkt und davon ausgeht, dass es sich tatsächlich um eine Vergewaltigung handelte, durch die Artemisia traumatisiert worden war. Ihre Bilder, vor allem ihre beiden Versionen von *Judith enthauptet Holofernes* (Farbtafeln 4 und 5), wurden häufig im Zusammenhang mit der Vergewaltigung interpretiert und biografisch gedeutet, auch nachdem in einem grundlegenden Aufsatz diese Sicht der Dinge infrage gestellt und angemahnt worden war, dass Forscher:innen (Kunsthistoriker:innen eingeschlossen), die die Vergangenheit nachvollziehen wollen, durch solch ahistorisches Denken in eine Falle tappen.[31]

Agostino Tassi

Der römische Maler Agostino Tassi hatte lange an verschiedenen Orten der Toskana gearbeitet und war erst im Sommer 1610 nach Rom zurückgekehrt. Mit ihm kamen sein Schüler Filippo Francini und dessen Frau Costanza Cannodoli, mit denen er auch eine Wohnung teilte, erst bei S. Onofrio, dann in der Via della Lungarna. Costanza war die jüngere Schwester von Tassis Frau Maria, die er 1603 in Livorno geheiratet hatte, die ihn aber 1610 verlassen hatte. Dass Tassi verheiratet war, war in Rom deshalb nicht bekannt.

Anfang 1611 wurde Tassi der Inzucht mit seiner Schwägerin angeklagt und verbrachte den Februar im Gefängnis (der sexuelle Verkehr mit angeheirateten Verwandten galt damals als Inzest). Spätestens danach, im März 1611, begann die Zusammenarbeit mit Orazio Gentileschi, den er schon vorher kennengelernt hatte. Sie statteten im Auftrag von Papst

S. 45: Orazio Gentileschi / Agostino Tassi, Konzert mit Apoll und den Musen, 1611/12, Detail

Paul V. die Decke der alten Sala Regia[32] im Quirinalspalast mit Malereien aus, die sich nicht erhalten haben.

Ihnen folgten im Herbst des Jahres die Fresken im Casino delle Muse im heutigen Palazzo Pallavicini-Rospigliosi für den Kardinal Scipione Borghese. Auch bei diesem *Konzert mit Apoll und den Musen* (Abb. S. 45) führte Tassi die Architekturmalerei und die Landschaften aus, Orazio die Figuren. Solche Spezialisierungen und Arbeitsteilungen waren damals an der Tagesordnung. Eine dritte Zusammenarbeit tat sich im Januar 1612 auf, als die beiden noch im Casino arbeiteten: Nun kam außerdem die Ausmalung der Zimmer im Quirinalspalast hinzu, in denen Kardinal Lanfranco Margotti gelebt hatte.

Die Wohnungen der Gentileschi

Im März 1611 dürften sich dann auch Tassi und Artemisia kennengelernt haben, zumal Artemisia ja Mitarbeiterin in der Werkstatt des Vaters war. Sie arbeitete allerdings nur zu Hause und war nicht an den Wandmalereien beteiligt, die Orazio gemeinsam mit Tassi ausführte. Damals wohnten die Gentileschi in der Via Margutta. Dort hatte Artemisia die Töchter der Nachbarn kennengelernt und kam bald auch in Kontakt mit deren Mutter Tuzia Medaglia. Deren Mann Stefano arbeitete hauptsächlich außerhalb Roms und war nur selten zu Hause. Damit Artemisia eine Anstandsdame hatte, schlug Orazio vor, in ein gemeinsames Haus zu ziehen, womit sich auch der Mann von Tuzia einverstanden erklärte. Im April 1611 zogen die Familien Gentileschi und Medaglia von der Via Margutta in die nicht weit davon entfernte Via della Croce. Jetzt hatte die damals 18-jährige Artemisia eine Begleiterin, wenn sie ausgehen wollte. Bereits im Juli zogen die Familien erneut um, auf die andere Tiberseite in den Borgo Santo Spirito und damit in die Nähe der Via della Lungara, wo Tassi lebte. Tuzias Familie wohnte wieder im ersten Stock, die Gentileschi im Erdgeschoss. Orazio hatte mit einer Treppe und einer Tür dafür Sorge getragen, dass zwischen den Wohnungen eine direkte Verbindung bestand.

Über den Grund der kurz nacheinander erfolgten Umzüge sagen die Quellen nichts aus. Es ist immerhin erstaunlich, dass Orazio das Künstlerviertel verließ, in dem er lebte, seitdem er in Rom war. Möglich ist, dass Orazio und Tassi näher beieinander wohnen wollten, weil das die Zusammenarbeit vereinfachte. Diese fand allerdings im Februar oder März 1612 ein jähes Ende, da Orazio in einem undatierten Schreiben an den Papst seinen Malerkollegen und ehemaligen Freund Agostino Tassi beschuldigte, seine Tochter Artemisia „gewaltsam entjungfert und mehrfach fleischlich erkannt" und ihm damit „schwere Kränkung und großen Schaden zugefügt" zu haben, „noch dazu unter dem Mantel der Freundschaft". Der Mithilfe klagte er seine Mieterin, Signora Tuzia, an und Cosimo Quorli, einen päpstlichen Schatzmeister, der aus Florenz stammte. Dieser hatte außerdem Artemisia dazu verleitet, ihm einige Bilder aus Orazios Besitz auszuhändigen, darunter „eine Judith von großem Format".[33]

Der Stupro

Die gewaltsame Entjungferung, der Stupro oder lateinisch stuprum, war die einzige Form der Vergewaltigung, gegen die damals Anklage erhoben werden konnte. Geschädigt war weniger das Opfer als der Vater, der seine Tochter nur noch unter schwierigen Voraussetzungen verheiraten konnte. Eine Form der Wiedergutmachung war die anschließende Heirat, eine andere eine hohe Geldzahlung, die dann als Mitgift diente. Im Rom der damaligen Zeit hatte es zahlreiche solcher Prozesse gegeben, denn auch, wenn das natürlich durch die Kirche strengstens untersagt war, nahm man es mit dem Verbot des außerehelichen Geschlechtsverkehrs nicht so genau. Allerdings musste das Heiratsversprechen irgendwann eingelöst werden. Und wenn das nicht der Fall war, reichten die Väter die Klage ein.[34]

Um die Richter vom Tatbestand des Stupro zu überzeugen, mussten die Frauen glaubhaft darstellen, dass sie sich aus Leibeskräften gewehrt hatten. Rechtsbeistände unterwiesen sie, ganz bestimmte Formulierungen zu verwenden. Das zeigt sich im Vergleich verschiedener Prozessakten, in denen sich übereinstimmende Aussagen finden. Es handelte sich dabei also um Formeln, die in den überwiegenden Fällen nicht den Tatsachen entsprachen. Artemisias Rechtsbeistand dürfte Giovanni Battista Stiattesi gewesen sein, der seit Dezember 1611 mit seiner Familie bei den Gentileschi wohnte. Er stammte aus Florenz, wo er sich 1594 als Notar niedergelassen hatte. 1607 hatte er in Livorno Tassi kennengelernt und war 1609 nach Rom gekommen, wo sein Vetter Cosimo Quorli lebte, der ihn mit Orazio bekannt machte. Angeblich hatten Tassi und Quorli Orazio überredet, Stiattesi bei sich aufzunehmen, als dieser in finanziellen Nöten war, um dort einen Spitzel zu haben. Falls das stimmt, war diese Rechnung nicht aufgegangen, denn nach vielen Vermittlungsversuchen stellte sich Stiattesi auf die Seite Orazios. Wahrscheinlich hatte er ihm bereits geholfen, die Anklageschrift zu formulieren.

Artemisias Zeugenaussage

In dem Prozess, der von März bis November 1612 dauerte, wurden zahlreiche Zeugen befragt, darunter Tuzia und Stiattesi, dann aber auch Nachbarn, Malerkollegen und vor allem ein Gehilfe, der sowohl bei Tassi als auch bei Orazio gewohnt und gearbeitet hatte. Dieser Nicolò Bedino belastete Artemisia schwer, weshalb wiederum andere Zeugen aufgerufen wurden, um zu prüfen, ob man den Aussagen dieses Bedino trauen könne. Natürlich kamen auch Artemisia, Orazio und Tassi zu Wort. Letzterer befand sich im Gefängnis, auch Tuzia wurde eine Zeit lang inhaftiert, Cosimo Quorli, der Dritte, den Orazio angeklagt hatte, starb am 8. April 1612 und konnte deshalb nicht mehr befragt werden.

Wenn man den verschiedenen Zeugenaussagen Glauben schenkt, bekam Tassi am 3. Mai 1611 erstmals durch Tuzia Einlass in die Wohnung, um Artemisia zu treffen und ihr davon zu berichten, dass Francesco Scarpellino, der Gehilfe von Orazio, schlecht über sie redete. In den nächsten Tagen begegnete Artemisia Tassi mehrmals, zum Beispiel bei einem Spaziergang, den sie mit Tuzia unternahm. Wenig später fand dann die gewaltsame Entjungferung statt, die Artemisia im Prozess präzise und drastisch schilderte. Tassi kam in die Wohnung, als Artemisia gerade den kleinen Sohn von Tuzia malte, und forderte diese auf, mit ihrem Sohn den Raum zu verlassen, was sie auch bereitwillig tat. Dann drängte er Artemisia in ihr Schlafzimmer, warf sie aufs Bett und hielt ihr den Mund zu, während er ihre Kleider hochschob. „Meine Hände [...] ließ er nun los [...], richtete sein Glied auf meinen Schoß und begann es in mich hineinzustoßen, was fürchterlich brannte und mir sehr weh tat, und obwohl ich nicht schreien konnte, weil er mir den Mund zuhielt, versuchte ich, so gut ich konnte, nach Tuzia zu rufen. Ich zerkratzte ihm das Gesicht und zog ihn an den Haaren und bevor er sein Glied hineinstecken konnte, kniff ich fest zu und riss ihm dabei sogar ein Stückchen Fleisch ab, aber ihn kümmerte dies alles nicht, er machte seine Sache weiter [...]. Erst nachdem er seine Sache beendet hatte, ließ er von mir ab und ich, als ich mich jetzt frei sah, ging zur Schublade des Tisches, nahm ein Messer heraus, ging damit auf Agostino los und rief: ‚Mit diesem Messer will ich dich töten, denn du hast mich geschändet.'" Es gelang ihr allerdings nur, ihn leicht zu verletzen, und sie begann zu weinen. Daraufhin versprach er ihr die Heirat und verlangte von ihr, ihm treu zu sein. „Durch dieses gute Versprechen beruhigte ich mich und er erreichte dadurch, dass ich später mehrfach liebevoll seinen Wünschen nachgab, auch weil er sein Versprechen mehrmals wiederholte."[35] Und sie fügte noch hinzu: „Und ich war mir ganz sicher, daß Agostino sein Heiratsversprechen halten würde, weil er jedesmal, wenn sich die Möglichkeit zu einer anderen Heirat ergab, dafür sorgte, daß sie nicht zustande kam."[36]

In diesem ersten Verhör, das am 18. März bei Artemisia zu Hause stattfand, erwähnte sie auch, dass sie von Tassis Frau erfahren hatte, er ihr aber glaubhaft versichert habe, sie sei gestorben. Außerdem erzählt sie, dass auch Quorli ihr nachgestellt habe und sie verführen wollte, sie aber außer mit Tassi mit keinem Mann Geschlechtsverkehr gehabt habe. Genau das aber behauptete Tassi immer wieder, der nicht nur die Vergewaltigung leugnete, sondern auch die Tatsache, dass er mit Artemisia intim geworden sei. Er behauptete hingegen, dass er auf Bitten Orazios die junge Frau im Malen von Perspektiven unterrichtet hätte. Außer ihm behauptete das nur noch der von ihm wohl bestochene Zeuge Nicolò Bedino. Trotzdem gilt Tassi in der kunsthistorischen Literatur als Lehrer Artemisias.

Artemisia wurde von zwei Hebammen untersucht, die bestätigten, dass ihr Hymen bereits vor geraumer Zeit gerissen war, was damals als Beweis galt, dass sie Geschlechtsverkehr gehabt hatte. Tassi beharrte darauf, dass sie eine Dirne sei, schon mit mehreren Männern geschlafen habe und die Hochzeit zwischen ihr und einem Geronimo Modenese genannten Maler nicht zustande gekommen sei, weil auch er ihren lockeren Lebenswandel herausgefunden habe. Nach weiteren Befragungen von Tassi und Stiattesi sowie der Prüfung von Briefen und Gedichten, die Stiattesi und Tassi ausgetauscht hatten, wurde am 14. Mai die Gegenüberstellung von Artemisia und Tassi angeordnet. Beide blieben bei ihren Aussagen. Als Artemisia gefragt wurde, ob ihre Aussagen der Folter standhalten würden, antwortete sie: „Ja, Eurer Ehren, ich bin auch bereit, unter der Folter und wo auch immer, meine Aussagen zu bestätigen".[37] Daraufhin befahl der Richter, dass Artemisia im Beisein Tassis der sibyllinischen Folter ausgesetzt werden sollte. Auch wenn uns das heute widersinnig vorkommt, war es damals üblich, diese Form der Folter als Beweis dafür anzuwenden, dass die Befragte die Wahrheit sprach. Deshalb stimmte Artemisia dem auch zu. Ihr wurde eine Kordel um die einzelnen Finger gelegt und dann so daran gezogen, dass die Finger zwar gequetscht, aber nicht verletzt wurden. Artemisia blieb trotz der Schmerzen bei ihren Aussagen.

Nach diesem Prozedere bat Tassi darum, Artemisia ein paar Fragen stellen zu dürfen, die er auf einem Papier notiert hatte. Der Richter akzeptierte und stellte selbst die von Tassi formulierten 24 Fragen. Dadurch ist überliefert, dass Artemisia das Porträt eines Signore Artigenio gemalt hatte, Prokurator eines Kardinals und Freund von Tuzia. Außerdem erklärte sie, dass sie nicht schreiben und nur wenig lesen könne, und damit die Unterstellung, sie habe Liebesbriefe an alle möglichen Männer geschrieben, was zum Beispiel Nicolò Bedino behauptet hatte, ad absurdum geführt wurde. Auf die Frage „Habt Ihr jemandem erzählt, dass ich Euch entjungfert habe, bei wem habt Ihr Euch damit gebrüstet und warum", antwortete sie: „Ich habe es dem Stiattesi und seiner Frau erzählt, dass Ihr mich vergewaltigt habt. Ihr selbst habt es auch dem Stiattesi erzählt", und auf „Hattet Ihr gehofft, mich zu heiraten", erwiderte sie: „Ich hatte gehofft, Ihr würdet mein Ehemann, doch nun habe ich diese Hoffnung nicht mehr, denn ich weiß jetzt, dass Ihr verheiratet seid. Vor zwei oder drei Tagen habe ich erfahren, dass Ihr verheiratet seid."[38] Denn inzwischen hatte Artemisia gehört, dass Tassis Frau noch lebte, er sie also gar nicht heiraten konnte. Das dürfte er die ganze Zeit gewusst haben, auch wenn er anderes behauptete.

Dichtung oder Wahrheit

Liest man die Prozessakten im Ganzen, fallen sehr viele Ungereimtheiten auf. Insofern könnte sich alles auch ganz anders zugetragen haben.

Vorstellbar wäre, dass während der Zusammenarbeit von Tassi und Orazio eine Heirat zwischen Artemisia und Tassi vereinbart wurde. Solche Verbindungen in Künstlerkreisen waren keine Seltenheit. Wie bereits erwähnt, nahm man es im Rom der damaligen Zeit mit dem Verbot des vorehelichen Geschlechtsverkehrs nicht so genau, vorausgesetzt, die Hochzeit war versprochen. Falls Orazio und Tassi eine Heiratsvereinbarung getroffen hatten, war der Wunsch, näher zusammenzuwohnen, nachvollziehbar. Es war für die enge Zusammenarbeit von Tassi und Orazio hilfreich und vereinfachte außerdem die Treffen zwischen Tassi und Artemisia. Dann aber zog Tassi sein Heiratsversprechen zurück. Erst Anfang März 1612 und nicht kurz nach dem 8. Mai 1611, dem Tag der Defloration, wurde Orazio aktiv und verfasste das Schreiben mit der Anklage an die Kurie. Im anschließenden Prozess wurden immer wieder widersprüchliche Aussagen gemacht. Einerseits bezichtigte Tassi Artemisia, mit mehreren Männern intim geworden zu sein, nur mit ihm nicht. Andererseits schrieb er am 22. April 1612 an Stiattesi, dass er Orazio immer wieder finanziell ausgeholfen habe. Dieser solle lieber Geld für die Kleider seiner Tochter verdienen. Stattdessen habe er sie ins Verderben geschickt. „Denn die Verdienste der Signora Artemisia sind so groß, daß er nicht würdig ist, von ihr Vater genannt zu werden."[39] Kurze Zeit später, am 1. Mai, besuchten Stiattesi, seine Frau und Artemisia Tassi im Gefängnis, der damals sein Heiratsversprechen wiederholt haben soll, allerdings Artemisia auch darum bat, dass sie einen anderen benennen solle, der sie entjungfert habe und der nicht mehr belastet werden könne. Damit meinte er den verstorbenen Cosimo Quorli, aber Artemisia verweigerte sich dieser Bitte.

Bereits am 24. März hatte Giovanni Battista Stiattesi zu Protokoll gegeben, dass Agostino ihm immer wieder versichert hätte, wie sehr er Artemisia liebe, sie aber nicht mehr heiraten könne, weil Quorli sich dagegen verwahrt habe. Dann aber unterstellte Tassi Quorli, er habe zweimal versucht, Artemisia zu vergewaltigen (an anderer Stelle blieb es nicht bei den Versuchen). Abgesehen davon behauptete Quorli, so Stiattesi, Artemisia sei seine Tochter.

Allein anhand dieser wenigen Beispiele wird deutlich, wie schwierig es ist, sich ein Bild der Ereignisse zu machen. Doch aufgrund der vielen Zeugenaussagen und der Briefe, die Stiattesi dem Richter zur Verfügung stellte, wurde Tassi am 27. November wegen Entjungferung Artemisias, Falschaussagen und Ehrschändung von Orazio verurteilt, entweder zu fünf Jahren harter Arbeit (das bedeutete üblicherweise das Rudern auf einer Galeere) oder Exil. Er musste allerdings kein Geld an Orazio zahlen, sondern lediglich eine Kaution, die wegen des Ehrenworts eines Bürgen einen Tag später auch aufgehoben wurde. Am 28. November wählte Tassi das Exil, blieb aber trotz des Urteils in Rom. Erst nach mehreren anderen Streitereien, einmal mit dem aus Florenz stammenden Maler Valerio di Francesco Orsini und dann einer Rauferei, bei der auch Waffen mit im Spiel waren, wurde er am 9. April 1613 endgültig aus Rom verbannt. Er verließ aber nicht den Kirchenstaat, wie angeordnet, sondern führte in der Zeit einen Auftrag in Bagnaia aus und war bereits 1615 wieder in Rom.

Artemisia hingegen heiratete einen Tag später, also am 29. November, Pierantonio Stiattesi, den sehr viel jüngeren Bruder des Giovanni Battista, und ging mit ihm nach Florenz.

Häufig wurden Hochzeit und Umzug als Flucht aus Rom interpretiert, davon ausgehend, dass der Prozess und die Schande der Defloration in aller Munde waren. Doch fanden solche Prozesse unter Ausschluss der Öffentlichkeit statt. Und auch wenn die Zeugen vielleicht in ihrem Umfeld darüber berichteten, warum sie befragt worden waren und was geschehen war, so handelte es sich doch um einen überschaubaren Kreis. Artemisia war deshalb auch weder in Rom noch in Florenz mit einem kaum wiedergutzumachenden Makel belegt. Und das wusste sie auch schon während des Prozesses, denn beim Lesen der Vernehmungsprotokolle von Artemisia fällt auf, dass sie selbstbewusst auftrat und nicht den Anschein erweckte, über ein traumatisches Erlebnis berichten zu müssen. Sie hatte sich auf die Verhöre offensichtlich gut vorbereitet, verwickelte sich nicht in Widersprüche und trat auch Tassi gegenüber resolut auf. Statt unter der Folter zusammenzubrechen, schleuderte sie ihm entgegen: „Das ist also der Ring, den du mir reichst und diese sind deine Versprechungen."[40]

Trotzdem wird jene Vergewaltigung immer wieder zum zentralen Thema ihrer Biografie gemacht, und ihre Bilder werden dann folgerichtig biografisch gedeutet. Dieses ahistorische Denken führt zu einer auf ein bestimmtes Ereignis bezogenen Sichtweise und verstellt damit auch den Blick auf das Werk der Künstlerin. Ihre Fähigkeiten und Besonderheiten werden dadurch nicht in angemessener Weise gewürdigt, denn sie malte ja angeblich unter posttraumatischen Bedingungen. Das zeigt sich ganz besonders auch an den Interpretationen des Gemäldes der *Susanna* (Farbtafel 1), das sie geschaffen hatte, bevor ihr Vater und Tassi ihre Zusammenarbeit begannen. Trotzdem wurden in den beiden Alten die Physiognomien von Quorli und Tassi gesehen, von denen keine Bildnisse überliefert sind. Die Abwehrhaltung Artemisias wurde natürlich mit der Vergewaltigung in Zusammenhang gebracht, wodurch ihr ungewollt seherische Fähigkeiten bezeugt wurden. Bei den Vergleichen mit anderen Gemälden desselben Themas wurden nicht die Gemeinsamkeiten hervorgehoben, sondern die Unterschiede und daraus der Schluss gezogen, dass Artemisia hier ihre eigene Situation dargestellt hatte, eine Situation, die erst ein Jahr später stattgefunden hatte.

Das von der Komposition her sehr ähnliche Bild in der Sammlung des Burghley House in England ist signiert und 1622 datiert. Trotzdem wurde diese Zuschreibung vehement abgelehnt, weil auf dem Bild Prototypen dargestellt seien, wie sie von Malern Verwendung gefunden hätten, nicht aber von Artemisia. Das Bild sei von einem anderen Maler, die Signatur später zugefügt.[41]

Technische Untersuchungen haben jedoch ergeben, dass sich die Signatur in der originalen Malschicht befindet. Das zeigt einmal mehr die Subjektivität bei der Einordnung in männlich und weiblich konnotierte Malerei.

Ebenso schwierig ist es, die Beziehung zwischen Tassi und Artemisia richtig zu beurteilen. Hatte er sie vergewaltigt oder hatte sie sich aufgrund des Heiratsversprechens auf eine sexuelle voreheliche Beziehung eingelassen? Handelte es sich um eine Liebesbeziehung oder hatte sich Artemisia den Wünschen vom Vater gefügt, der eventuell schon diese Verbindung arrangiert hatte? Die nächste, also die Hochzeit mit Pierantonio Stiattesi, wurde bereits während des Prozesses vereinbart.

Damals dürfte Artemisia ihren zukünftigen Mann noch gar nicht gekannt haben. Sie begegnete ihm vermutlich erst bei der Hochzeit im November und der anschließenden Übersiedelung nach Florenz. Auch zu ihm dürfte sie kaum in heißer Liebe entbrannt sein.

IV
Artemisia in Florenz

„... weil sie jetzt solche Werke geschaffen hat, welche große Meister des Faches vielleicht nicht erreichen können ...“

Orazio Gentileschi, 3. Juli 1612

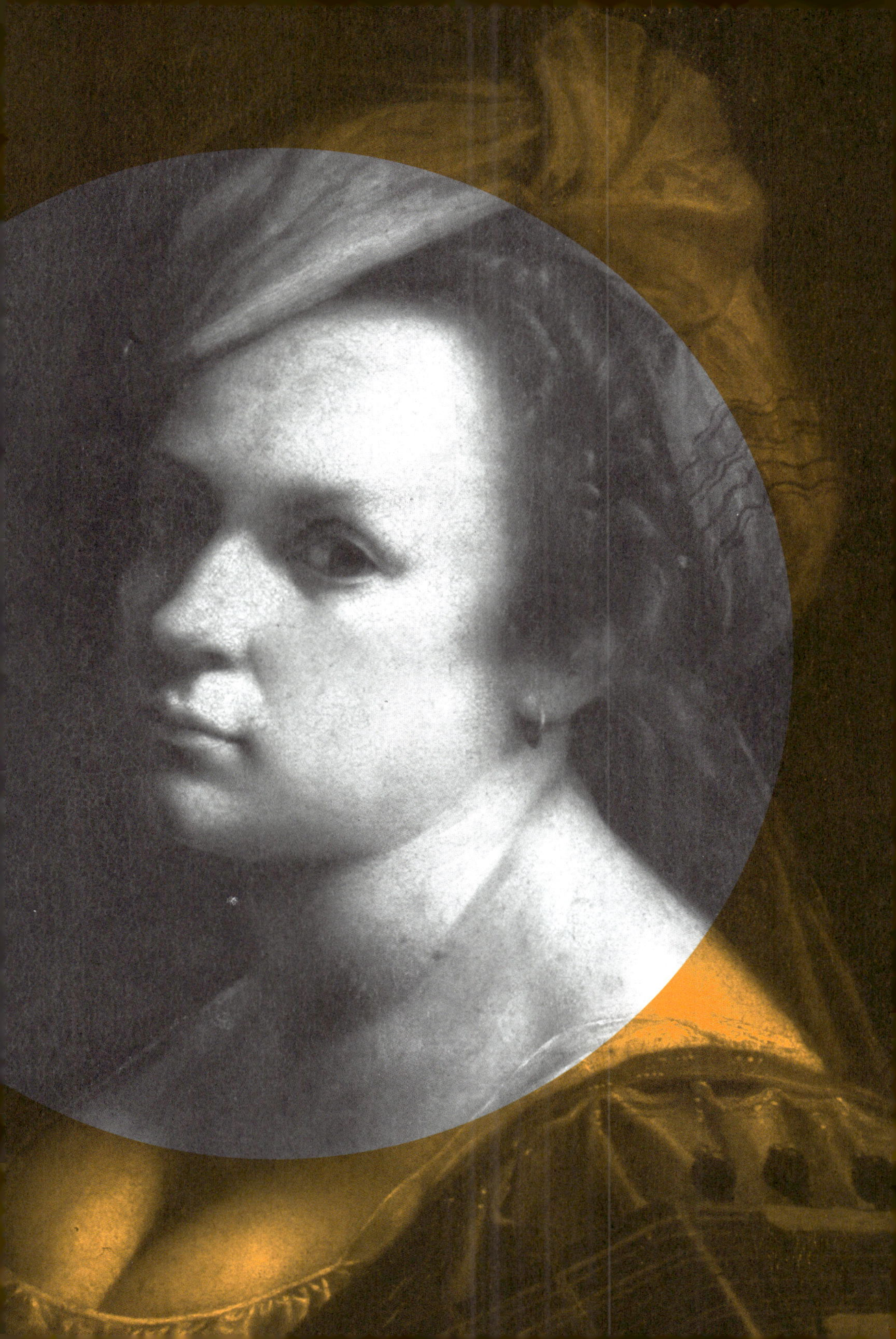

Die geplante Hochzeit

Artemisias Weggang aus Rom, der Umzug nach Florenz im Winter 1612/13, wird häufig als unfreiwillige Flucht beschrieben, weil Artemisia nach Ende des Prozesses nicht länger in Rom bleiben konnte. Und auch die Heirat mit Pierantonio Stiattesi schien überstürzt vonstattengegangen zu sein. Doch warum schrieb dann Orazio bereits am 3. Juli 1612 an die Großherzogin der Toskana, Christina von Lothringen, einen viel zitierten Brief? Damals, als Ende und Ausgang des Prozesses noch nicht absehbar waren, führte er mit diesem Brief seine Tochter am Florentiner Hof ein. Das war allerdings nur dann sinnvoll, wenn Artemisia in absehbarer Zeit auch nach Florenz ging. Und das war auch genauso geplant. Denn während im Prozess die Zeugenbefragung noch nicht abgeschlossen war, arrangierte Orazio bereits die Hochzeit von Artemisia mit Pierantonio, wie der 2014 publizierte Heiratsvertrag beweist.[42] Der wurde am 11. August 1612 in Rom von Orazio, Giovanni Battista Stiattesi und drei Zeugen unterschrieben, darunter dem Florentiner Asciano Fontana, der ihn vielleicht anschließend nach Florenz brachte, wo am 17. August der Bräutigam und sein Vater Vincenzo den Kontrakt ebenfalls unterzeichneten. Am 11. Januar 1613 wurde dieser Vertrag dann in Florenz von dem entsprechenden Amt abgezeichnet, vermutlich nachdem das Ehepaar dort angekommen war. Die Hochzeit war also von langer Hand geplant und der Brief an die verwitwete Großherzogin war Teil dieser Planung. Darin pries Orazio nicht nur die malerischen Fähigkeiten seiner Tochter, er wollte sie vor allem auch am Florentiner Hof bekannt machen und den Ruhm von Agostino Tassi, den dieser in Florenz besaß, schmälern.

Nach Höflichkeitsfloskeln und der Vorstellung der eigenen Person (seit 35 Jahren lebe er als Maler in Rom) folgt die Passage, in der er Artemisia als Malerin präsentiert, die er drei Jahre unterrichtet habe und die „jetzt solche Werke geschaffen hat, welche große Meister des Faches vielleicht nicht erreichen können."[43] Dann kommt er auf Agostino Tassi zu sprechen, der zwei Jahre zuvor nach Rom zurückgekehrt war, nachdem

S. 56/57: Selbstbildnis als Lautenspielerin (Zingane), um 1615/17, Detail er für den Großherzog Ferdinando de' Medici, den Ehegatten Christinas, gearbeitet hatte. In Rom lernte Orazio Tassi kennen, der ihm versprach, ihm Kontakte am Hof der Medici zu verschaffen. Darüber hinaus wurde er ein enger Freund. Er, Orazio, hatte Tassi geholfen, als er verhaftet wurde, weil er mit seiner Schwägerin eine sexuelle Beziehung eingegangen war. Aus Dankbarkeit hatte ihn dann Tassi bei der Ausmalung im Quirinalspalast mit einbezogen. Das hatte allerdings zur Folge, dass sich Tassi Einlass in sein Haus verschafft hatte, wo er Orazios Tochter Artemisia kennenlernte und sie dazu zu bringen versuchte, ihn zu lieben – auch indem er darauf verwies, ein Diener Ihrer Hoheit, Christina von Lothringen, zu sein. Bei einem zweiten Besuch tat er ihr, Artemisia, Gewalt an, deflorierte sie und versprach ihr, sie zu heiraten. Orazio fuhr fort, dass Tassi bei seinen weiteren, häufigen Besuchen Artemisias Hoffnung schürte, ihn zu heiraten und sie dann mit nach Florenz zu nehmen, um sie dort der Großherzogin vorzustellen. Er erzählte ihr das Blaue vom Himmel, bis Artemisia erfuhr, dass Tassi verehelicht und seine Frau vor ihm geflohen war.

Orazio erklärte dann, dass Tassi deshalb nun im Gefängnis säße und ihm der Prozess gemacht würde, ihm aber zu Ohren gekommen sei, dass Tassi vom Hof in Florenz, namentlich vom Sekretär des Großherzogs, dem Senator Lorenzo Usimbardi, Unterstützung erhielte. Er, Orazio, hoffe sehr, dass Ihre Hoheit dieses ab nun zu verhindern wisse und stattdessen den Kardinal Borghese bitte, in dem Fall Gerechtigkeit walten zu lassen. Er sei sich sicher, dass Ihre Hoheit, wenn sie Werke seiner armen Tochter sehen würde, Mitleid damit haben würde, was ihm unter dem Deckmantel der Freundschaft von jenem heimtückischen Mann angetan worden sei, dessen drei Schwestern im Übrigen Prostituierte seien, ebenso wie seine Frau und seine Schwägerin. Einer seiner Brüder sei erhängt worden, ein anderer mit Bann belegt und er selbst stand vor Gericht in Genua, Pisa, Livorno, Neapel und Lucca sowie hier in Rom wegen Inzest, Diebstählen und anderen schrecklichen Dingen. Zu zwei Fällen wolle er ihr genauere Informationen schicken und außerdem sobald als möglich Beispiele für die Arbeit seiner Tochter, damit sie (die Großherzogin) deren Qualitäten erkenne und ebenso abschätzen könne, welch Ungerechtigkeit ihr angetan worden sei.

Orazio schrieb diesen Brief offensichtlich, um zu verhindern, dass Tassi weiterhin Unterstützung von Usimbardi erhielt und der Prozess mit einem

Freispruch endete. Er wollte aber auch Artemisia in Florenz einführen, damit sie dort einen guten Start hatte. Denn aus dem Heiratsvertrag geht hervor, dass sie nach ihrer Hochzeit nach Florenz gehen sollte. Dort erhoffte sich Orazio wohl bessere Arbeitsbedingungen für Artemisia. Dass er die Vergewaltigung im Brief erwähnte, spricht auch dafür, dass sie auf den Ruf Artemisias keine Auswirkungen gehabt haben dürfte. Aus dem Vertrag erfahren wir außerdem, dass Orazio sich verpflichtet hatte, die erstaunlich hohe Summe von 1000 scudi als Mitgift zu zahlen, also in etwa zehnmal so viel, wie eine Familie in bescheidenen Verhältnissen damals zum Leben brauchte. Sie sollte dazu dienen, dass sich Stiattesi damit eine Apotheke einrichten konnte, allerdings nur wenn Artemisia damit einverstanden war. Sie behielt also die Hoheit über die Finanzen. Die Mitgift sollte in zwei Raten ausbezahlt werden, eine drei Jahre nach Eheschließung, die andere nach fünf weiteren Jahren. Dieser Passus sollte im späteren Leben des Paares noch eine wichtige Rolle spielen.

Im Sommer 1612 mieteten Orazio und sein Bruder, der Maler Aurelio Lomi, außerdem in Florenz eine Wohnung. Hatte Orazio ursprünglich geplant, seine Tochter nach Florenz zu begleiten? Erhoffte er sich dort auch bessere Arbeitsmöglichkeiten? Orazio blieb in Rom, Aurelio lebte bereits seit 1611 in Florenz, möglicherweise ab Sommer 1612 in der neuen Wohnung.

Am 29. November 1612 fand die Hochzeit von Artemisia Gentileschi und Pierantonio Stiattesi, der in dem Heiratsvertrag als Apotheker bezeichnet wird, nicht als Maler, wie bisher angenommen, in der römischen Kirche Santo Spirito in Sassia statt. Einer der Trauzeugen war der Dichter Lelio Guidiccioni, der eine große Kunstsammlung besaß, in der sich möglicherweise auch Werke von Orazio oder sogar von Artemisia befanden. Das Paar machte sich offensichtlich trotz des Winters bald auf den Weg. Am 10. Dezember übertrug Pierantonio dem Bruder Giovanni Battista Vollmachten für seine römischen Geschäfte, vor allem die Geldangelegenheiten mit Orazio. Am 11. Januar 1613 müssen die frisch Vermählten dann spätestens in Florenz angekommen sein, da dieses Datum auf dem Ehevertrag vermerkt ist.

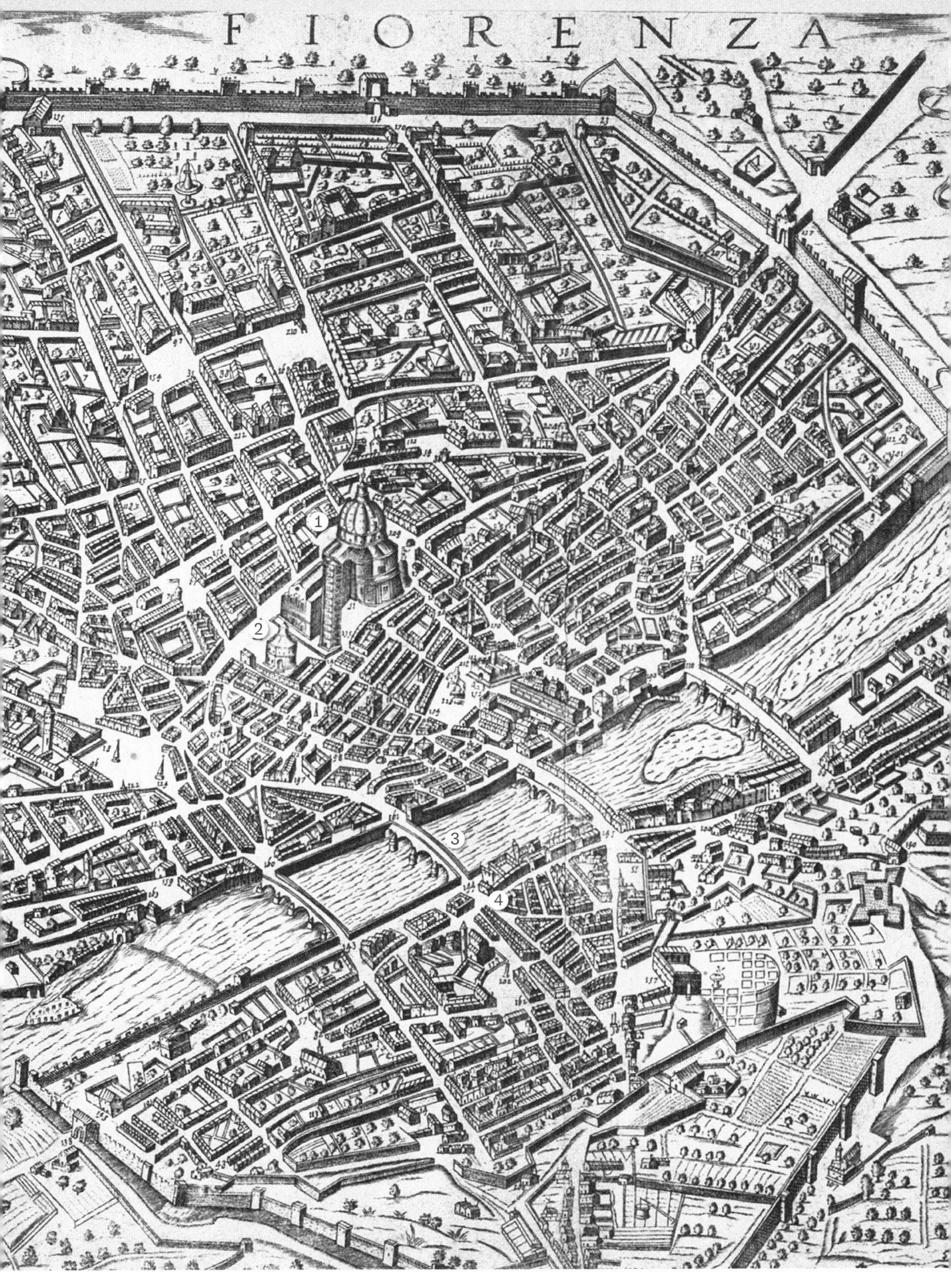

Um 1600 entstand der Kupferstich von Florenz aus der Vogelperspektive, auf dem man den Dom 1, das Baptisterium 2 und die Brücken über den Arno sieht. Der Ponte Santa Trìnita 3 führt zur Piazza de' Frescobaldi 4, an der sich Artemisias letzte Wohnung befand.

Leben in Florenz

Das Leben von Artemisia in Florenz (Abb. S. 61) dürfte sich anders gestaltet haben als das in Rom. Durch den Handel war die Stadt zu Reichtum gekommen, die Medici und andere Bankiersfamilien hatten bereits seit dem 14. Jahrhundert die Künste großzügig gefördert. Der damalige Großherzog, Cosimo II., begeisterte sich nicht nur für die bildenden Künste, Musik und Theater, sondern auch für die Wissenschaften und ernannte den großen Astronom Galileo Galilei 1610 zum Hofmathematiker und Hofphilosophen. Artemisia war außerdem jetzt nicht mehr die Tochter, die im Hause ihres Vaters lebte, sondern eine verheiratete Frau. Ihr Leben in der Florentiner Zeit lässt sich durch verschiedene Dokumente, so zu den Geburten ihrer Kinder, vor allem aber ihr Finanzgebaren betreffend, relativ gut nachvollziehen, obwohl natürlich viele Fragen offenbleiben und einiges nur vermutet werden kann. Das Paar lebte erst bei Pierantonios Vater, dem angesehenen Schneider Vincenzo Stiattesi in der Via Reparata, die damals Via Campaccio hieß, in einem wohl großen Haus. Dort richtete sich Artemisia eine Werkstatt ein, wie aus verschiedenen Rechnungen und Geldforderungen hervorgeht.

Bereits am 20. September 1613 wurde ihr erster Sohn geboren. Giovanni Battista wurde am 21. September in Santa Maria Novella, einer der großen Florentiner Kirchen, getauft und schon eine Woche später dort beerdigt. Taufpate war ein Lorenzo di Vincenzo Cavalcanti, dessen Name dafür spricht, dass er aus einer bekannten Florentiner Familie stammte. Die nächsten Taufpaten belegen dann, dass Artemisia und ihr Mann in Kreisen von Humanisten und Künstlern verkehrten. Denn bereits ein Jahr später, Mitte Dezember 1614, als Tochter Agnola geboren wurde, sollte Michelangelo Buonarroti der Jüngere Taufpate sein. Doch Agnola erhielt vermutlich nur eine Nottaufe, sie wurde am 16. Dezember in San Lorenzo beerdigt. Als Nächstes folgte am 8. November 1615 Cristofano, dessen Taufpate in der Kirche Sant' Ambrogio der Maler Cristofano Allori war. Die nach der Großmutter genannte Prudenzia, die auch als Palmira bezeichnet wurde, kam am 1. August 1617 auf die Welt und wurde einen Tag später in der Pfarrkirche San Salvatore getauft. Ihr Taufpate war der Cavaliere Enea di Silvio Piccolomini Aragona. Ein Jahr später folgte noch Lisabella am 13. Oktober 1618, die in der Pfarrkirche Santa Lucia sul Prato getauft wurde. Paten waren diesmal Lisabella Berti, die Frau des Dichters, Dramaturgen und Notars Jacopo Cicognini, sowie der Dichter Jacopo Soldani. Lisabella starb am 9. April/Juni 1619, Cristofano am 6. April 1620 in Rom. Lediglich Prudenzia wurde erwachsen und lebte zumindest bis 1637.

Artemisia brachte also in den ziemlich genau sieben Florentiner Jahren fünf Kinder zur Welt. Sie war demnach die meiste Zeit schwanger. Trotz dieser körperlichen Beanspruchung und vermutlich auch der seelischen Belastung durch die Tode der Säuglinge nahm sie am kulturellen Leben teil und malte zahlreiche Bilder. Außerdem lernte sie Schreiben und Lesen, was sie in Rom nachweislich noch nicht gekonnt hatte. Nach dem Tod ihres Schwiegervaters scheint sie ihre Werkstatt 1615 in den Borgo Ognissanti verlegt zu haben, in der sie noch 1619 arbeitete, wie aus einem Dokument über den Kauf von Schmuckstücken hervorgeht.[44] Zu dieser Zeit unterhielt sie noch eine weitere Werkstatt in der Via delle Belle Donne nahe Santa Maria Novella. Ob die Familie direkt von der Via Campaccio in ein Haus an der heutigen Piazza Frescobaldi zog oder über Zwischenstationen, ist bislang nicht bekannt. Dieses Haus, das dem Bankier Matteo Frescobaldi gehörte, befand sich wohl an der Nordseite der Piazza, die auf der anderen Seite des Arno liegt. Die Taufen der Kinder in den unterschiedlichen Kirchen, die auch zu verschiedenen Pfarrbezirken gehörten, könnten darauf hindeuten, dass die Familie mehrfach umzog. Doch auch das ist nicht erwiesen.

Geldgeschäfte

Orazio hatte mit seinem Brief an Christina von Lothringen zwar den Versuch unternommen, seine Tochter am Hof in Florenz bekannt zu machen, doch wissen wir nicht, ob er tatsächlich ein Bild von Artemisia nach Florenz geschickt und ob die Großherzogin den Brief überhaupt zur Kenntnis genommen hatte. Doch war Artemisia bei ihrer Ankunft in Florenz nicht auf sich selbst gestellt, denn die Stiattesi waren eine angesehene Familie mit zahlreichen Kontakten. Außerdem waren sie kreditwürdig.

Rom (1593–1612)

Florenz (1612–1620)

Prato (1620)

Rom (1620–1625)

Venedig (1626–1630)

Neapel (1630–1637)

London (1639–1640)

Neapel (1649–1654?)

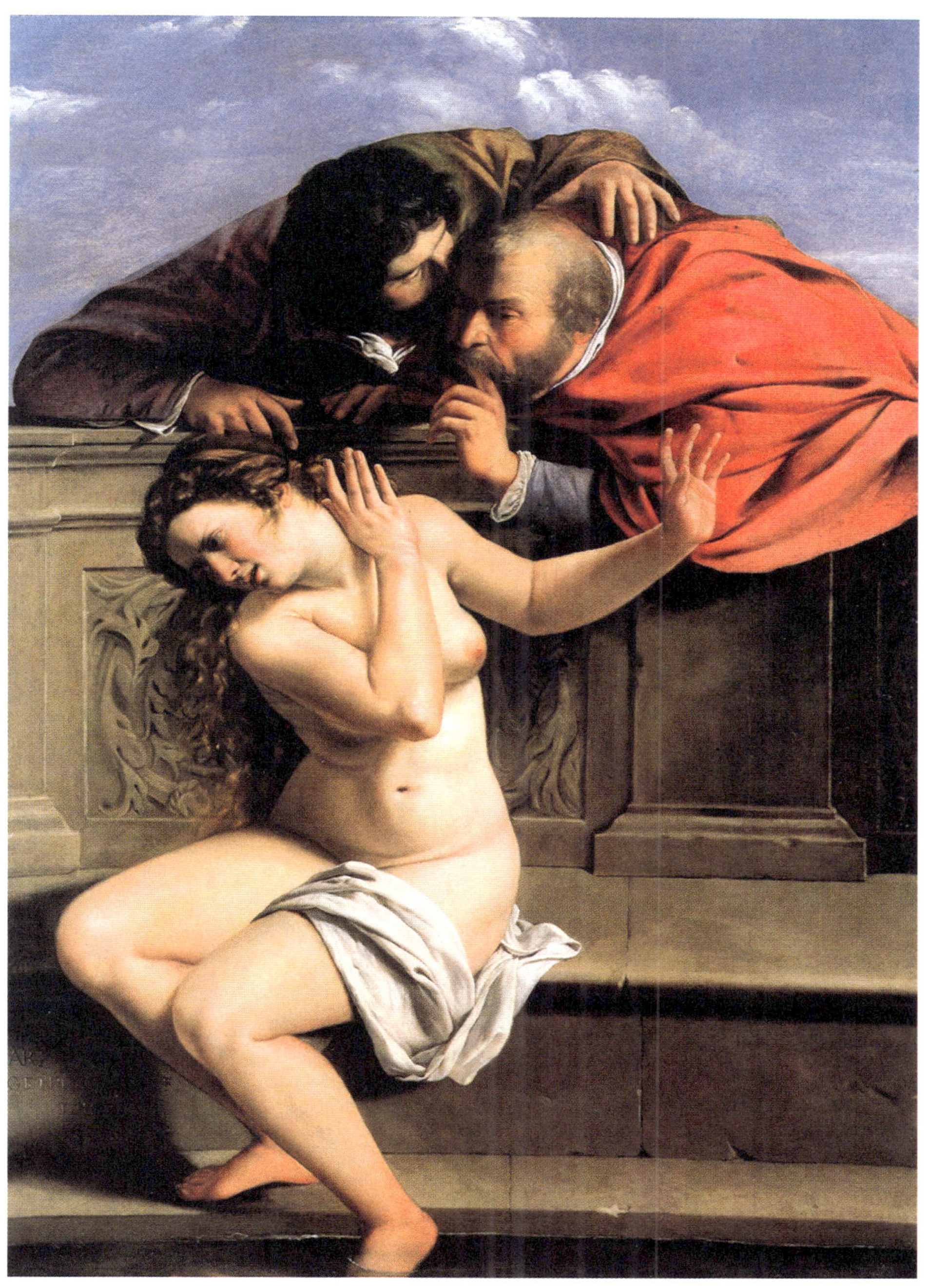

1. Susanna und die beiden Alten, 1610

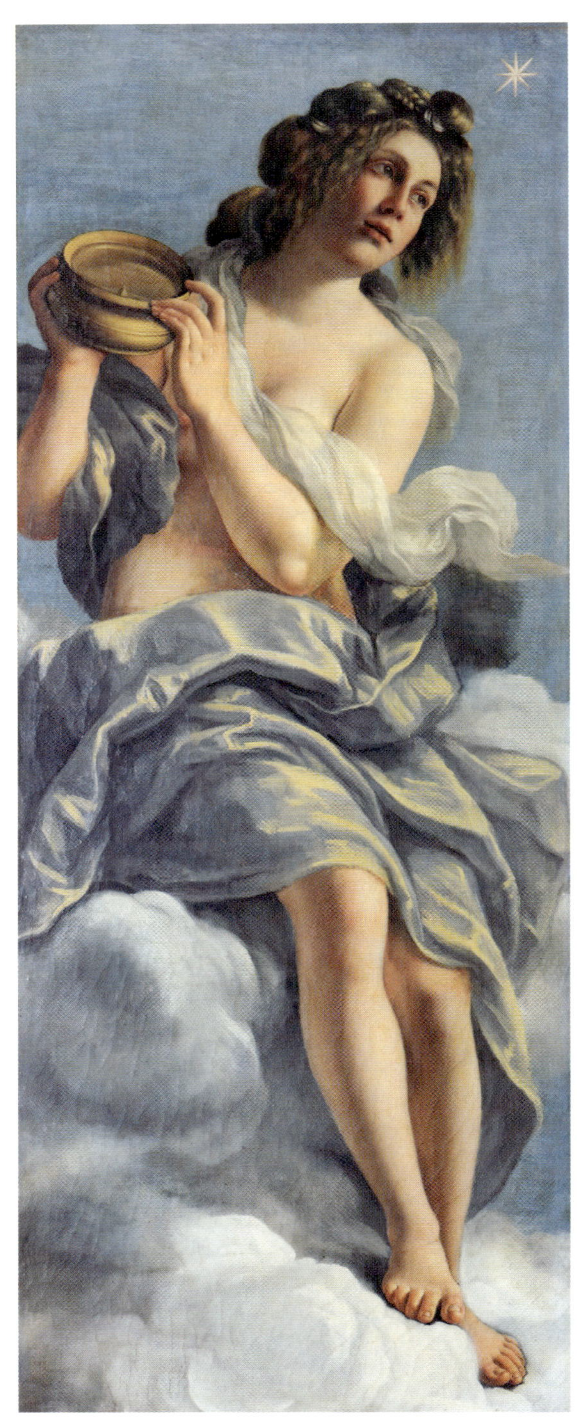

2. Allegorie der Begabung, 1616

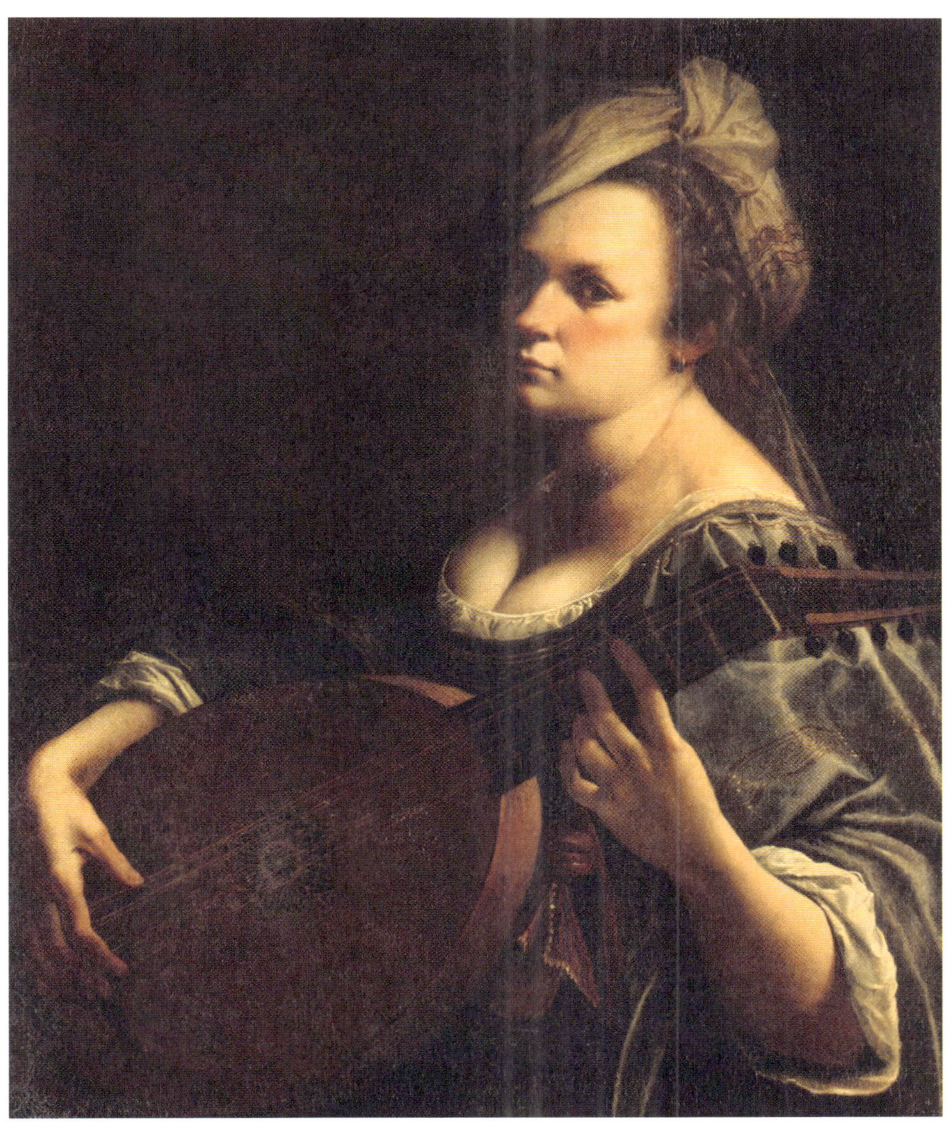

3. Selbstbildnis als Lautenspielerin (Zingane), um 1615/17

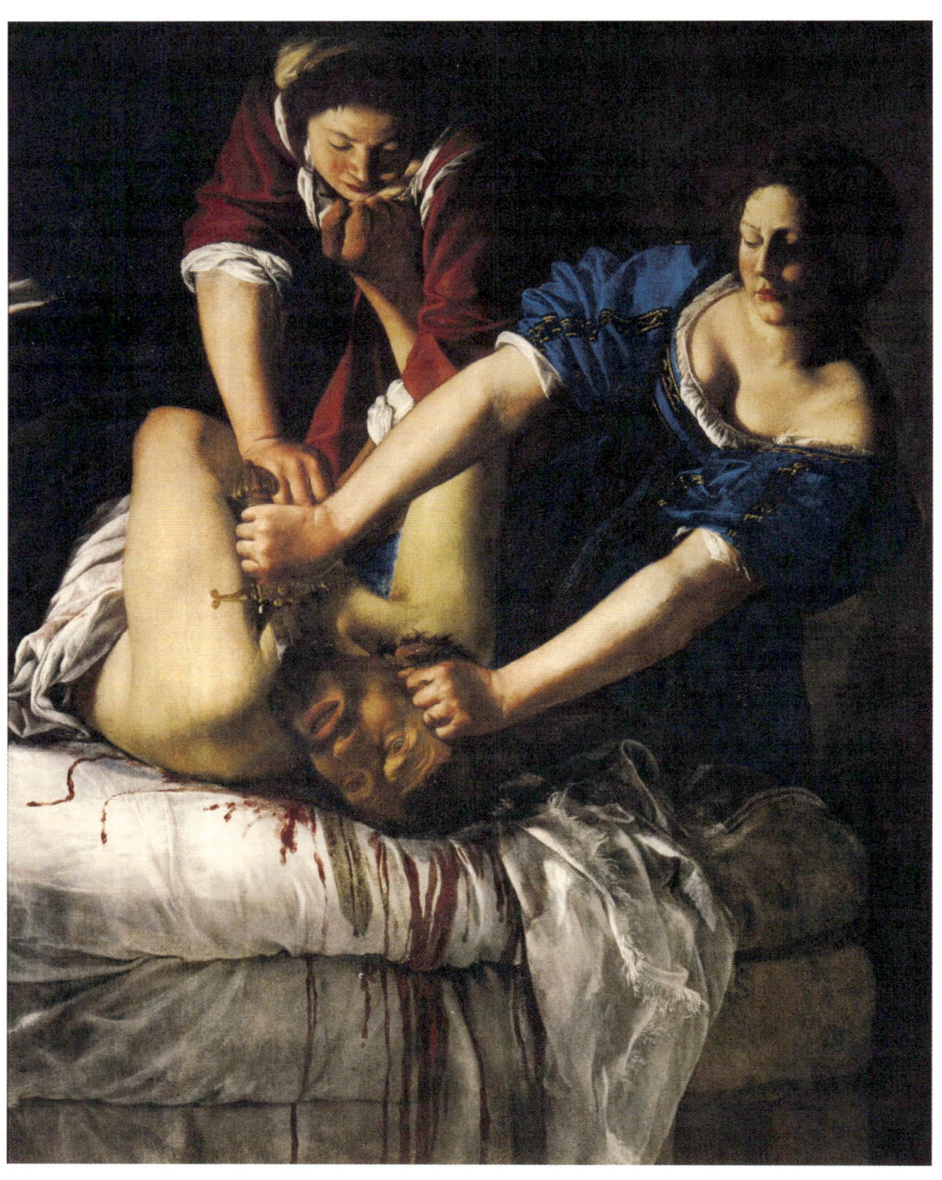

4. Judith enthauptet Holofernes, um 1612/13

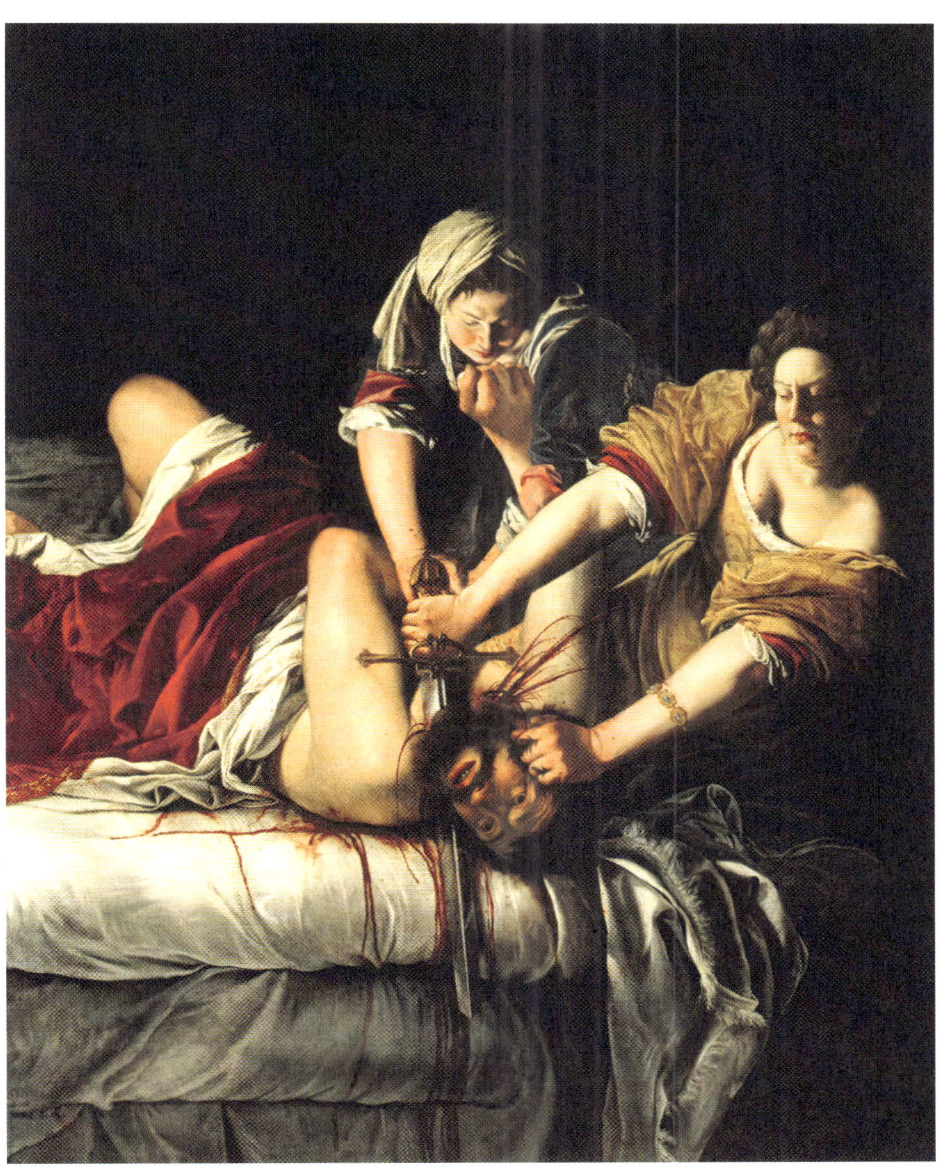

5. Judith enthauptet Holofernes, um 1613/14

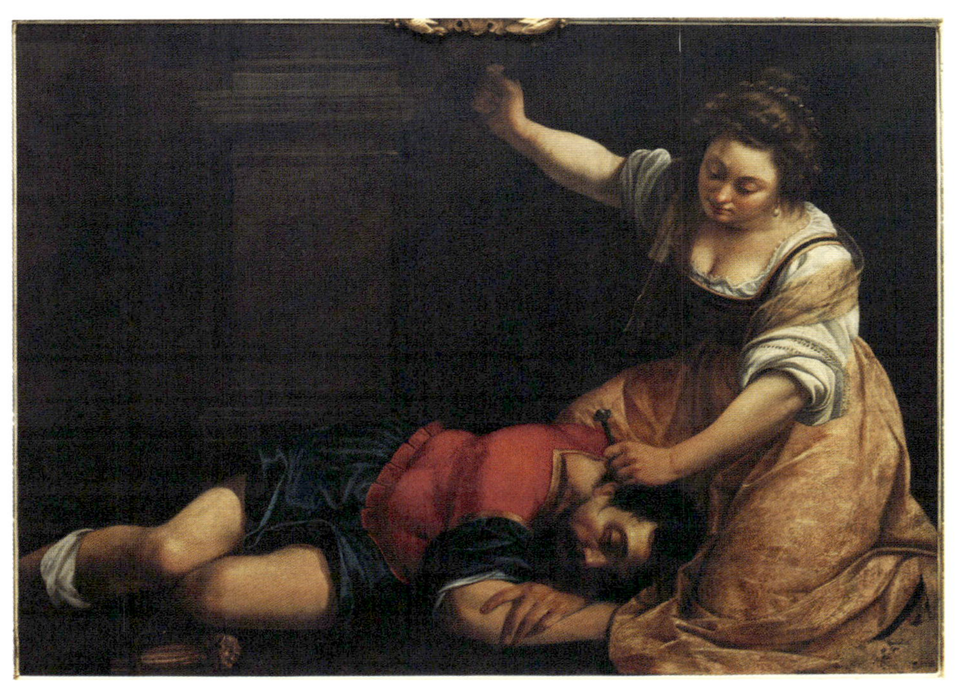

6. Jaël und Sisera, 1620

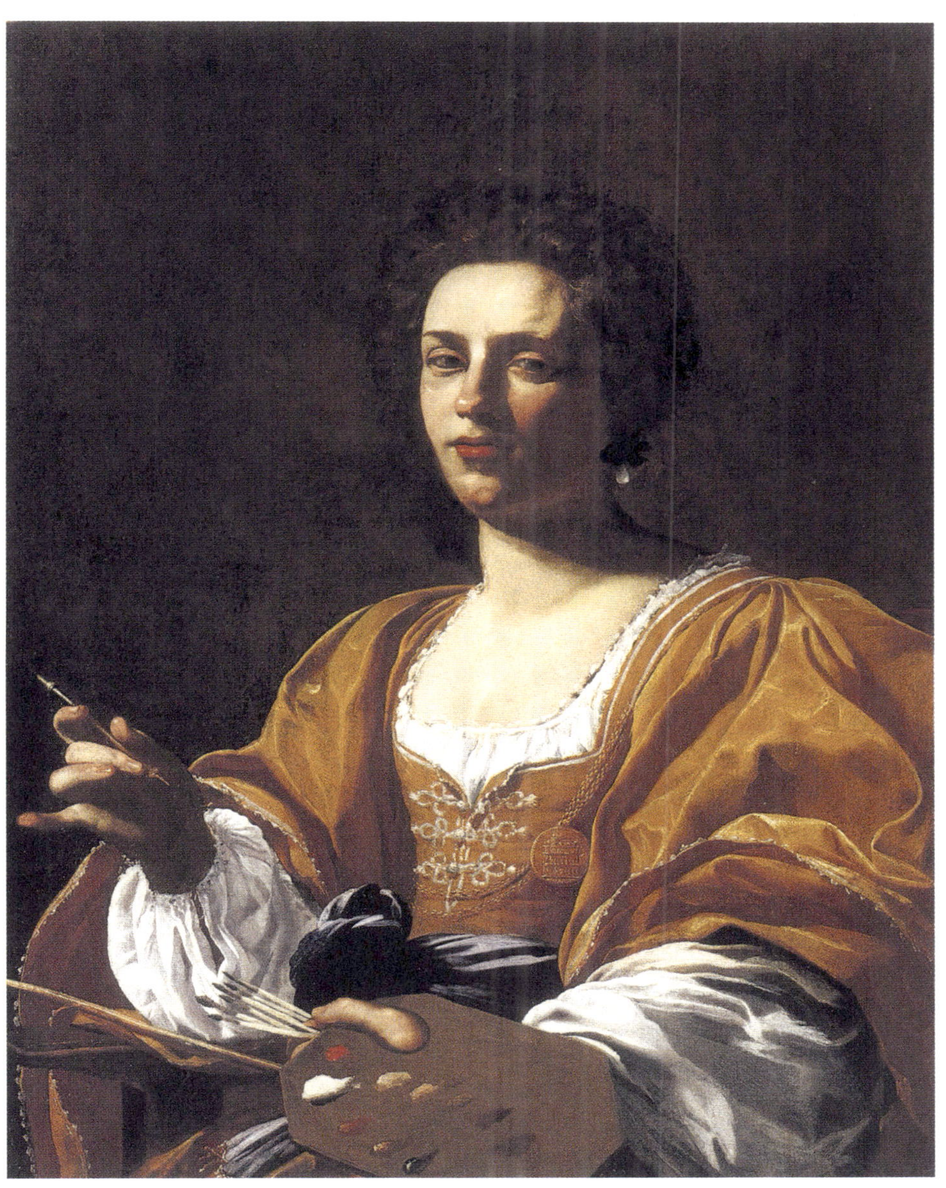

7. Simon Vouet (?), Porträt von Artemisia Gentileschi, um 1623/26

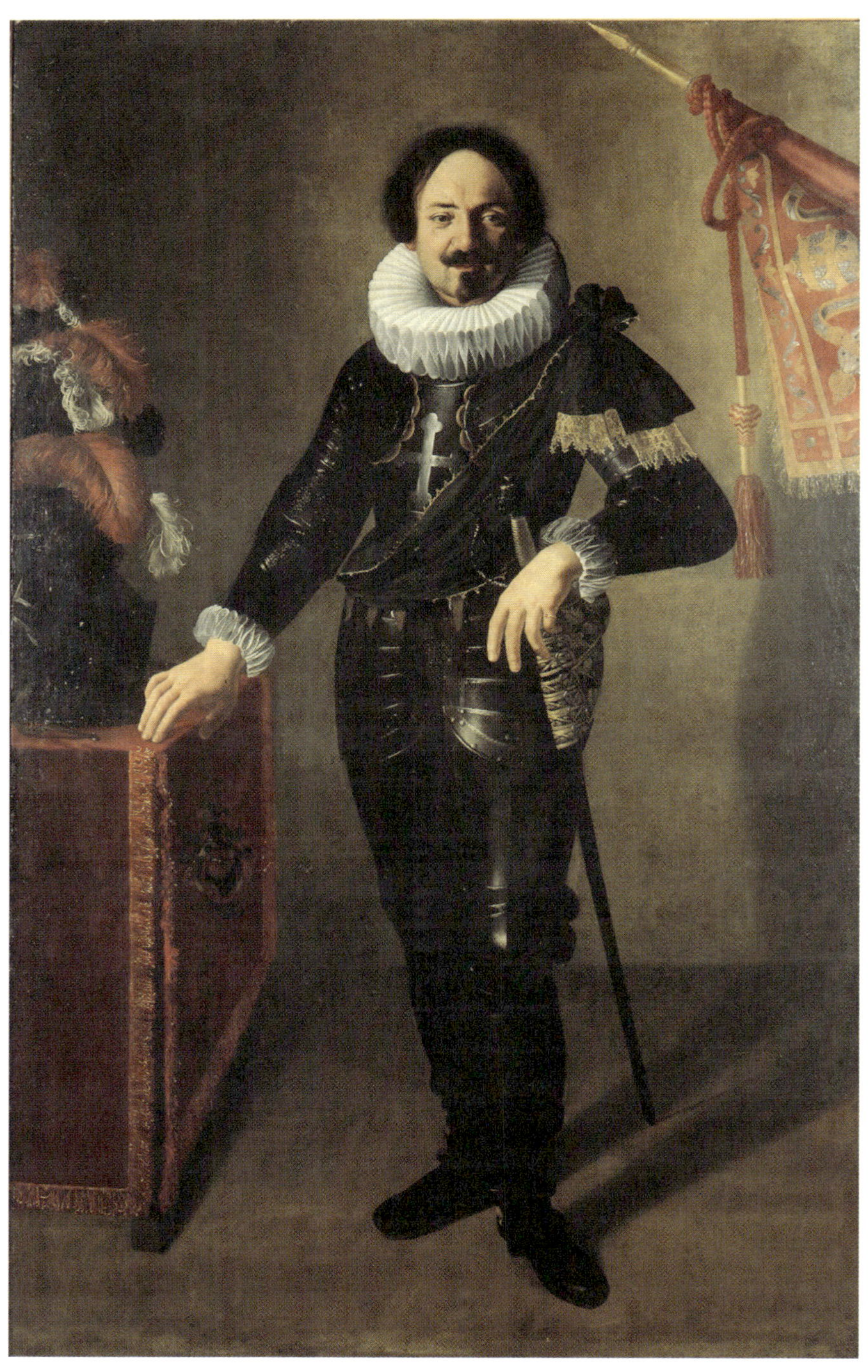

8. Gonfaloniere, 1622

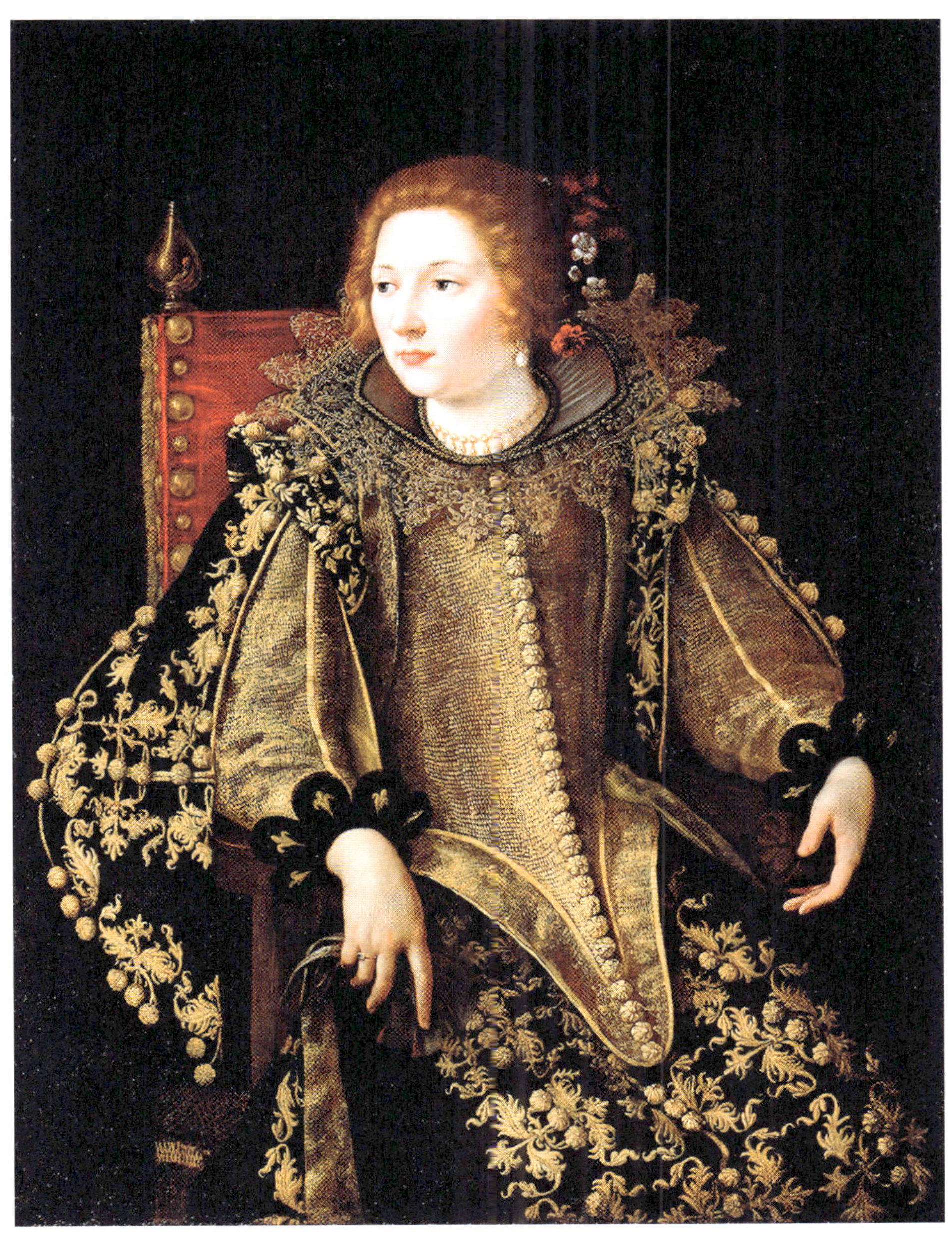

9. Porträt einer sitzenden Dame, um 1620/30

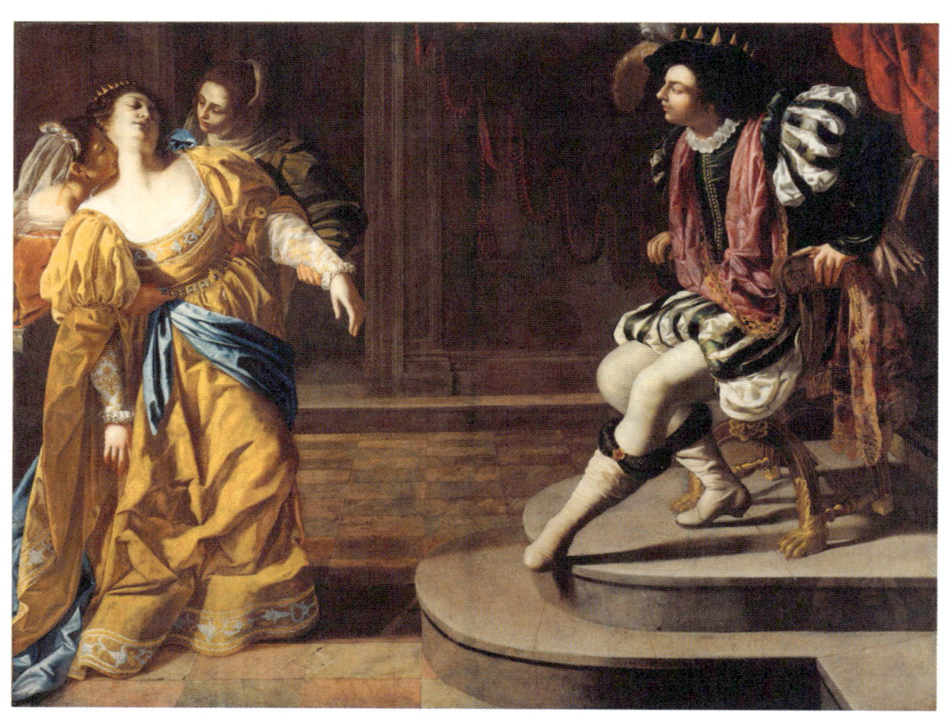

10. Esther vor Ahasver, nach 1626

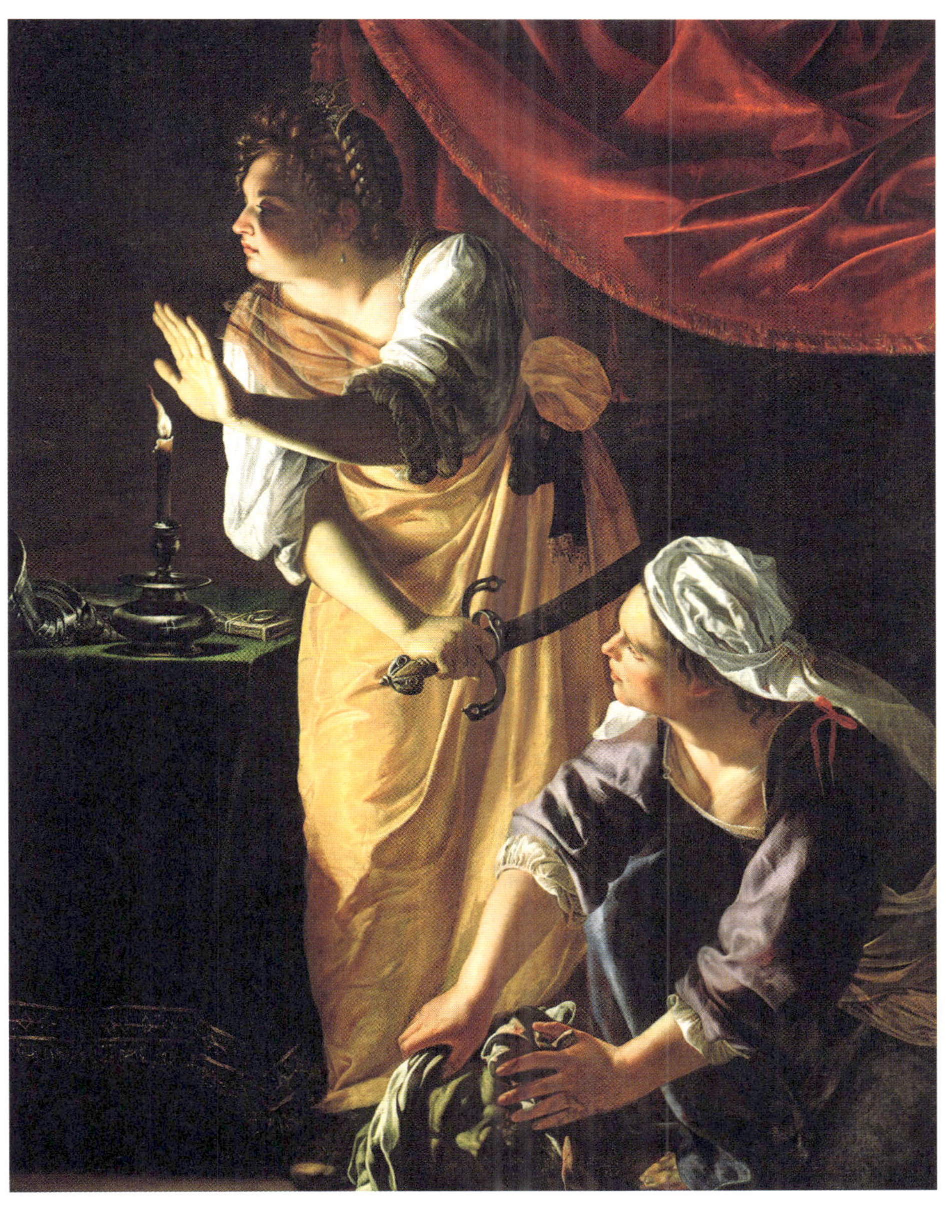

11. Judith und ihre Magd, um 1623/25

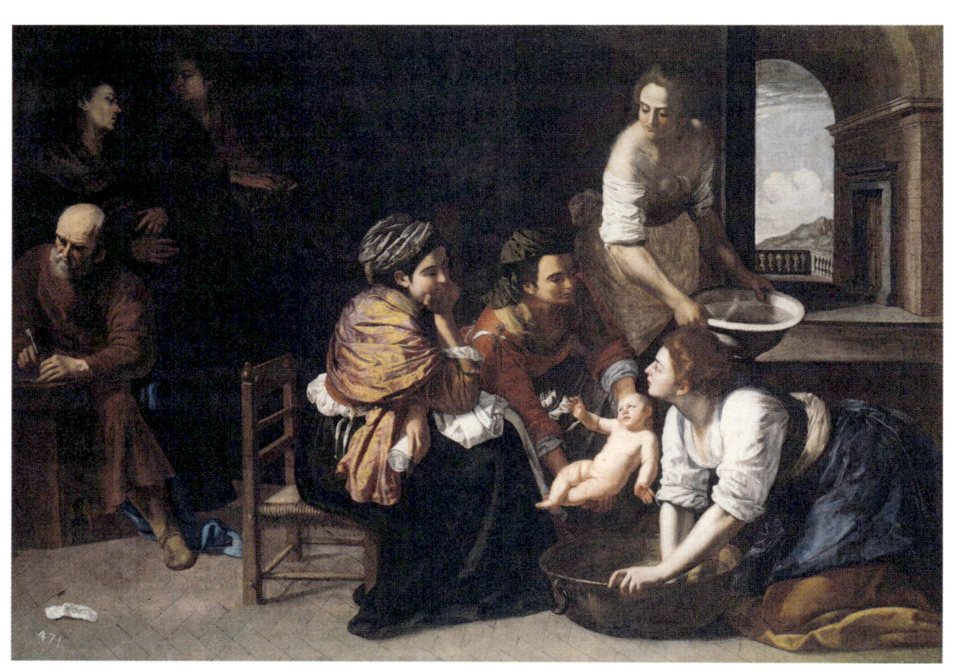

12. Geburt Johannes des Täufers, um 1632/35

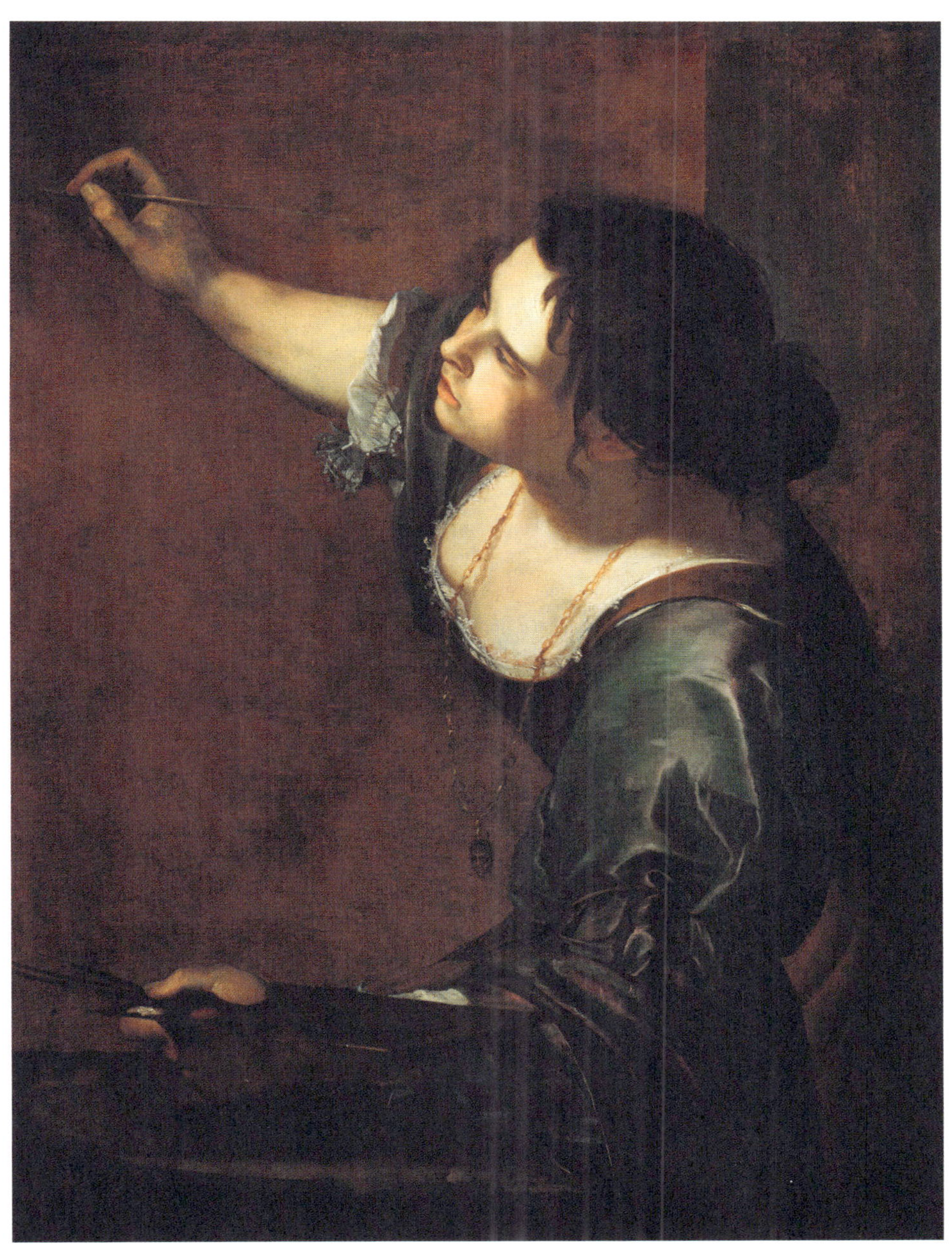

13. Allegorie der Malerei, um 1638/39

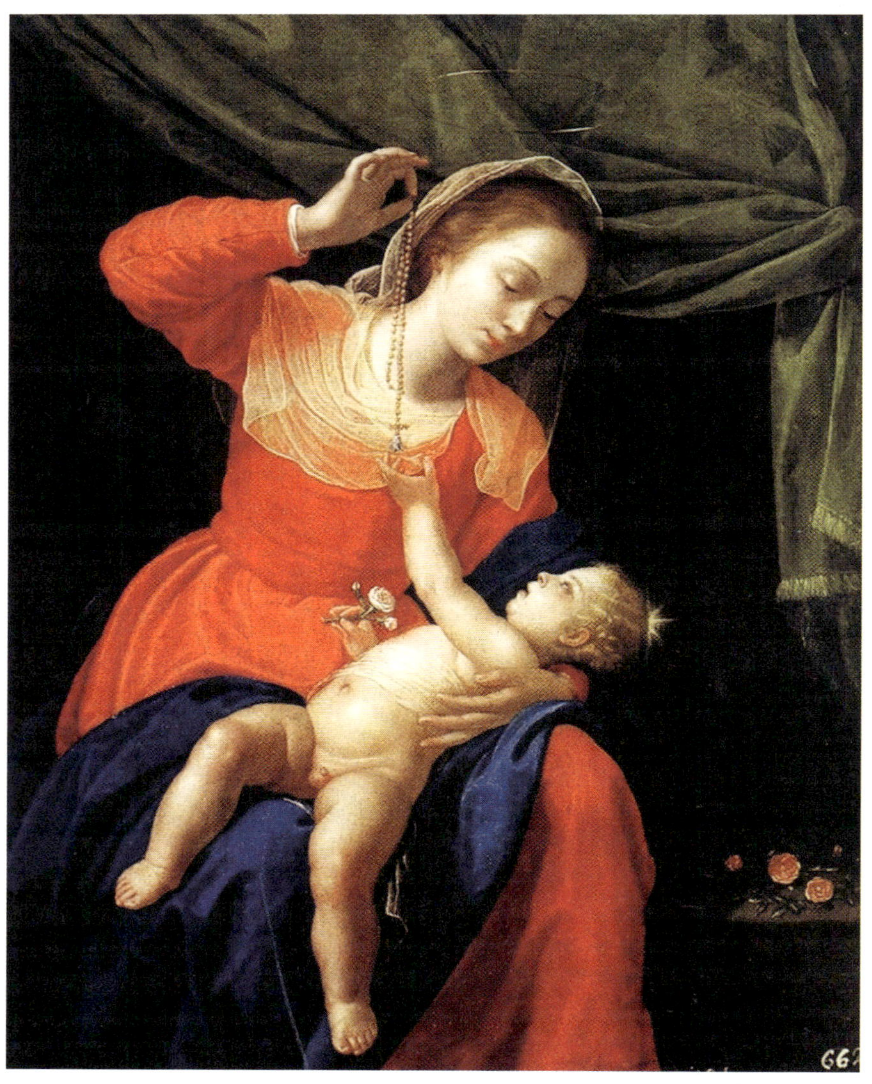

14. Maria mit Kind und Rosenkranz, um 1651?

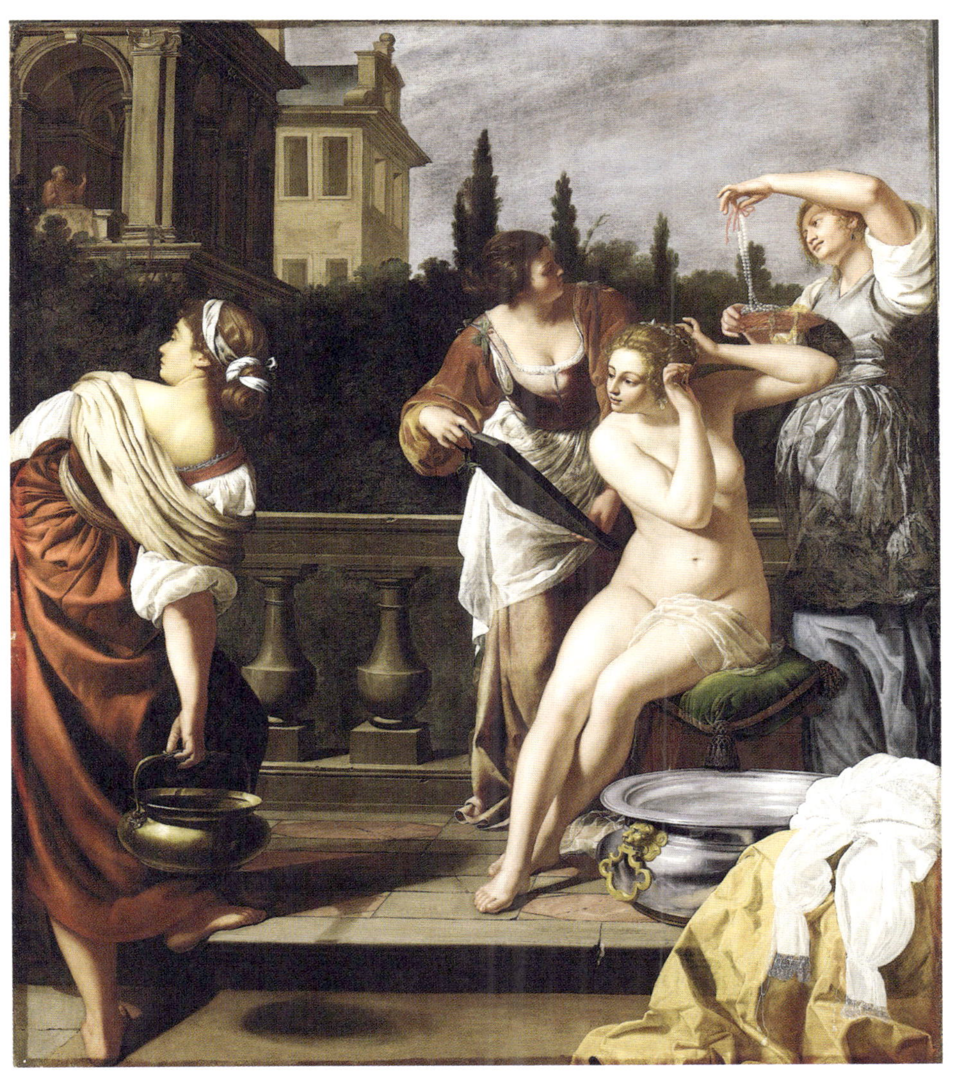

15. Bathseba, um 1635/50

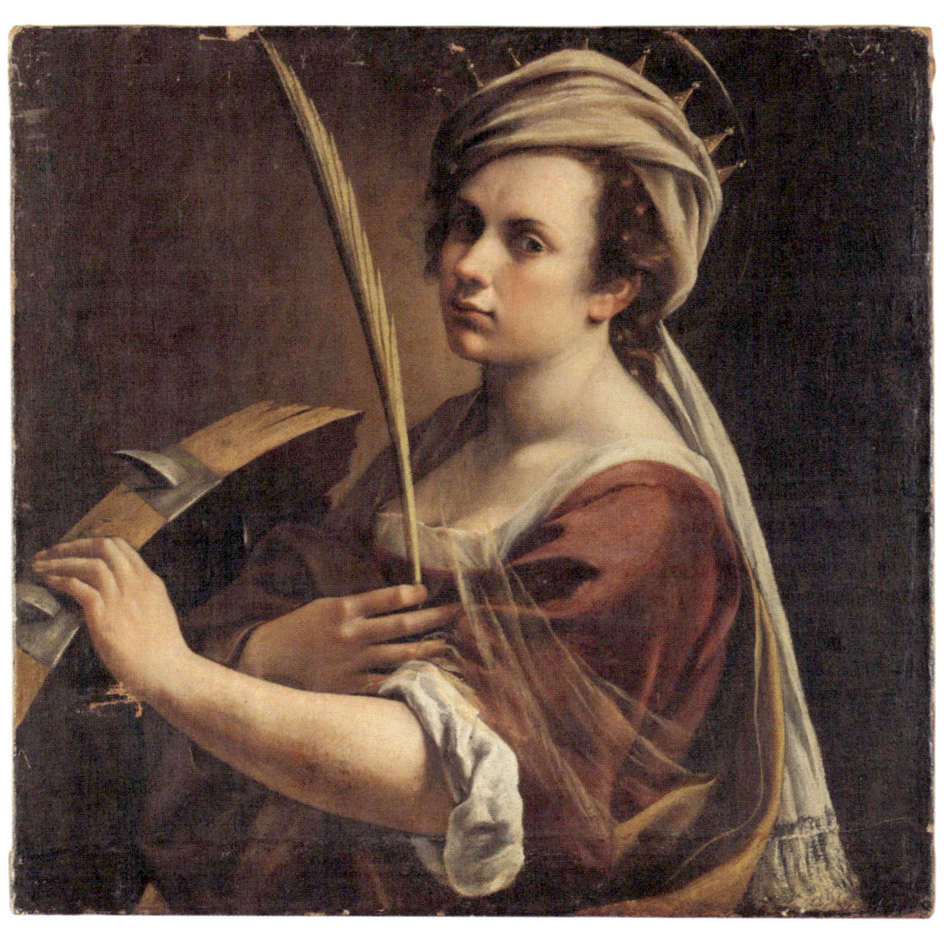

16. Heilige Katharina von Alexandria, um 1615/17

So konnte Pierantonio kurz nach ihrer Ankunft bei dem Seidenhändler Alessandro Covoni Stoffe und bei dem Goldschläger Domenico Casallesi Schmuck auf Kredit kaufen, den weder er noch Artemisia bald zurückzahlten und auch auf erste Mahnungen hin nicht reagierten. Dieses Verhalten behielten sie über die Jahre bei, auch, weil es ihnen dadurch gelang, Abhängigkeiten herzustellen. Covoni hatte gute Kontakte zum Hof und er wusste, dass er größere Hoffnungen haben konnte, sein Geld zurückzubekommen, wenn er Artemisia Aufträge verschaffte. Vielleicht war es ihm zu verdanken, dass Artemisia 1614 einen ersten Auftrag über drei Bilder vom Hof erhielt, für den ihr am 28. Oktober eine Unze Ultramarinblau zur Verfügung gestellt wurde.[45] In dieser Zeit scheint sie sich auch ihre Werkstatt eingerichtet zu haben, wie aus weiteren dokumentierten Geldforderungen hervorgeht.

In Künstlerkreisen war es durchaus üblich, auf Kredit zu kaufen, nicht nur in Florenz. Auch der Reichtum Rembrandts in Amsterdam gründete auf Schulden und Spekulationen, und so wie er waren andere Künstler gleichzeitig Unternehmer. Auch wenn sie es zu einem gewissen Wohlstand gebracht hatten, klagten sie häufig über Geldsorgen. Artemisia war da kein Einzelfall. Und sie verstand es hervorragend, bei ihren Auftraggebern den Eindruck zu erwecken, Geldsorgen zu haben, gleichzeitig aber ein luxuriöses Leben zu führen. Die auf Pump gekauften Kleider und Juwelen bezahlte sie immer dann, wenn der Druck der Kaufleute zu groß wurde, sie hatte also Geld zur Verfügung. Das belegen zumindest für die Florentiner Zeit zahlreiche Dokumente, die die vielfach geäußerten Behauptungen, Artemisia habe in Armut gelebt, widerlegen. Durch diese Dokumente wird auch deutlich, dass Pierantonio hauptsächlich als eine Art Manager für die Malerin tätig war. Er wickelte die meisten der Geldgeschäfte ab, wenn auch nicht alle. Außerdem scheint er sich auch um die Beschaffung von Farben und anderen Malmaterialien gekümmert zu haben, was ihm als Apotheker nicht schwergefallen sein dürfte. Er selbst gründete allerdings nie eine Apotheke, so wie es der Ehevertrag eigentlich vorgesehen hatte.

Artemisia ließ sich also Kleider aus wertvollen Stoffen nähen und kaufte goldene, mit Edelsteinen besetzte Schmuckstücke. Diese verwendete sie einerseits als Vorlagen für ihre Bilder, andererseits wollte sie aber auch elegant gekleidet sein, um in höheren Kreisen verkehren zu können. Ihr gelang es dabei aufs Trefflichste, im Luxus zu leben und gleichzeitig den Eindruck einer in Armut lebenden Künstlerin zu vermitteln.

Florentiner Kontakte

Der Maler Cristofano Allori entstammte einer bekannten Florentiner Malerfamilie und gehörte im Florenz der Zeit zu den angesagten Künstlern. Artemisia und Allori lernten sich spätestens im Juli 1615 kennen, als sie Paten bei einer Taufe waren. Im November war Allori dann der Taufpate und Namensgeber ihres Sohnes. Der Maler gehörte zu dem Zirkel, der bei Michelangelo dem Jüngeren verkehrte, in dessen Kreis auch Artemisia spätestens 1615 aufgenommen wurde.

Artemisia und Allori dürften sich künstlerisch ausgetauscht haben. Die Art, wie er in seinen auf wenige Personen begrenzten Historienbildern kostbare Kleider zur Geltung brachte, fand sich auch bald nach ihrer Ankunft in Artemisias Gemälden. Zum einen ist das auf den Einfluss Alloris zurückzuführen, zum anderen aber auch auf die Kleidungen der Damen der Florentiner Gesellschaft. In Florenz, der Stadt der Seidenhändler, kleideten sich Frauen wie Männer gleichermaßen luxuriöser als in Rom. Eines der bekanntesten Bilder von Allori, *Judith mit dem Haupt des Holofernes* (Abb. S. 83), zeigt eine hübsche junge Frau in kostbaren seidenen Gewändern in Goldgelb, hellem Rot, Violett und Weiß. Ihre rechte Hand mit dem Schwert hat sie weit nach hinten ausgestreckt, während sie mit der linken den Betrachtenden den abgeschlagenen Kopf des Holofernes präsentiert. Hinter ihr, von ihrem Rücken fast verdeckt, zeigt sich ihre Magd.

Das Gemälde existiert in einigen Versionen, von denen die in London (Hampton Court Palace) und in Florenz (Palazzo Pitti) als authentisch gelten, zumal dasjenige in London signiert und 1613 datiert ist. Ob das Bild in Florenz vorher oder anschließend entstand und ob Artemisia ihre beiden Versionen der *Enthauptung des Holofernes* (Farbtafeln 4 und 5) zuvor oder danach malte, ist unklar. Denn die Entstehungszeit der beiden Gemälde von Artemisia ist nicht bekannt, was für die Einflussnahme natürlich eine Rolle spielt. War es in der älteren Literatur selbstverständlich, dass Artemisia auch in ihrer Malweise von Allori beeinflusst wurde, wird heute auch in Erwägung gezogen, dass Artemisia, aus Rom kommend, Allori Stilmittel näherbrachte, die sie von Caravaggio übernommen hatte.[46]

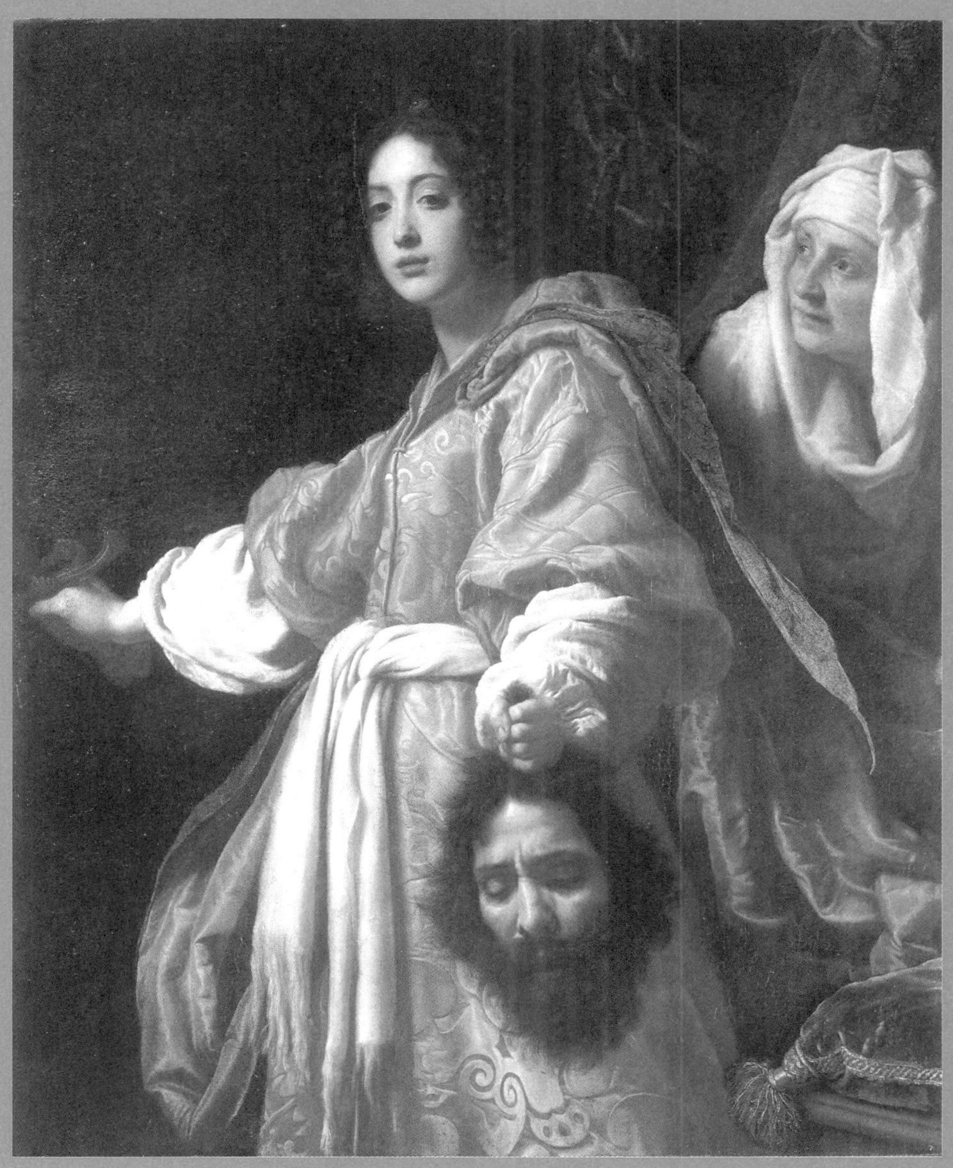

Cristofano Allori soll bei dieser Darstellung von *Judith mit dem Haupt des Holofernes* seine Geliebte, deren Mutter und sich selbst gemalt haben. Ob das allerdings einen biografischen Hintergrund hat, ist nicht gesichert.

Der enge Kontakt zwischen Allori und Michelangelo ist durch verschiedene Geschichten belegt.[47] Michelangelo, der den Namen seines berühmten Großonkels trug und zur Unterscheidung „der Jüngere" genannt wurde, hatte als Schriftsteller und Hofdichter regen Anteil am kulturellen Leben in Florenz. Er residierte in einem Palast, der auf den Großonkel zurückging. Dieser hatte einem seiner Neffen, dem Vater des jetzigen Michelangelo, ein Grundstück geschenkt, mit der Vorgabe, dort ein herrschaftliches Haus zu bauen. Darin versammelte der Großneffe des berühmten Bildhauers nicht nur zahlreiche Kulturschaffende, sondern ließ dem Großonkel zu Ehren im ersten Obergeschoss eine Ruhmesgalerie anlegen, an deren Ausstattung bekannte Florentiner Künstler beteiligt waren. Michelangelo bestimmte 1613 das Programm und beauftragte natürlich auch die ausführenden Künstler:innen, unter ihnen als eine der ersten Artemisia, die die *Allegorie der Begabung* (Farbtafel 2) malte, auf Deutsch auch *Das natürliche Talent* genannt.

Doch Michelangelo war nicht nur Auftraggeber von Artemisia. In ihren Briefen vom 7. September 1615 und wenig später[48] nennen ihn sowohl Artemisia als auch Pierantonio „compare", also Pate, wahrscheinlich weil er ursprünglich als Taufpate für die Tochter Agnola vorgesehen war. Im Kreis um Michelangelo befanden sich auch zahlreiche Literaten und Musiker:innen, von denen einige Taufpat:innen der Kinder von Artemisia wurden. Sie verkehrte also in Florenz bald schon in den wichtigen kulturellen Kreisen und machte dort sicher auch die Bekanntschaft von Francesca Caccini, einer damals berühmten Komponistin und Sängerin. Die Tochter des Hofmusikers Giulio Caccini wurde nach ihrer Ausbildung beim Vater 1607 selbst Hofmusikerin in Florenz und spielte im dortigen Musikgeschehen eine große Rolle. Es gab auch andere Sängerinnen, doch als Komponistin, deren Stücke gedruckt und gespielt wurden, stellte sie eine Ausnahme dar. Sie vertonte mehrere Texte von Michelangelo dem Jüngeren, mit dem sie auch eine teilweise erhaltene Korrespondenz führte. Das erste dieser Stücke stammt von 1607, als sie gerade ihre Anstellung bei Hofe bekommen hatte. Im Fasching 1615 wurde ein anderes Stück von ihr, „Il ballo delle Zingane", uraufgeführt. Bei dieser Darbietung am 24. Februar wurde eine der drei im Titel genannten Protagonistinnen von einer Signora Artemisia gesungen, die aufgrund der angeblichen Seltenheit des Namens mit der Malerin in Verbindung gebracht wurde.

Passend zu dieser These tauchte 1998 bei einer Auktion das Bild einer *Lautenspielerin* (Farbtafel 3) auf, die Artemisias Gesichtszüge trägt und außergewöhnlich gekleidet ist, möglicherweise so, wie man sich bei Hofe eine *Zingane* vorstellte. Bei dem Gemälde, das um 1615/15 datiert wird, handelt es sich wahrscheinlich um das „Porträt von Artemisia als Lautenspielern von ihr selbst gemalt",[49] das 1638 im Inventar einer Medici-Villa verzeichnet ist. Die Fingerhaltung der Lautenspielerin zeigt, dass die Malerin von dem Instrument etwas verstehen musste oder es sogar selbst beherrschte.

Möglicherweise gehört es zu den drei Bildern, die Cosimo 1614 in Auftrag gab. Wir kennen zwar die Sujets dieses Auftrags nicht, wissen aber, dass Artemisia dafür Ultramarinblau erhielt. Und die Lautenspielerin trägt ein blaues Kleid. Ob die Malerin allerdings eine so gut ausgebildete Stimme besaß, dass sie den Ansprüchen von Francesca Caccini an die Sängerinnen standhalten konnte, bleibt ungewiss.

Francesco Maria Maringhi

Es war eine Sensation, als die kurz davor im Archiv der Florentiner Familie Frescobaldi gefundenen Briefe von Artemisia 2011 publiziert wurden.[50] Sie waren an Francesco Maria Maringhi adressiert, diesem bislang großen Unbekannten, von dem bereits vermutet wurde, er könne eventuell Artemisias Liebhaber gewesen sein,[51] von dem man aber kaum etwas wusste. Auch ihn dürfte Artemisia durch Michelangelo kennengelernt haben.

Der am 5. April 1593 geborene Maringhi war das natürliche und einzige Kind des wohlhabenden Adligen Niccolò di Francesco di Agostino Maringhi und einer Caterina, mit der er wohl ein lockeres Verhältnis hatte. Das Kind wuchs beim Vater auf, doch als dieser bereits 1602 starb, kam es in die Obhut eines guten Freundes, des Bankiers Matteo Frescobaldi. 1610, also als 17-Jähriger, wurde Maringhi in die Geschäfte des Bankiers eingeführt und konnte aufgrund des geerbten Vermögens schnell zum Teilhaber aufsteigen. Bald nahm er auch am kulturellen Leben in Florenz teil und war mit zahlreichen Humanisten, Dichtern und Wissenschaftlern befreundet, darunter mit Michelangelo dem Jüngeren sowie mit Galileo Galilei, der Kunde bei der Bank von Frescobaldi war. Außerdem besaß er eine Sammlung von Manuskripten und alten Büchern sowie einige Kunstwerke. Wie aus anderen Korrespondenzen und Dokumenten hervorgeht, war er viel unterwegs und reiste von Florenz aus nach Pisa, Rom, Ancona, Neapel und Konstantinopel. Anfang der 1620er-Jahre scheint er vornehmlich in Rom gelebt zu haben. Von dort aus schrieb er zahlreiche Geschäftsbriefe an Frescobaldi, den er 1628 schließlich zu seinem Bevollmächtigten über seinen Florentiner Besitz machte. Auch wenn er wahrscheinlich nicht mit Artemisia zusammenlebte, hielt er vermutlich den engen Kontakt zu ihr aufrecht. 1635 war er nachweislich bei ihr in Neapel, wie aus dem Brief von Artemisia an Galilei hervorgeht, ließ sich dort 1648 endgültig nieder und betrieb verschiedene Geschäfte. Dort muss er auch geheiratet haben, der Name der Frau ist nicht bekannt. Eine Ehe mit Artemisia wäre zwar nicht standesgemäß gewesen, möglich aber schon.

Die Briefe hinterließ Maringhi gemeinsam mit anderen persönlichen Dokumenten im Archiv der Frescobaldi, als er 1648 endgültig nach Neapel übersiedelte. Die ersten fünf Nachrichten, die Artemisia selbst schrieb, stammen noch aus Florenz und sind weder datiert noch mit einer Ortsangabe versehen. Vermutlich verfasste sie den ersten Brief im Winter 1617/18, die weiteren 1618/19. Es sind kurze Notizen, in denen sie sich für ein Geschenk bedankt, dann aber auch ihre Sehnsucht nach ihm zum Ausdruck bringt. Darüber hinaus äußert sie den Wunsch, Florenz zu verlassen und nach Bologna zu ziehen. Die Anreden wechseln, sie bezeichnet ihn immer wieder ehrerbietig als „Vostra Signoria“ (Euer Hochwohlgeboren), schreibt aber auch „Mio carissimo core“ (Mein geliebtes Herz).[52]

Die weiteren Briefe, erst aus Prato, dann aus Rom, verfasste nicht nur sie, sondern auch Pierantonio. Der Wechsel zwischen Geschäftlichem und Privatem deutet drauf hin, dass Maringhi dem Paar vor allem in finanzieller Hinsicht immer wieder unter die Arme griff, aber auch auf andere Weise half. Pierantonio scheint ihm freundschaftlich verbunden gewesen zu sein, wusste aber auch von der Liebesbeziehung, die er offensichtlich akzeptierte. Allerdings war er durchaus um seinen eigenen guten Ruf besorgt, denn im ersten Brief aus Prato schrieb er, dass er schon aus dem Grunde lieber nach Bologna ginge, als nach Florenz zurückzukehren, weil er in seiner Heimatstadt als ein Mann gelte, dem Hörner aufgesetzt worden seien.[53]

Wahrscheinlich hatte Maringhi den Umzug in ein Haus von Matteo Frescobaldi ermöglicht. Er selbst besaß mehrere Häuser, eines davon in unmittelbarer Nähe, im Borgo San Jacopo, der von der Piazza ausging, dann aber auch eine Villa an der Piazza Calda, außerhalb der Porta di Prato und damit auch außerhalb von Florenz. Pierantonio hingegen scheint sich in den späteren Florentiner Jahren immer häufiger in Pisa aufgehalten zu haben, was vermutlich auch mit der Beziehung zwischen Artemisia und Maringhi zusammenhing.

So ungewöhnlich uns diese Beziehung scheinen mag, war es damals durchaus üblich, dass ein höher gestellter Mann mit einer Frau niedrigeren Standes sexuell verkehrte. Häufig wurden solche Verbindungen von den Ehemännern gutgeheißen oder sogar befördert, weil sie sich davon finanzielle Vorteile erhofften, was auch durchaus seine Berechtigung hatte. Und so ist die Korrespondenz von Pierantonio dann auch einerseits respektvoll, andererseits immer mit Geldforderungen verbunden.

Die erfolgreiche Malerin

Als Artemisia und Pierantonio nach Florenz kamen, hatte Artemisia bald angefangen zu malen.[54] Bereits 1614 reiste Pierantonio nach Rom und traf dort seinen älteren Bruder, den Notar Giovanni Battista. 1616 war er ein zweites Mal in der Stadt. Diesmal sollte er der Bruderschaft von San Giovanni dei Fiorentini eine Spende von Artemisia überbringen. In beiden Fällen hatte er vermutlich auch Bilder seiner Frau im Gepäck, um sie dort zu verkaufen. Es könnte sich dabei konkret um vier Werke gehandelt haben, die *Heilige Cäcilie als Lautenspielerin*, eine *Maria mit Kind* sowie die *Allegorien der Malerei* und der *Poesie*, zwei kleinere ovale Bilder. Sie gehörten bis 1637 gemeinsam mit einem Werk von Orazio (*David mit dem Haupt Goliaths*) dem römischen Sammler Antonio Biffi und kamen von dort in den Besitz der Familie Spada. Die beiden großformatigen Bilder von Artemisia und das von Orazio befinden sich bis heute im römischen Palazzo Spada, die *Allegorie der Malerei* (Abb. S. 165) ist bekannt, aber verschollen, von der *Allegorie der Poesie* gibt es bislang keine Spuren. Ob sie alle erst in Florenz entstanden sind oder schon in Rom, noch unter Orazios Aufsicht, ist nicht gesichert, da man das Entstehungsdatum nicht kennt. Die beiden großformatigeren Bilder werden aktuell nach 1613 datiert, die *Allegorie der Malerei* entstand gemeinsam mit ihrem Pendant vielleicht bereits in Rom.

Den ersten dokumentierten Auftrag, bei dem auch das Werk bekannt ist, erhielt Artemisia mit 22 Jahren von Michelangelo dem Jüngeren. Das war im Jahr 1615. Wie bereits erwähnt, verwandelte dieser Michelangelo das Piano nobile genannte Obergeschoss seines Palasts in eine Art Ruhmeshalle für den berühmten Großonkel. In einem der vier Räume, den er Galleria nannte, ließ er an den Wänden das Leben des großartigen Künstlers in einzelnen Szenen darstellen. Eingelassen in die Decke wurden weitere Leinwandbilder, auf denen das Nachleben des am 18. Februar 1564 in Rom gestorbenen Bildhauers, Architekten und Malers zu sehen ist, dessen Leichnam am 10. März in seine Heimat, nach Florenz, überführt wurde. Die fünf mittleren Bilder zeigen die Trauerfeierlichkeiten, die im Sommer 1564 in der Kirche San Lorenzo stattfanden, dort, wo Michelangelo mit der Neuen Sakristei und ihrer plastischen Ausstattung etliche seiner Meisterwerke geschaffen hatte. Es folgt der Bau des großen Grabmonuments in der Franziskanerkirche Santa Croce, das Giorgio Vasari entworfen hatte und das von einigen Florentiner Bildhauern und Malern ausgeführt wurde. Im mittleren Bild studieren Florentiner Künstler die Werke des großen Meisters. Diesem schließen sich zwei allegorische Szenen an: *Michelangelo wird von den Künsten Malerei, Bildhauerei, Architektur und Poesie gekrönt* und *Fama, die Gottheit des Ruhmes, erhebt Michelangelo in die Unsterblichkeit*.

Vier dieser zentralen Bilder werden von Allegorien gerahmt, das mittlere wird von Putten begleitet. Die Allegorien symbolisieren die Charaktereigenschaften und Veranlagungen des großen Meisters, also seine Gottesfurcht (Pietà) und Ehrerbietung (Onore), seine Vaterlandsliebe und Mäßigung, Genialität und Begabung (oder sein natürliches Talent) sowie Toleranz und Studium. Ausführende waren für die großen Leinwandbilder bekannte Florentiner Künstler, die Allegorien wurden von jüngeren ausgeführt, die zehn scudi für das Bild erhielten. Nur Artemisia bekam erheblich mehr ausbezahlt.

Artemisia malte die *Allegorie der Begabung* (Farbtafel 2) als eine junge auf Wolken sitzende Frau, die auf Wunsch des Auftraggebers nur spärlich oder gar nicht bekleidet war. Der spätere Besitzer des Hauses, wieder ein Buonarroti, störte sich an dieser Nacktheit und ließ in den 1670er-Jahren die Blöße übermalen.[55] Das blaue Tuch stammt also nicht von Artemisia, das dünne weiße, das um die Brüste flattert, möglicherweise schon.

Die Begabung des großen Michelangelo war bei seiner Geburt durch die Sternenkonstellation vorherbestimmt. Darauf weisen der Stern in der linken oberen Ecke des Bildes und der Kompass hin, den die junge Frau in Händen hält. Statt eines Astrolabiums malte Artemisia allerdings einen magnetischen Kompass, was auf den Einfluss von Galileo Galilei hinweist, einem Freund des jüngeren Michelangelo. Artemisia dürfte ihn damals bereits gekannt und vielleicht seinen Rat bei der Darstellung des Kompasses eingeholt haben.

Artemisia gab der jungen Dame ihre Gesichtszüge. Wahrscheinlich diente ihr auch – wie so häufig – ihr eigener Körper als Modell. Die Allegorie hält den Kompass mit erhobenen Händen, wodurch das Instrument ihre rechte Schulter verdeckt. Diese seltsame Haltung ist eine Referenz an den Bildhauer Michelangelo und dessen Relief mit der *Schlacht der Zentauren und Lapithen* von 1491/92, das sich schon damals in der Casa Buonarroti befand und auf dem ein Lapithe einen Stein mit beiden Händen gegen die Zentauren werfen will. Hier ist die Haltung logisch. In der Familie Buonarroti wurde außerdem kolportiert, dass Michelangelo jenem Lapithen seine Gesichtszüge gegeben hatte. Artemisia griff dies auf, indem sie ihrer Figur dieselbe Armhaltung gab.[56]

Das Bild war, wie aus den Rechnungsbüchern Michelangelos hervorgeht, 1615 vollendet. Artemisia hatte dafür 20 fiorini oder scudi erhalten, nicht 34, wie häufig zu lesen ist. Der Rest war Schulden, die sie bei Michelangelo gemacht hatte. Doch auch 20 fiorini waren das Doppelte von dem, was die anderen Maler bezahlt bekamen. Im Sommer des Jahres wurde Artemisia dann in die Accademia del Disegno aufgenommen.

Aufnahme in die Accademia del Disegno

Über Jahrhunderte galten die bildenden Künste als Handwerk, die Künstler:innen waren in Zünften, Gilden und religiösen Bruderschaften organisiert. In Florenz kam zu der im 13. Jahrhundert gegründeten Zunft der Ärzte und Apotheker (Medici e Speciali) 1349 die Bruderschaft San Luca hinzu, benannt nach dem heiligen Lukas, dem Schutzpatron der Maler:innen, weil er einer

Legende zufolge ein authentisches Bild der Muttergottes gemalt hatte. Doch mit der Zeit änderte sich vor allem in den großen Städten Italiens wie Florenz und Rom das Selbstverständnis der Künstler:innen. Sie verstanden sich nicht mehr als Handwerker:innen, sondern wollten den Gelehrten gleichgestellt werden, die sich bereits in Akademien trafen. 1563 gelang es dann dem Hofkünstler und Künstlerbiografen Giorgio Vasari, gemeinsam mit einigen anderen die Accademia del Disegno zu gründen, also die Akademie der Zeichenkunst, die auch die Ausbildung der zukünftigen Künstler regelte. Wer in die Akademie aufgenommen wurde, bestimmte ein Gremium, es gab also auch weiterhin Künstler, die in der Bruderschaft oder in der Zunft Mitglieder waren. Frauen waren nur wenige dabei.

Im Sommer 1616, genauer gesagt am 19. Juli, wurde Artemisia Gentileschi, Ehefrau des Pierantonio Stiattesi und Tochter von Orazio, in die Akademie aufgenommen. Die beiden Männer waren damit nicht zwangsläufig auch Mitglieder, wie häufig behauptet worden ist. So ist vielleicht auch zu erklären, dass Pierantonio in der Literatur als Maler gehandelt wurde, stattdessen aber Apotheker war, wie wir inzwischen wissen. Orazio hingegen war Mitglied der römischen Akademie. Doch Artemisias Onkel, der ältere Bruder ihres Vaters, Aurelio Lomi, war bereits seit 1578 Mitglied in der Accademia. Da er in Florenz bekannter war als Orazio, der sich, seit er in Rom lebte, Gentileschi nannte, wechselte Artemisia in Florenz ebenfalls ihren Nachnamen und nannte sich Lomi. So signierte sie in Florenz ihre Bilder und unterschrieb den Brief an Cosimo vom 10. Februar 1620, und so wurde sie auch in der Akten der Akademie genannt.

Die gängige Behauptung, Artemisia sei die erste Frau gewesen, die in die Akademie aufgenommen wurde, hält einer Überprüfung nicht stand.[57] Jedoch war die Anzahl der weiblichen Mitglieder vergleichsweise gering. Eine Mitgliedschaft in der Akademie war nicht nur eine Ehre. Sie stellte die Professionalität der Künstlerin unter Beweis und bot außerdem große Vorteile. Artemisia unterstand damit der Jurisdiktion der Akademie und konnte dadurch finanziell ganz anders agieren als vorher, denn sie erhielt viel einfacher Kleinkredite und konnte deren Rückzahlung länger hinauszögern. Vielleicht hing auch die Einrichtung der eigenen Werkstatt im Borgo Ognissanti mit der Aufnahme in die Akademie zusammen. Hier arbeitete sie nicht nur mit Gehilfen, sondern auch mit anderen Malern wie Alessandro Bardelli, einem Schüler von Cristofano Allori.

Ob sie ihre bis heute berühmtesten Bilder, die beiden Versionen von *Judith enthauptet Holofernes* im Borgo Ognissanti oder bereits früher malte, bleibt unklar, denn es ist kein zeitgenössisches Dokument bekannt, das eine sichere Datierung gewährleisten würde.

Judith enthauptet Holofernes

Warum sich Artemisia dem Thema *Judith enthauptet Holofernes* widmete, ist nicht bekannt. Hatte sie einen Auftrag erhalten oder wollte sie mit einer innovativen Komposition den Florentiner Hof beeindrucken? Tatsache ist, dass sich die alttestamentarische Geschichte von Judith und Holofernes, das Buch Judith, zusammen mit denen von David und Goliath, Susanna und Daniel (oder Susanna im Bade; Susanna und die beiden Alten) sowie der badenden Bathseba in einigen Gegenden Italiens in Renaissance und Barock großer Beliebtheit erfreute und deshalb häufig gemalt wurde. In einer Publikation, die sich den Judith-Darstellungen im italienischen Barock widmet, sind allein 130 Beispiele aufgeführt.[58]

Die Geschichte ist schnell erzählt: Judith war eine junge gottesfürchtige Witwe in Bethulia. Auf seinem Feldzug gegen die Israeliten belagerte Holofernes, ein Feldherr des assyrischen Herrschers Nebukadnezar, diesen Ort. Hielten die Bethulier dieser Belagerung nicht stand, war der Weg nach Jerusalem frei und Israel verloren. Nach Wochen der Belagerung und der damit verbundenen Not wurde die Forderung, sich zu ergeben, immer lauter. Judith beschloss, Bethulia zu retten, verriet ihren Plan den Ältesten jedoch nicht. Gemeinsam mit ihrer Magd Abra machte sie sich auf in das Lager des Feindes und erklärte dort, sie wäre eine von den Bethuliern Verfolgte. Sie versprach, den Assyrern bei der Eroberung zu helfen, allerdings nur unter der Bedingung, dass sie und ihre Magd sich im Lager frei bewegen und auch nachts das Lager verlassen dürften, um zu beten. Das alles wurde ihr gestattet. Wenig später lud Holofernes zum Gelage, zu dem sie sich besonders schön und aufreizend kleidete. Dort sorgte sie dafür, dass sich der Feldherr betrank, der dann in der Nacht, als sich die anderen Gefährten diskret zurückgezogen hatten, auf sein Lager sank und einschlief. Judith ergriff sein Schwert und schlug ihm den Kopf ab, den die Magd in den mitgebrachten

Sack tat. Gemeinsam verließen sie das Lager. In Bethulia angekommen, präsentierten sie das Haupt des Holofernes weithin sichtbar auf der Stadtmauer und schlugen so die entsetzten Assyrer in die Flucht.

Zusammen mit David und Goliath galt diese Geschichte als Inbegriff der Überwindung der Starken durch die Schwachen. In Florenz befanden sich deshalb vor dem Stadtpalast die Skulpturen des *David* von Michelangelo und der *Judith* von Donatello. Viele Künstler malten David mit dem abgeschlagenen Kopf Goliaths und Judith mit dem Haupt des Holofernes, häufig noch begleitet von der Magd, durchwegs eine ältere Frau, so wie auch Allori sie gemalt hatte (Abb. S. 83). Erst Caravaggio stellte die Enthauptung selbst mit spritzendem Blut und einem sich noch wehrenden Holofernes (Abb. S. 93) dar.[59] Die junge, hübsche Judith greift zwar mit ihrer linken Hand ins Haar des Holofernes, um seinen Kopf festzuhalten, und führt mit der rechten das Schwert, allerdings aus einem Winkel, der ihre Aktion unglaubwürdig erscheinen lässt. Neben ihr steht die alte Magd mit dem griffbereiten Sack. Holofernes stemmt sich mit einer Hand noch von der Bettstatt ab, der Mund ist zu einem Schrei geöffnet und der ganze Kopf erinnert stark an das von Caravaggio ein Jahr zuvor gemalte Medusenhaupt, das sich seit 1598 in Florenz befindet.[60] Vielleicht hatte Artemisia also zumindest das *Medusenhaupt* im Original gesehen.

Denn ob sie die *Enthauptung des Holofernes* selbst in Augenschein nehmen konnte, bevor sie Rom verließ, wissen wir nicht. Sie wird aber davon gewusst und Reproduktionen gekannt haben, möglicherweise eine Zeichnung von ihrem Vater. Denn auch er beschäftigte sich mit dem Thema und schuf mehrfach Gemälde, auf denen Judith mit ihrer Magd zu sehen ist. Und Orazio malte als Erster eine jugendliche Magd.

Artemisia übernahm vom Vater diese jugendliche Magd, ließ sie dabei aber auch noch eine aktive Rolle spielen. Denn in ihren Bildern töten beide Frauen gemeinsam den physisch sehr viel stärkeren Mann. Das war neu und zeigt die weibliche Sicht auf eine solche Tat.

Eines der Bilder befindet sich heute in Neapel, das andere in Florenz. Zweiteres hat Artemisia signiert: „EGO ARTEMITIA LOMI FEC." (Ich, Artemisia Lomi, habe es gemalt). Das Neapolitaner Bild (Farbtafel 4) galt so lange als Kopie des Florentiner Gemäldes (Farbtafel 5), bis man bei

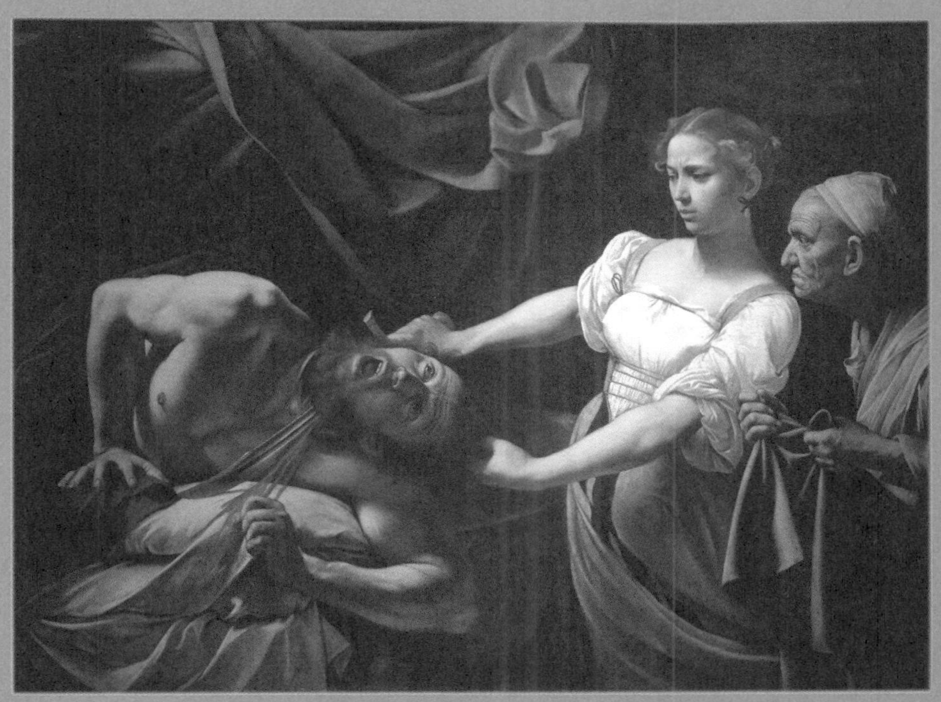

Caravaggio war der Erste, der die *Enthauptung des Holofernes* so drastisch darstellte, allerdings ohne Judith wirklich zuzutrauen, dies zu bewerkstelligen.

einer Röntgenaufnahme Unterzeichnungen (Pentimenti) entdeckte, die dafür sprechen, dass Artemisia bei dem ersten Bild noch Veränderungen vornahm, um dann im zweiten Gemälde die Komposition zu übernehmen. Anschließend ging man davon aus, dass das Neapolitaner Bild als Reaktion auf die Vergewaltigung noch in Rom gemalt wurde, das Florentiner Bild hingegen am Ende ihrer dortigen Zeit oder sogar schon wieder in Rom. Inzwischen hat sich allerdings die Meinung durchgesetzt, dass beide Bilder kurz hintereinander gemalt wurden, also nicht mit einer zeitlichen Distanz von acht Jahren, da sie sich in der Komposition gleichen. Vermutet wird nun eine Datierung am Ende der römischen und zu Beginn der Florentiner Zeit, also um 1612/13 für das erste und um 1613/14 für das zweite Gemälde. Da das Neapolitaner Bild irgendwann oben und links beschnitten wurde, ist es kleiner (158,8 x 125,5 cm) als das Florentiner (198 x 160 cm), dürfte aber früher ähnlich groß gewesen sein und eben auch genauso komponiert. Jetzt wirkt das Geschehen zentrierter, was einen falschen Eindruck hinterlässt.

Der einzige Unterschied zwischen den Bildern, der von Artemisia stammt, ist die Kleidung, die auf dem Florentiner Bild sehr viel prächtiger ausfällt als auf dem Neapolitaner. Da trägt Artemisia ein blaues Kleid, das nur von wenigen Goldfäden durchzogen ist, und keinen Schmuck, auf dem Florentiner hingegen ein goldenes Armband und ein Kleid aus goldfarbenem Brokat.

Das Armband besteht aus in Gold gefassten Gemmen, von denen die zwei erkennbaren stehende Figuren darstellen, vielleicht antike Gottheiten wie Artemis, die Göttin der Jagd, deren Namen die Malerin trug, womit es eine zweite Signatur wäre, oder aber um Bezüge zu Judith und Holofernes. Genau lässt sich das nicht bestimmen. Den Schmuck hatte Artemisia in Florenz gekauft, ebenso wie die wertvolle Kleidung. In den Dokumenten ist auch von einem roten seidenen Betttuch die Rede, wie es die Blöße des Holofernes bedeckt.[61]

Im Vordergrund des Bildes hat Artemisia eine mit weißen Laken bezogene Bettstatt gemalt, auf der Holofernes liegt. Seinen Kopf drückt Judith mit ihrer linken zur Faust geballten Hand nieder und umklammert dabei ein Büschel seiner Haare, in der rechten hält sie das Schwert, mit dem sie Holofernes den Kopf abschneidet. Die Hauptschlagader hat sie bereits durchtrennt, das Blut spritzt zu allen Seiten und besudelt die Laken und die beiden Frauen. Judith kniet mit einem Bein auf dem Bett, damit sie mehr Kraft ausüben kann. Abra, die Magd, beugt sich über den sich immer noch wehrenden Feldherrn und drückt seinen Oberkörper und einen seiner Arme nieder. Seinen rechten Arm lässt Holofernes nach oben schnellen, um sich mit letzter Kraft zu wehren, doch seine Augen sind bereits gebrochen, sein Mund nur noch leicht geöffnet. Gleich wird der Arm nach unten sinken, denn auch seine aufgestellten Beine fallen schon zur Seite.

Artemisia hat die Komposition so angelegt, dass sich die Hand Judiths mit dem Schwert im Zentrum des Bildes befindet. Die Unterstützung Abras zeigt Artemisia auch durch deren kraftvolles Eingreifen: Ihr in der Verlängerung des Schwertes befindlicher rechter Arm scheint das Schwert mitzuführen, ihr linker Arm drückt den von Holofernes nieder und befindet sich parallel zu Judiths rechtem. Der linke Arm Judiths wiederum ist genau parallel zu ihrem rechten ausgestreckt. Auch bei Caravaggio sind die ausgestreckten Arme der Judith parallel geführt, allerdings so vom Körper weggestreckt, dass die Schultern nicht mit einbezogen sind und von diesen Armen keine Kraft ausgehen kann. Das hat Artemisia anders gelöst. Auch wenn ihr die Judith von Caravaggio zum Vorbild diente, stellte sie die Position der Arme so dar, dass die Kraft von den Schultern ausgeht. Auch das hochkonzentrierte, angestrengte Gesicht ihrer Judith, einer reifen Frau, gibt einen sehr viel überzeugenderen Eindruck wieder als der leicht angewiderte Gesichtsausdruck der jungen Judith bei Caravaggio.

Die durch Arme und Schwert gebildeten Diagonalen und Vertikalen führen zu einer Dynamik, die an den parallel zum horizontalen Bildrahmen liegenden Matratzen endet. Schon durch diese Bildkomposition zeigt sich die Innovation, zu der Artemisia fähig war. Hinzu kommt aber die inhaltliche Komponente, die in der helfenden Magd ihren Kulminationspunkt findet. Die Malerin war sich eher als ihre männlichen Kollegen bewusst, dass eine Frau allein solch eine Tat kräftemäßig kaum bewältigen konnte. Und obwohl sie im Gegensatz zu Caravaggio eine entschlossene Frau zeigt, die weiß, wie sie ihre Kräfte einsetzen kann, sieht sie die logische Konsequenz, ihr noch eine zweite Frau zur Seite zu stellen, keine schwache Greisin, sondern eine junge und starke Frau, deren niedriger Stand sich in Kleidung und Kopfbedeckung manifestiert. Hierin liegt eine Besonderheit des Bildes, die andere in der kaltblütigen Gewalt, die Artemisia in hervorragender Weise darzustellen verstand.

Warum Artemisia zwei Bilder malte, ist nicht bekannt. Möglicherweise wollte sie schon mit der ersten Version für sich Werbung machen, merkte dann aber nach der Ankunft in Florenz, dass sie zumindest Judith mit kostbareren Kleidern und Schmuck versehen musste, weshalb die zweite Version entstand. Diese blieb in Florenz, wahrscheinlich bereits damals im Besitz der Medici. 1681 wurde das Bild von dem Maler, Kunsttheoretiker und Biografen Filippo Baldinucci in seinem Hauptwerk innerhalb der Biografie von Artemisia überaus lobend erwähnt. Baldinucci betonte die Schönheit des Bildes, das jedem anderen ihrer Werke in seiner Qualität weit überlegen sei. Es sei vollkommen durchdacht und mit einem so natürlichen Ausdruck versehen, dass es bei der Betrachtung nicht wenig Schrecken verbreite.[62] Das Bild befand sich damals im Palazzo Pitti, der Residenz der Medici, und wurde 1774 in die Uffizien verbracht. 1795 publizierte es Marco Lastri in seiner Etruria Pittrice als Radierung. Damals war es in einen abgelegenen Winkel verbannt worden, weil die Großherzogin Maria Luisa von ihm angeekelt war, später wurde es im Vasarianischen Korridor gezeigt,[63] kehrte aber nach der Restaurierung von 1994 nicht mehr dorthin zurück, sondern erhielt einen prominenten Platz in den Uffizien, wo es sich heute den Raum mit den Meisterwerken von Caravaggio teilt.

Die Komposition wird immer wieder mit der Vergewaltigung in Verbindung gebracht, doch die Idee, Artemisia habe sich mit diesem Bild an Agostino Tassi gerächt oder sie habe sich ihr Trauma von der Seele gemalt, hat nichts mit den damaligen Bedingungen, unter denen Bilder entstanden, zu tun. Die Geschichte von Judith und Holofernes gehörte seinerzeit schlicht und ergreifend zu den beliebtesten Themen, und sie verkaufte sich gut. Und auch die Darstellung der eigenen Gesichtszüge der Malerin führt nicht logischerweise zu einer Identifizierung mit Judith oder Abra und einer Gleichsetzung von Tassi mit Holofernes.[64] Denn Künstler:innen bedienten sich häufig Modellen aus dem Familien- oder Bekanntenkreis, ohne dass diese in Verbindung mit dem Thema der Darstellung gebracht werden konnten.

Oder, um es mit anderen Worten zu sagen: Es bleibt „fragwürdig, die Deutung ihrer Bilder auf die geschlechtliche Symmetrie von Künstlerin und Bildpersonal zuzuspitzen und in einem Kurzschluß von Biographie und

Bildgeschichte ihre heroischen Frauenfiguren als die einzigartigen Heldinnen einer individuellen weiblichen Emanzipationsgeschichte zu sehen, in der die Künstlerin sich als Frau realisiert und damit zugleich ein Identifikationsmodell für ‚jede Frau' bereitstellt. […] Ein zur Universalie gemachter Begriff von ‚Frau' hat eher den Effekt, die Frau als historisches Subjekt aus der Geschichte herauszuschreiben, denn den, sie in die Geschichte einzuschreiben."[65]

Die anderen in Florenz entstandenen Bilder

Artemisia war in ihrer Florentiner Zeit äußerst produktiv. Sie malte zumindest die zweite Fassung von *Judith enthauptet Holofernes*, die *Allegorie der Begabung*, wahrscheinlich die beiden Bilder, die sich heute in der Galleria Spada in Rom befinden und ein Selbstbildnis, das Maringhi besaß. Hinzu kommt eine Darstellung von *Judith mit ihrer Magd* nach einer Komposition ihres Vaters, die er in mehreren Varianten ausführte.[66] Außerdem aber entstanden in diesen Jahren mehrere Frauendarstellungen, die sich stark ähneln. Die Büste einer Frau im Dreiviertelprofil, immer nach links schauend, hält die Palme einer Märtyrerin in Händen (um 1613/14), spielt Laute (Farbtafel 3) und ist durch ihre Attribute in zwei Fällen als heilige Katharina von Alexandria zu deuten (um 1615/17; Farbtafel 16). Sie belegen erneut die mehrfache Verwendung einer einmal gefundenen Komposition. Diese im damaligen Italien übliche und Zeit sparende Arbeitsweise dürfte Artemisia von ihrem Vater übernommen haben.

Wieder tragen die Frauen die Gesichtszüge von Artemisia, was sich weder mit einem übersteigerten Selbstbewusstsein noch mit dem Drang nach Selbstdarstellung erklären lässt, sondern einfach die billigste Lösung war. Modelle mussten bezahlt werden, weibliche waren schwieriger zu bekommen als männliche, und für eine Frau dürfte das alles noch einmal komplizierter gewesen sein. Ebenso wie Rembrandt sich und seine Frau in vielen Rollen darstellte, bediente sich Artemisia nicht nur ihres eigenen Körpers bei Aktdarstellungen, sondern auch ihrer Gesichtszüge bei zahlreichen Gelegenheiten, ohne sich inhaltlich mit den dargestellten Frauen zu identifizieren. Sie war weder Judith, noch Abra, nicht Katharina und nicht Kleopatra oder Danaë. Ob sie Laute spielen konnte, wissen wir nicht. Aber sie war in Florenz offensichtlich eine viel beschäftigte Malerin und malte für die Medici unter anderem eine *Badende Diana*, die sich nachweislich im

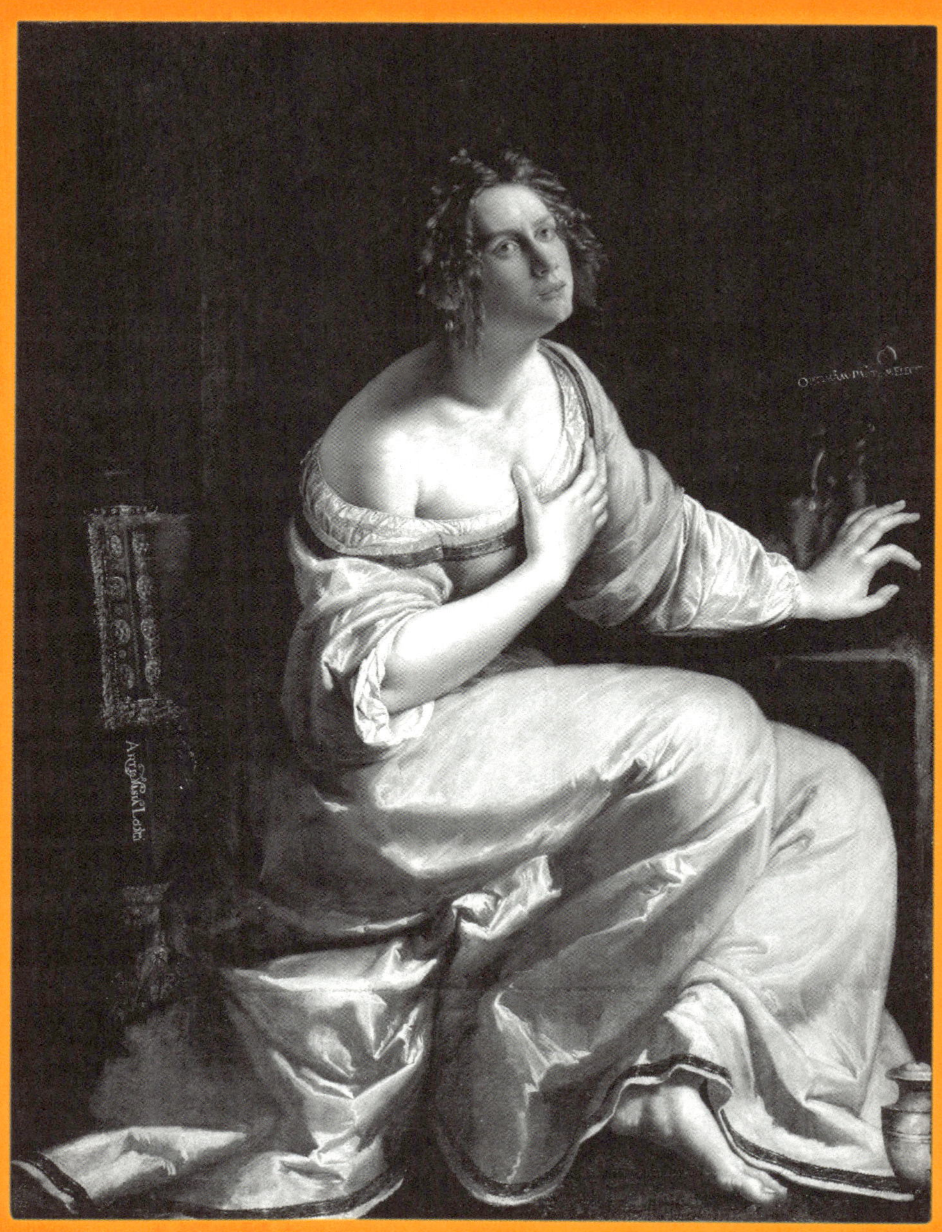

Artemisia malte die *Büßende Maria Magdalena* mehrfach. Dieses Gemälde von 1615/16 entstand wohl für den Florentiner Hof und befindet sich bis heute im Palazzo Pitti.

Palazzo Pitti und später in einer Medici-Villa befand, sowie einen *Herkules*, der mehrfach Erwähnung findet, bei dem aber nicht gesichert ist, ob er jemals vollendet wurde. Die Bilder von Heiligen wie Katharina und Maria Magdalena schuf sie möglicherweise im Auftrag der gleichnamigen Frauen, also Caterina de' Medici, Schwester Cosimos II. und ab 1617 Herzogin von Mantua, und Maria Magdalena von Österreich, Ehefrau Cosimos. Ein Bild mit der *Büßenden Maria Magdalena* (Abb. S. 98), das ARTEMISIA LOMI bezeichnet ist,[67] könnte dazugehören.

Ob ihr letztes mit ARTEMITIA LOMI signiertes Bild noch in Florenz oder schon in Rom entstand, wurde in der Literatur unterschiedlich beurteilt. Bei *Jaël und Sisera* (Farbtafel 6) handelt es sich um eine alttestamentarische Geschichte, die im Buch Richter (4,17–22) erzählt wird und in der erneut eine Frau einen Mann umbringt, diesmal mit einem Nagel oder Zeltpflock (je nach Bibelübersetzung), den sie dem schlafenden Anführer der Kanaaniten mit dem Hammer durch die Schläfe treibt. Die prominent auf einem Wandvorsprung in Stein gemeißelte Signatur ist noch durch FACIEBAT MDCXX ergänzt und lautet damit übersetzt „Artemisia Lomi hat es 1620 gemalt". Lomi, den ursprünglichen Namen ihres Vaters und ihres Onkel Aurelio, hatte sie ja in Florenz angenommen, in Rom aber wieder abgelegt. Am 11. Februar 1620 verließ Artemisia die Stadt am Arno. Dort fand damals der Jahreswechsel erst am 25. März statt. Signiert und datiert hat sie das Bild deshalb wahrscheinlich erst in Rom.

Florenz – Prato – Rom

Am 10. Februar 1620 schrieb Artemisia einen Brief an den zu diesem Zeitpunkt bereits kranken Großherzog Cosimo II., in dem sie ihm mitteilte, dass sie sich entschlossen hätte, für ein paar Monate nach Rom zu fahren. Sie begründete dies mit Unannehmlichkeiten, die sie nicht genauer spezifizierte, und mit Familienangelegenheiten. Außerdem versicherte sie ihm, dass sie längstens zwei Monate wegbleiben und dem Großherzog in dieser Zeit das zukommen lassen wolle, wofür sie bereits eine Anzahlung von 50 scudi erhalten hatte.

Den Brief hatte sie diktiert und nur eigenhändig unterschrieben, vielleicht hatte sie auch bei den Formulierungen Hilfe erhalten, die so allgemein gehalten sind, dass sie unterschiedlich interpretiert werden können. Aus anderen Dokumenten geht hervor, dass sie den Vorschuss von 50 scudi für das Gemälde mit einem Herkules erhalten hatte, für das man ihr am 13. Januar 1620 außerdem eine größere Menge Ultramarinblau zur Verfügung gestellt hatte, um das Bild vollenden zu können. Es liegt auf der Hand zu vermuten, dass die Malerin wegen der Schuldenlast floh. Doch nach ihrem Finanzgebaren der letzten Jahre zu urteilen und nachdem sie noch am 10. Februar einen Ring auslöste, scheint dies unwahrscheinlich. Außerdem versicherte sie in mehreren Briefen, dass sie das Bild vollenden und nach Florenz schicken würde. Es wurde auch vermutet, dass ihr Verhältnis zu Maringhi nicht mehr tragbar war. Dieser bürgte allerdings in Florenz nach wie vor für sie und kaufte schlussendlich 1621 ihren noch dort befindlichen Besitz.

Ein weiterer Grund für ihren überstürzten Weggang könnte der Brief gewesen sein, den Bernardo Migliorati, Vorsteher der Guardaroba medicea, der Kunstverwaltung des Florentiner Hofes, an Orazio verfasst hatte. In ihm denunzierte er Artemisia und ihren Mann, so jedenfalls schreiben es Artemisia und Pierantonio am 20. März 1620 aus Rom an Maringhi. Was konkret in dem Brief und dem dazugehörigen ebenso denunziatorischen Sonett stand, ist nicht bekannt, könnte aber dazu geführt haben, dass Orazio sich weigerte, den zweiten Teil der Mitgift zu zahlen, der jetzt fällig war, und stattdessen seinen Sohn Giulio nach Florenz schickte, um nach dem Rechten zu sehen. Artemisia sah es wohl als notwendig an, sich mit Pierantonio wieder zusammenzutun, um die Mitgift zu erhalten. Sie schrieb daraufhin den Brief an Cosimo, in dem sie ja ausdrücklich auf familiäre Probleme hinwies, und reiste anschließend mit Giulio nach Prato, wo sie Pierantonio traf. Die Kinder Prudenzia und Cristofano ließ sie bei Maringhi zurück. Das alles lässt sich den fünf Briefen entnehmen, die Artemisia und Pierantonio am 12., 13. und 14. Februar aus Prato an Maringhi richteten, und dazu demjenigen, den Gino Ginori, ein Freund Maringhis und Stadtherr (Podestà) von Prato, am 12. Februar an Cosimo verfasste. Am 13. Februar bat Artemisia dann Maringhi, ihr die Kinder zu schicken.[68]

Artemisia und Pierantonio erwähnten mehrfach, lieber in Bologna als in Florenz zu leben, ein Wunsch, den Artemisia auch schon in einem früheren Brief an Maringhi formuliert hatte, aber nicht präzisierte, warum. Jetzt aber machten sie sich auf nach Rom, wo sie am Freitag, den 28. Februar, eintrafen. Da der letzte Brief aus Prato vom 14. Februar datiert, brach die Familie wahrscheinlich am 15. Februar in Prato auf und kam 13 Tage später in Rom an. Das ist durchaus realistisch, denn die Entfernung beträgt etwa 300 Kilometer, die mit zwei kleinen Kindern und schwerem Gepäck durch hohen Schnee zu bewältigen war.

Die ersten Monate in Rom sind durch die Briefe an Maringhi gut dokumentiert. Artemisia blieb nicht zwei oder drei Monate in Rom, sondern sieben Jahre, in denen sie ihren Ruf als Malerin festigte und am gesellschaftlichen Leben der Stadt teilhatte. Doch scheint sie in jener Zeit zumindest einmal in Florenz gewesen zu sein, um ihren restlichen Florentiner Besitz an Maringhi zu verkaufen.

Dieser Verkauf wurde mit einer am 10. Februar 1621 erstellten Liste besiegelt, Artemisia erhielt dafür 165 Goldukaten beziehungsweise scudi. Es handelte sich allerdings nur noch um einen Teil ihres Florentiner Besitzes, da Maringhi im Frühjahr 1620 etliche Dinge nach Rom hatte schicken lassen. Unter der Liste befinden sich die eigenhändigen Unterschriften des Schreibers, Artemisias und Francesco Maringhis. Artemisia muss also am 10. Februar in Florenz gewesen sein und hat vermutlich bei Maringhi gewohnt. Das legt auch ein Brief des Bischofs von Fossombrone, Lorenzo Landi, an Maringhi vom 11. Februar nahe, in dem er Artemisia grüßen ließ.[69]

Im Inventar[70] sind neben Hausrat und Malmaterialien auch einige Bilder aufgelistet, darunter eine Madonna, das bereits gerahmte Porträt einer Frau und zwei unvollendete Bilder der heiligen Maria Magdalena. Die heilige Maria Magdalena wurde von Artemisia mehrfach gemalt. Eines der Bilder befindet sich in Florenz und ist signiert oder zumindest mit ihrem Namen versehen (Abb. S. 98). Möglicherweise hatte sie vorgehabt, weitere, ähnliche Bilder zu malen, für die sie in Florenz wohl eher Käufer gefunden hätte als in Rom. Denn sonst hätte sie die angefangenen Bilder dorthin mitgenommen.

In Florenz hatte sich Artemisia als Malerin etabliert, sie war in die Akademie aufgenommen worden und hatte Teil am kulturellen Leben der Stadt. Auch hatte sie Lesen und Schreiben gelernt und sich zu Teilen sogar um ihre finanziellen Belange gekümmert, eine Domäne, die eigentlich den (Ehe-)Männern vorbehalten war. Das waren gute Voraussetzungen, um auch in Rom erneut Fuß zu fassen und selbstständig zu agieren, was ihr überzeugend gelang. Warum sie nicht nach Florenz zurückkehrte, wie sie Cosimo versprochen hatte, wissen wir nicht.

V
Rückkehr nach Rom

„… die verehrungswürdige Hand der vortrefflichen und begabten Artemisia“

Pierre Dumonstier, 31.12.1625

par Pierre — Du Monstier Parisien, Ce dernier de Decemb. 16
e main de l'excellente et sçauante Artemise gentil done Romaine

A quello che tanto amo – Die Briefe an Francesco Maria Maringhi aus Rom

Fünfundzwanzig Briefe von Artemisia und Pierantonio haben sich erhalten, die sie vom 2. März bis 12. September 1620 aus Rom an Francesco Maringhi (Abb. S. 105) schrieben. Diese Briefe bieten ein anschauliches Bild des Lebens, das die Eheleute im ersten halben Jahr in Rom führten. Artemisia schrieb alle Briefe eigenhändig, nur in Prato hatte sie einen Brief Pierantonio diktiert.

Am 28. Februar war das Ehepaar mit den beiden Kindern Cristofano und Prudenzia in Rom angekommen. Sie waren entweder, wie Artemisia nach Prato, geritten, mit der Kutsche gefahren oder zu Fuß unterwegs gewesen. Auf jeden Fall gerieten sie in tiefen Schnee. Sie stiegen nicht, wie ursprünglich geplant, erst einmal bei Orazio und den Brüdern Artemisias ab, sondern hatten gleich eine eigene Wohnung bezogen in der Nähe der Chiesa Nuova (Santa Maria in Vallicella). Dort warteten sie nun auf ihr Gepäck, also den Florentiner Hausstand, der sich in der Obhut Maringhis befand und den dieser nach und nach in kleineren Tranchen nach Rom schickte – jedenfalls zum Teil. Für eine erste Lieferung bedankte sich Pierantonio bereits am 6. März, mahnte aber danach immer wieder weitere Lieferungen an. Vor allem das von der Guarderoba medicea am 13. Januar 1620 zur Verfügung gestellte Ultramarinblau erwarteten Pierantonio und Artemisia sehnlichst, um die Bilder für die Medici vollenden zu können.

Spätestens Anfang Mai zog die Familie auf Vermittlung von Francesco Maringhi in eine größere Wohnung in der nahe gelegenen Via Sora in das Haus von Luigi Vettori, der mit Maringhi bekannt war.[71] Artemisia und Pierantonio zahlten freilich die Miete nicht oder nur selten und ließen Maringhi dafür aufkommen. Vettori wandte sich am 6. Juli an Maringhi und bat um Begleichung der Schulden „della Lomi".[72] Zu diesem Zeitpunkt wohnten Artemisia und Pierantonio allerdings bereits im Palazzo

S. 102/103: Pierre Dumonstier,
Die rechte Hand Artemisias, einen Pinsel haltend, 1625

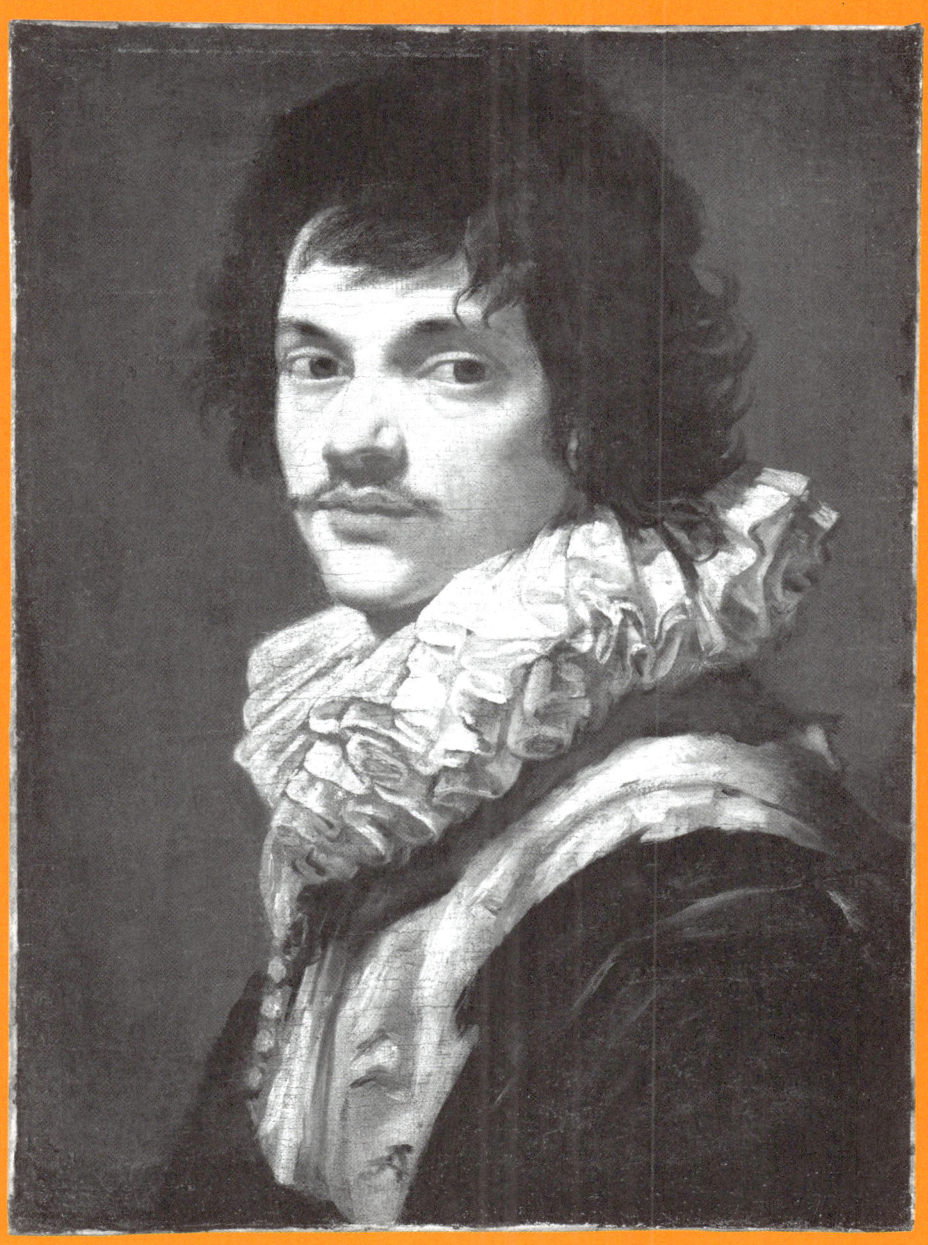

Dieses *Porträt eines jungen Mannes* von Simon Vouet gilt als ein Bildnis von Francesco Maria Maringhi, dem Liebhaber Artemisias.

Vantaggi an der Via del Corso, ganz in der Nähe der Piazza del Popolo, dort wo heute der Palazzo Rondinini steht. Sie lebten also wieder in dem von den römischen Künstlern bevorzugten Viertel, in dem Artemisia auch aufgewachsen war. Die genaue Lage der Wohnung beschrieb Pierantonio, nachdem Maringhi offensichtlich seinen Besuch angekündigt hatte. Dieses immer wieder verschobene Ansinnen hing auch mit der Fertigstellung der Gemälde für den Florentiner Hof zusammen. Mal wollte Pierantonio die Bilder gemeinsam mit Artemisia bringen, mal allein, mal sollte sie Maringhi abholen. Was dann tatsächlich mit ihnen passierte, ob sie jemals in Florenz ankamen, wissen wir nicht. Es finden sich keinerlei Dokumente, die sicher bezeugen, dass sie sich im Besitz der Medici befunden haben, auch wenn der Florentiner Gesandte in Rom Artemisia einen Besuch abstattete, um sich davon zu überzeugen, dass die Bilder für die Medici so gut wie vollendet waren.

Durch Pierantonios Briefe sind wir über das römische Leben und über etliche Probleme informiert. So saß Agostino Tassi nicht mehr im Gefängnis, obwohl er 1619 erneut der Inzucht mit seiner Schwägerin Costanza Cannodoli angeklagt worden war. Inzwischen war er jedoch längst wieder auf freiem Fuß und arbeitete an der Ausstattung des Palazzo Lancelotti. Pierantonio war davon wenig begeistert und berichtete von dem misslungenen Mordanschlag, der auf Tassi verübt worden war.[73] Ob er sich durch Tassi bedroht fühlte, ihn nach wie vor als einen Rivalen betrachtete oder ihn in alter Feindschaft gerne hinter Gittern oder tot sah, schrieb er nicht.

Dafür schrieb er von neuen Auseinandersetzungen mit Orazio, die er allerdings nie konkretisierte, und er entschuldigte Artemisia, die keine Zeit fände, Maringhi zu schreiben, weil sie unglaublich viel zu tun habe. Sie käme noch nicht mal dazu, etwas zu essen, weil die Arbeit sie so in Anspruch nähme. Außerdem berichtete er vom Kommen und Gehen von Fürsten und Kardinälen, also potenziellen Auftraggebern, und – in seinem letzten Brief vom 12. Juli – vom Auftrag, den Artemisia vom Herzog von Bayern erhalten hatte.

Die zwölf von Pierantonio aus Rom gesandten Briefe zeigen einmal mehr, dass er zum Manager von Artemisia geworden war, der die

Liebesbeziehung seiner Frau zu Maringhi akzeptierte, sie aber nach wie vor gegen Anschuldigungen ihrer Familie verteidigte – wenn es sein musste, mit Gewalt. Und es scheint ja wohl auch so gewesen zu sein, dass sich das Ehepaar lediglich noch einmal zusammengefunden hatte, um die vertraglich vereinbarte Mitgift zu erhalten.

Artemisia schrieb andere Briefe. Auch sie berichtete von neuen Aufträgen, vom Fortschritt der Arbeiten an den beiden Bildern für Cosimo oder aber von den Streitigkeiten zwischen ihr, ihrem Vater und ihren Brüdern. Sie schrieb aber auch von ihrer Liebe zu Maringhi und von ihrer Sehnsucht nach ihm und bedankte sich für Briefe von ihm, die entweder nicht erhalten sind oder sich noch unentdeckt in irgendeinem Archiv befinden. Einige der Briefe unterzeichnete sie mit Fortuno Fortuni, einem Pseudonym, mit dem sie auch Maringhi anredete.

Wenn sie allerdings ihrer Meinung nach zu lange nichts mehr von ihm gehört hatte, warf sie ihm Untreue vor, stellte Vermutungen darüber an, dass er sie nicht mehr liebte, und war eifersüchtig auf die Damen, mit denen er in Florenz Kontakt hatte.[74] Im April teilte sie ihm den Tod ihres Sohnes mit, den Gott ihr fünf Tage zuvor genommen hatte, sodass sie selbst fast vor Trauer und Schmerz gestorben sei. Im Anschluss daran machte sie Maringhi Vorwürfe, dass er sie nicht stark genug liebe. Sie wünschte, sie könnte ihre Gefühle Lord Belerofonte offenbaren, der sehen würde, dass ihr Leiden größer sei als Maringhis.[75]

Im Mai schrieb sie mehrere eifersüchtige Briefe, in denen sie aber trotzdem davon ausging, dass ihr Maringhi immer wieder finanziell aushelfen würde, so zum Beispiel, dass er die Miete bezahlte. Ende Juni antwortete sie ihm überglücklich auf einen Liebesbrief, den sie von ihm erhalten hatte. Im Juli berichtete sie dann auch von dem Auftrag von Herzog Maximilian I. von Bayern, dem späteren Kurfürsten, für den sie bereits zwei Gemälde fertiggestellt hatte und nun nach Bayern fahren sollte, um dort ein noch größeres Werk auszuführen.[76] Leider werden die Sujets der Bilder weder von Artemisia noch von Pierantonio erwähnt, und in den alten Inventaren der Wittelsbacher Kunstschätze findet sich kein Eintrag, der auf Bilder von Artemisia schließen könnte. Es ist außerdem mehr als fraglich, dass Artemisia jemals in Bayern war.

Die letzten beiden Briefe, die Artemisia im September an Maringhi schrieb, sind wieder voller Zweifel und man könnte aus ihnen schließen, dass deren Liebesbeziehung zu Ende war. Doch einige Briefe, die in den nächsten 15 Jahren verfasst wurden, zeigen, dass der Kontakt weiter bestehen blieb und offensichtlich auch eng war. Im Februar 1621 ließ der Bischof von Fossombrone, Lorenzo Landi, Grüße an Artemisia ausrichten, und am 5. April 1623 schrieb Antonio Selvatico an Maringhi, Artemisia hoffe, ihn bald zu sehen. Damals lebte Pierantonio bereits nicht mehr mit Artemisia zusammen. Anschließend scheint auch Maringhi zumindest zeitweise in Rom gelebt zu haben, da der Maler Giulio Secchiari aus Modena am 4. Mai 1627 einen Brief an ihn in die Stadt am Tiber schickte. 1635 schließlich schrieb Artemisia im Brief an Galileo Galilei, dass eine Antwort am besten an Maringhi zu schicken sei: „Falls Euer Hochwohlgeboren die Freundlichkeit besitzen, mir zu antworten, dann schreibt mir am besten an die Adresse von Francesco Maria Maringhi.“[77] Aus anderen Dokumenten geht hervor, dass sich Maringhi zu dem Zeitpunkt gerade in Neapel befand.

Man kann also davon ausgehen, dass die beiden weiterhin Kontakt hielten und dass Maringhis Umzug nach Neapel durchaus auch mit Artemisia im Zusammenhang gesehen werden kann.

Der Brief vom 26. Juni 1620 wird hier nur teilweise im Wortlaut wiedergegeben. Artemisia hatte Maringhi zuletzt am 13. Mai geschrieben, die nächsten Briefe stammten von Pierantonio, der ihr Schweigen mit zu viel Arbeit entschuldigte. Nun aber hatte sie wohl endlich einen Brief von Maringhi erhalten, in dem er ihr seine Liebe erklärte, und antwortete dementsprechend:

„An den Durchlauchten Herrn Fortunio Fortuni, den Gott in Florenz beschützen möge
Mein Herz,
ich habe von Euer Hochwohlgeboren einen dieser Briefe erhalten, die mich wieder aufrichten und mich vom Tod wieder zurück ins Leben holen.“ Nach dieser Einleitung spricht sie von der Freude, die sie fühlt und dass er ebenfalls Freude empfinden würde, wenn er wüsste wie sehr sie ihn liebt. Sie fährt fort: „Euer Hochwohlgeboren versichern

mir, dass Ihr keine andere Frau als Eure rechte Hand habt, die ich beneide, weil sie besitzt, was ich nicht haben kann und dann dankt Ihr mir, weil ich Euch in mein Haus eingeladen habe. Oh, mein Geliebter! (...) Ihr wisst, dass ich bis zu meinem letzten Atemzug die Eure bin." Das Einzige was sie unglücklich mache, sei, ihn nicht bei sich zu haben. Sie versichert ihm, dass sie ihn so erwarte wie man Gottes Gnade erwartet. „Ich bin entschlossen solche Handlungen zu meiden außer mit Euch und wenn Ihr nicht kommen solltet, würde ich niemals meine Keuschheit aufgeben." Sie würde es ihm überlassen, die Situation, in der sie sich befände, zu berücksichtigen, denn sie habe keine Kontrolle über die Gefühle in ihrem Herzen, wenn sie Briefe von ihm empfange. Nachdem sie noch von den Schwierigkeiten schreibt, die sie für die Zukunft sieht, bittet sie ihn „von ganzem Herzen (...), mein Porträt nicht zu benutzen, um das Unmögliche zu tun, was, erinnert Euch, Ihr versprochen habt, nicht zu tun, was aber Euer Hochwohlgeboren vielleicht tut. Ich möchte Euch nur erinnern, dass es eine große Sünde ist und ich möchte Euch erinnern, dass ich Eure Seele ebenso liebe wie Euren Körper, deshalb, mein Geliebter, danke ich Euch, wenn Ihr mich liebt." Sie schließt mit den Worten: „Möge Gott Euch schützen, an diesem Tag, dem sechsundzwanzigsten Juni.
Hochwohlgeborener, vollkommen die Eure, Artemisia Lomi"[78]

Bis auf einen Ausdruck, dem „refrigerio", den Petrarca in mehreren seiner Sonette verwendete[79] und den Artemisia bereits im Brief vom 11. April einsetzte („Rifrigerio de mia vita"), fehlen in diesem Brief literarische Bezüge, die Artemisia sonst häufig dann benutzte, wenn sie ihre Liebe erklärte. Dafür sprach sie hier indirekt körperliche Liebe an, wobei sie allerdings nicht die Konventionen außer Acht ließ. Der Brief war nicht außergewöhnlich,[80] denn es war durchaus üblich, dass Porträts in Abwesenheit des oder der Geliebten geküsst wurden, auch wenn das als Sünde galt. Nur darauf dürfte sich Artemisias Bemerkung beziehen und nicht darauf, dass Maringhi vor dem Bild masturbierte, wie vermutet wurde.[81]

Es war der längste Brief, der ausschließlich von ihrer Liebe handelte, auch wenn sie nicht diesen, sondern den am 27. März „An denjenigen, den ich so sehr liebe"[82] adressiert hatte.

Das Verschwinden von Pierantonio Stiattesi

Die Briefe an Maringhi erwecken den Eindruck, dass das Ehepaar einen freundlichen Umgang pflegte, Pierantonio seine Frau unterstützte und auch gegen Anfeindungen von Vater und Brüdern in Schutz nahm. Wie aus den jährlichen zur Fastenzeit erhobenen Gemeindezählungen des Pfarrbezirks von Santa Maria del Popolo hervorgeht, lebte das Ehepaar mit Tochter und Dienstpersonal 1621 in der Via del Corso. Doch 1622 lebten auch zwei Brüder Artemisias, Francesco und Giulio, bei ihnen, mit denen es zuvor noch Ärger gegeben hatte. Im Juni 1622 stritt sich Pierantonio vor der Haustür mit Spaniern und wurde angezeigt, weil er einen von ihnen ins Gesicht geschlagen hatte. Ob diese Spanier Artemisia ein Ständchen darbrachten, wie angenommen wird, weil einer von ihnen eine Gitarre dabeihatte, oder ob es aus anderen Gründen Streit gab, ist nicht klar. Und ob Pierantonios Auszug damit in Verbindung zu bringen ist oder vielleicht mit der Anwesenheit der Gentileschi-Brüder, ist ebenfalls vollkommen ungewiss. Bei der nächsten Zählung, in der Fastenzeit 1623, gehörten jedenfalls weder die Brüder Gentileschi noch Pierantonio weiterhin zum Haushalt. Francesco und Giulio folgten dem Vater nach Genua, Pierantonio hingegen blieb verschwunden, auch wenn Artemisia in einem venezianischen Dokument als seine Frau bezeichnet wurde.[83] Warum er auszog, was er anschließend machte und wann er starb, wissen wir nicht.

Artemisia scheint auch keinen Kontakt mehr zu ihm gehabt zu haben, denn am 24.Oktober 1637 fragte sie Cassiano Dal Pozzo in einem Brief aus Neapel, ob er wisse, ob ihr Mann noch lebe.[84] Am 7. Januar 1642 schrieb dann der Bruder von Pierantonio, Luca Stiattesi, Geistlicher in der Kirche Santo Stefano in Calcinaia (Lastra a Signa) an Matteo Frescobaldi einen Brief, in dem es um das Verhältnis zwischen Maringhi und dem Ehepaar ging und um finanzielle Unterstützung, die Luca dem Paar gegenüber geleistet hatte. Ob Pierantonio zu diesem Zeitpunkt noch lebte oder bereits gestorben war, wird in dem Schreiben nicht deutlich.[85]

Römische Künstlerkontakte

In Florenz hatte Artemisia in den Zirkeln um Michelangelo dem Jüngeren verkehrt, in denen Literatur, Kunst, Musik und Wissenschaft gepflegt wurden, in Rom ging es auch derber zu. Dort hatte sie schon bald vielfältige Kontakte zu Künstlern, auch wenn sie sie in den Briefen an Maringhi nicht erwähnte. Dennoch lernte sie schon kurz nach ihrer Ankunft vor allem Künstler aus dem nordalpinen Raum kennen. In ihrer Nachbarschaft lebten damals etliche Künstler aus verschiedenen Ländern vor allem nördlich der Alpen, die ihre eigenen Zirkel bildeten. Berühmt ist die Künstlervereinigung „Schildersbent" (Malerbund), ein Zusammenschluss vornehmlich niederländischer Künstler aus den südlichen und nördlichen Provinzen, die sich auch Bentvueghels (Gleichgesinnte) nannten und in die Kunstgeschichte außerdem als Bamboccianti eingegangen sind. Dieser Name rührte vom Alias-Namen Bamboccio (hässliche Puppe) eines ihrer wichtigsten Vertreter, Pieter van Laer, her.

Die meisten von ihnen lebten im Künstlerviertel zwischen Piazza del Popolo und Spanischer Treppe und waren für ihre ausschweifenden Feste bekannt. Einer von ihnen, vermutlich Leonaert Bramer, fertigte von einigen seiner Malerfreunde Zeichnungen an. Er porträtierte neben Dirck van Baburen, Gerard van Honthorst, David de Haen, Claude Lorrain und Nicolas Régnier auch Artemisia (Abb. S. 112), allerdings mit Schnurrbart und gekleidet als Mann. In ihrer Hand hält sie einen Gegenstand, der wahlweise als Spiegel oder als kandierter Apfel gedeutet wird.

Honthorst kehrte bereits im Juli 1620 nach Utrecht zurück, möglicherweise gemeinsam mit Baburen, Lorrain hingegen ging von Rom nach Neapel und trat erst später, nach seiner Rückkehr, in die Werkstatt von Agostino Tassi ein. Nur Bramer und Régnier blieben in Rom. Insofern wird vermutet, dass die Zeichnungen in der kurzen Zeitspanne zwischen Artemisias Ankunft in Rom und Honthorsts Rückkehr nach Utrecht entstanden.

Mit einigen von den niederländischen Künstlern hatte der aus Paris stammende Simon Vouet Kontakt, der seit Mitte der 1610er-Jahre in Rom lebte und – wie aus einer späteren Inventarliste hervorgeht – ein Porträt von Artemisia für Cassiano Dal Pozzo malte. Sie selbst hatte auf Wunsch von Dal Pozzo ein *Selbstbildnis* gemalt.[86] Zwei Gemälde,

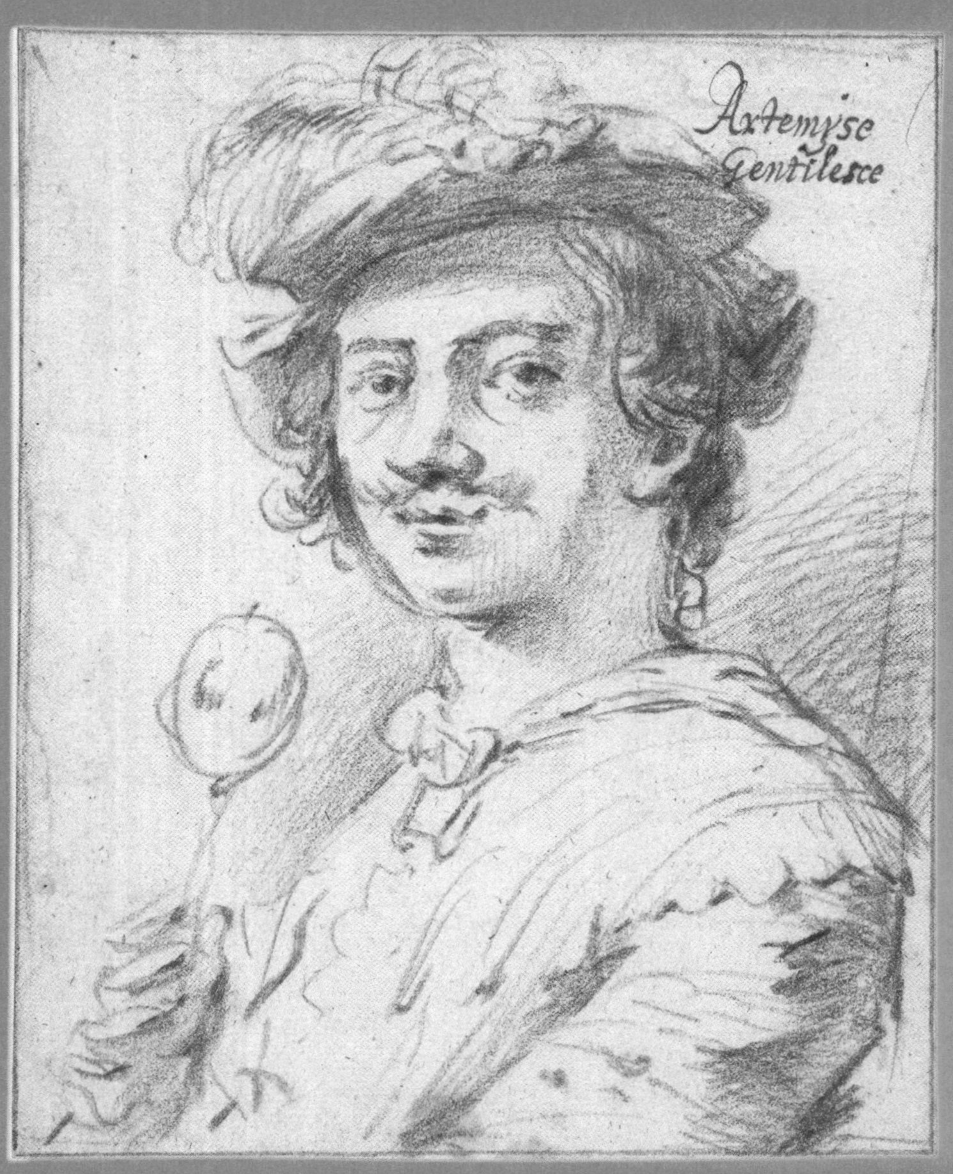

Kurz nachdem Artemisia nach Rom zurückgekehrt war, entstand diese Zeichnung von ihr in Männerkleidung und mit einem Bart. Ob sie einen Spiegel oder einen kandierten Apfel in der Hand hält, ist strittig.

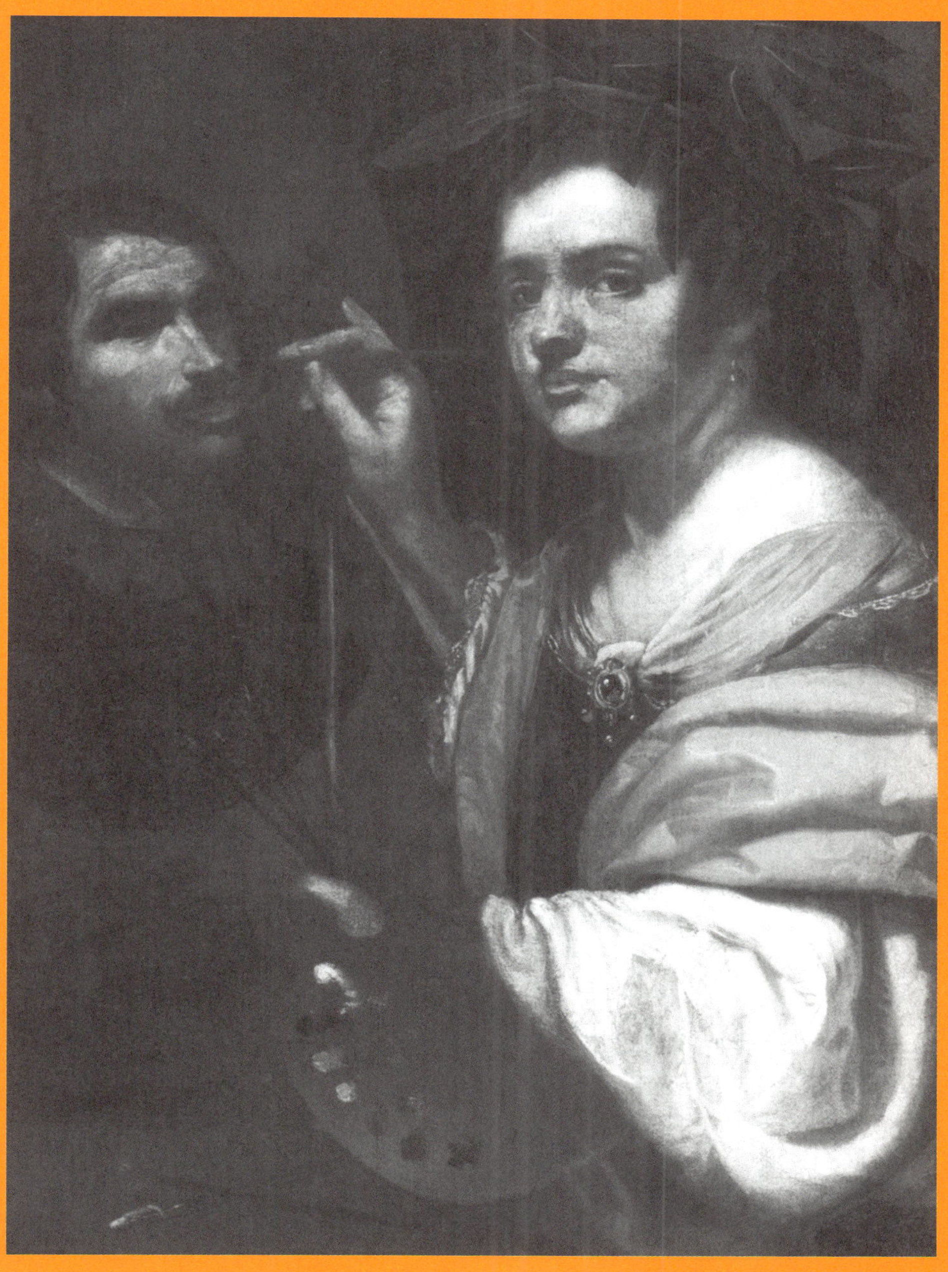

Ob Artemisia sich hier als *Allegorie der Malerei* dargestellt hat, die ein Porträt von Simon Vouet malt oder Vouet sich und Artemisia wiedergegeben hat, wird unterschiedlich beurteilt.

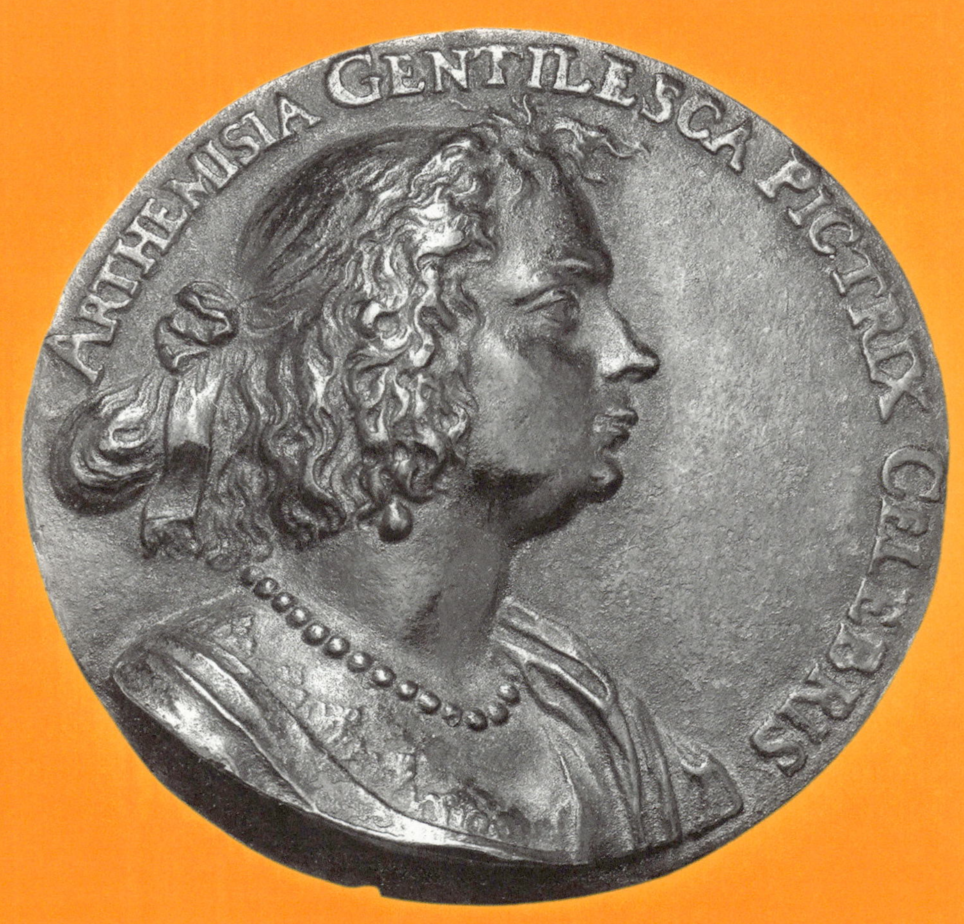

Die Medaille auf Artemisia, von der sich nur zwei Exemplare erhalten haben, zeigt sie als *Allegorie der Malerei*.

auf denen Artemisia als Malerin zu sehen ist, werden mit Simon Vouet und der Sammlung von Dal Pozzo in Verbindung gebracht, auch wenn es dafür keine gesicherten Anhaltspunkte gibt. Eines befindet sich im Palazzo Barberini in Rom (Abb. S. 113) und zeigt die Malerin vor einer Staffelei, auf der das Bildnis eines Mannes zu sehen ist, der glaubwürdig als Vouet identifiziert wurde.[87] Dieses Bild, auf dem sich die Malerin von dem Porträt, das sie gerade malt, abwendet und aus dem Bild herausschaut, wird auch Artemisia selbst zugewiesen. Dann hätte sie damit sich selbst und Vouet in einem Gemälde vereint. Das andere in Pisa (Farbtafel 7) zeigt sie in einem dunkelgelben Kleid, die Palette mit vielen Pinseln in der einen Hand, in der anderen einen Zeichenstift. Sie blickt frontal aus dem Bild heraus, was auch für ein Selbstbildnis sprechen könnte. Dass es sich dabei um Artemisia handelt, ist nicht nur durch die Physiognomie ersichtlich, sondern auch durch das goldene Medaillon, das sie an einer Kette trägt. Dieses zeigt ein Gebäude, das so auch auf der Rückseite einer realen Medaille zu erkennen ist und das Mausoleum darstellt, welches die Königin Artemisia ihrem Gatten Mausolos in Halikarnossos als Grabmonument bauen ließ, eines der sieben Weltwunder. Auf der Vorderseite der Medaille aus dem 16. Jahrhundert, die unterschiedlichen Künstlern zugeschrieben wird,[88] ist dann auch die Königin Artemisia zu sehen, deren Namen die Malerin trug.

Die rechte Hand Artemisias hält keinen Pinsel, sondern einen Stift, zeichnet sie also aus als eine in der hohen Kunst des Disegno bewanderten Künstlerin. Genau diese Hand (Abb. S. 102/103) zeichnete in einer sehr ähnlichen Haltung, allerdings mit einem Pinsel zwischen Daumen, Zeige- und Mittelfinger, der ebenfalls aus Frankreich stammende Pierre Dumonstier am 31. Dezember 1625, wie aus der Inschrift auf der Zeichnung hervorgeht. In ihr brachte der aus einer französischen Künstlerdynastie stammende Dumonstier, der von 1618 an viele Jahre in Italien, vornehmlich in Rom lebte, seine Bewunderung für Artemisia zum Ausdruck: „In Rom von Pierre Du Monstier gemacht. Diesen letzten Dezember 1625 / nach der verehrungswürdigen Hand der vortrefflichen und begabten Dame aus Rom, Artemisia."[89]

Auf der Rückseite des Blattes stehen drei Zeilen, die auf poetische Weise die Hand Auroras, der rosenfingrigen Morgenröte, mit derjenigen von Artemisias vergleichen, wobei Letztere „in viel höherem Maße dazu fähig ist, das Wunder zu vollbringen, die besonnensten Augen in Verzückung zu versetzen."[90]

Dieses Lob zeigt auch, welch hohe Stellung Artemisia als Malerin in Rom genoss, deren Konterfei wohl um 1625 auch noch als Medaille geprägt wurde (Abb. S. 114), von der sich allerdings nur zwei Stücke erhalten haben. Die eine befindet sich in Berlin (Münzkabinett), die andere in einer Sammlung in New York. Auf ihr ist die Büste von Artemisia zu sehen, das Gesicht im Profil, die Haare etwas wirr, wie es sich für die Allegorie der Malerei gehört. Geschmückt ist sie mit einer Perlenkette und Perlohrringen, die umlaufende Inschrift lautet: ARTHEMISIA GENTILESCA PIXTRIX CELEBRIS. Die andere Seite ist glatt.

Bemerkenswert an der Inschrift ist die weibliche Form des Nachnamens, die nur selten Verwendung fand. Wieder wird sie als berühmte Malerin gefeiert. Wer die Medaille prägte und aus welchem Anlass, ist nicht bekannt. Bisher wissen wir nur von einer italienischen Künstlerin, die auch mit einer Medaille geehrt wurde, die Bologneser Malerin Lavinia Fontana.[91]

Zu den Franzosen, die sich damals in Rom aufhielten und zu denen Artemisia offensichtlich Kontakt hatte, gehörte auch Claude Mellan, der zwar nicht das Porträt von Artemisia stach, jedoch dasjenige von Virginia da Vezzi (Abb. S. 117). Sie kam als junges Mädchen zusammen mit den Eltern nach Rom und erhielt dort bald eine Ausbildung als Malerin bei verschiedenen Lehrern. 1622 zogen die Vezzi um, in den Pfarrbezirk von San Lorenzo in Lucina, wo sich ein Jahr später auch Simon Vouet niederließ. In seiner Werkstatt vervollkommnete sie ihre Fähigkeiten und wurde, nachdem Vouet 1624 Präsident der Accademia San Luca geworden war, dort ebenfalls Mitglied. Ihr Bewerbungsgemälde war vermutlich das einzig gesicherte Werk, eine Judith-Darstellung,[92] die auf 1625 datiert wird, dem Datum der Heirat von Vouet und Vezzi, und die Mellan ebenfalls reproduzierte. 1627 verließ das Ehepaar Rom in Richtung Paris, es machte aber noch einmal in Venedig halt, wo es vermutlich auch Artemisia traf, die in Rom nicht

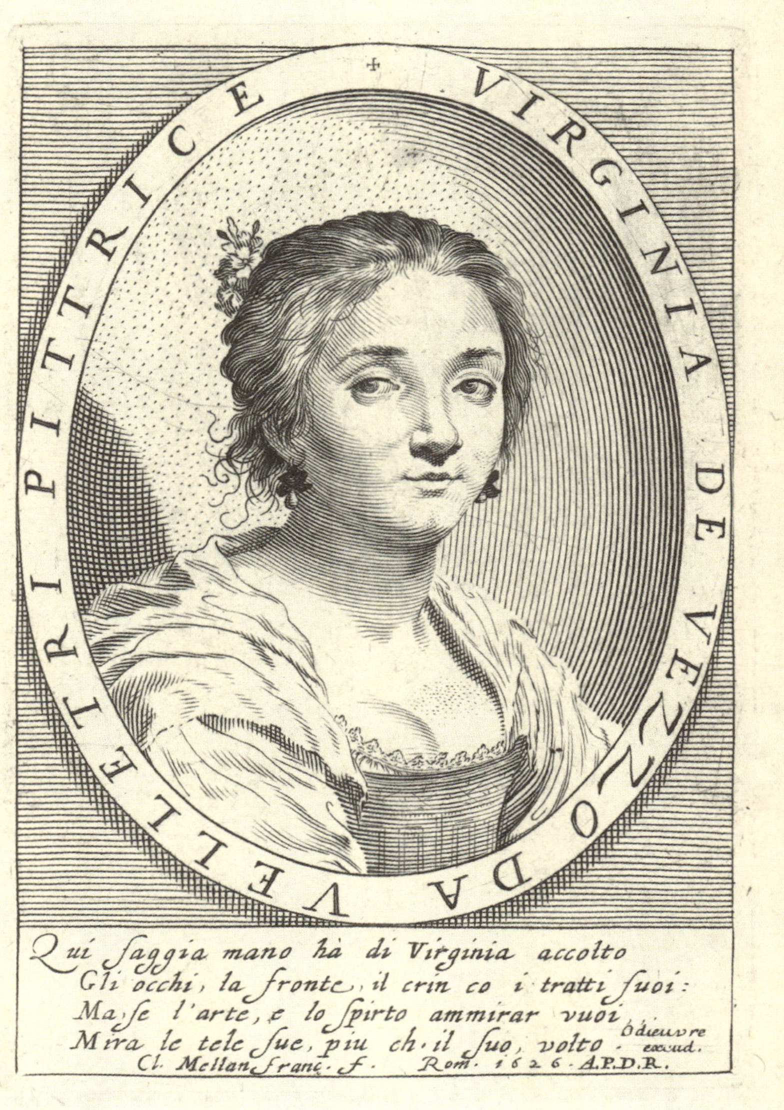

Die Malerin Virginia da Vezzi heiratete 1625 Simon Vouet und ging bald darauf mit ihm nach Paris. Auch sie malte eine *Judith mit dem Haupt des Holofernes.*

nur Vouet, sondern auch Vezzi gekannt haben dürfte. Im Gegensatz zu Artemisia war Vezzi mit einem bedeutenden Künstler verheiratet, mit dem sie eng zusammenarbeitete. Viele ihm allein zugewiesene Werke sind wohl gemeinsam entstanden. Außerdem unterhielt sie in Paris eine Zeichenschule für Frauen. Sie diente Vouet auch immer wieder als Modell, so in der Darstellung der *Büßenden Maria Magdalena*[93] von 1626, die durchaus Ähnlichkeiten mit Magdalenen-Darstellungen von Artemisia besitzt. Der Austausch der Künstler:innen untereinander zeigt sich auch in der *Judith* von Vezzi, die Ähnlichkeiten mit derjenigen von Vouet[94] aufweist. Beide sind wohl gleichzeitig entstanden, insofern könnte man sich vielleicht statt der üblichen Sichtweise der Abhängigkeit der Frau vom Mann auch eine gemeinsam erarbeitete Komposition vorstellen.

Artemisia war nach ihrer Rückkehr aus Florenz nach Rom offensichtlich schnell in einen Kreis von Künstlern und Künstlerinnen integriert, zu denen mit Sicherheit auch Italiener gehörten, nicht nur Italienerinnen. Sie wurde dargestellt und gerühmt, doch erhielt sie keine Aufträge von kirchlicher Seite. Andererseits hieß es bereits im Brief von Pierantonio an Maringhi vom 30. Mai 1620, dass sich pausenlos Kardinäle und Fürsten bei ihnen in der Wohnung aufhielten und Artemisia noch nicht einmal mehr Zeit zum Essen habe. Wen hatte Pierantonio damit gemeint?

Römische Auftraggeber

Aus römischer Zeit, also den Jahren 1620 bis 1627, sind nur wenige signierte und datierte Bilder bekannt, bei denen auch noch überliefert ist, für wen Artemisia sie gemalt hat. Sie musste Aufträge für den Florentiner Hof fertigstellen und Bilder für den Herzog von Bayern, was zeigt, dass ihr Bekanntheitsgrad weit über die Grenzen der Toskana und des Kirchenstaats hinaus reichte.

Pierantonio nennt in einem Brief vom 20. März 1620 einen weiteren Auftraggeber, den Kardinal Montalto, der eigentlich Alessandro Peretti

Damasceni hieß und ein Großneffe von Papst Sixtus V. war. Montalto tat sich als Förderer der Künste hervor und ließ von namhaften römischen Künstlern für die Villa Montalto auf dem Esquilin einen Bilderzyklus ausführen, der das Leben Alexander des Großen darstellte. 1622/23 schuf Gianlorenzo Bernini seine Marmorbüste.[95]

Vielleicht bezog sich Pierantonio auf ihn, als er von Kardinälen in der Wohnung schrieb. Montalto jedenfalls verlangte nach einer Kopie einer „Iole“. Von Artemisia ist kein Bild bekannt, auf dem sich die von Herakles entführte Tochter des Königs Eurytos befindet. Ob diese auf dem Bild zu sehen war, das sie noch im Auftrag der Medici malen sollte und das als *Herkules* bezeichnet wurde, muss Spekulation bleiben. Allerdings malte, signierte und datierte sie 1620 das Gemälde *Jaël und Sisera* (Farbtafel 6). Möglicherweise hat Pierantonio die im italienischen Giaele genannte Heldin falsch geschrieben und es handelte sich um jenes Bild, von dem der Kardinal eine Kopie wünschte. Dass Artemisia dieses Bild mit „Lomi“ signierte, dem Namen, den sie nur in Florenz führte, schien früher nahezulegen, dass das Bild noch in Florenz entstand. Durch die Briefe ist gesichert, dass Artemisia Florenz im Februar verließ und damit vor dem Jahreswechsel, der in der Stadt erst am 25. März stattfand. In Rom hingegen wurde das neue Jahr damals bereits am 1. Januar eingeläutet. Also muss sie das Bild dort signiert haben, auch wenn sie es in Florenz begonnen hatte und es vielleicht sogar für einen Florentiner Auftraggeber noch mit Lomi bezeichnete. Das Bild war aber wohl im März so gut wie fertig, sonst hätte Montalto keine Kopie bestellen können. Möglicherweise ist aber auch das erhaltene Bild die von Montalto gewünschte Kopie.

Auf dem Bild selbst findet sich noch ein weiterer Hinweis auf den Auftraggeber: Neben dem Knie Siseras liegt sein Schwert. Dessen Knauf mit einem stilisierten Tierkopf ist vergleichbar mit einem Schwertknauf, der sich im Jagdmuseum der Villa Medici in Cerreto Guidi befindet. Möglicherweise kannte Artemisia ein solches Schwert oder war von ihrem Auftraggeber darauf hingewiesen worden. Und bei diesem muss es sich dann um ein Mitglied des Florentiner Hofs gehandelt haben. Im erwähnten Brief vom 20. März schrieb Pierantonio auch von einem Bild, das Artemisia bald vollendet haben würde, und von einem, das Bardelli in Florenz vollenden sollte. Möglicherweise war eines von den beiden Bildern *Jaël und Sisera*.

Artemisia arbeitete zu Beginn ihrer römischen Zeit also einerseits noch für den Florentiner Hof, hatte andererseits aber bereits Kontakt zu wichtigen römischen Auftraggebern.

Die Bekanntschaft mit Cassiano Dal Pozzo, Gelehrter, Mäzen und ab 1623 Sekretär des Kardinals Francesco Barberini, war vielleicht die folgenreichste für Artemisia in Rom. Dal Pozzo besaß zwar höchstens ein Gemälde von Artemisia, ein Selbstbildnis, und außerdem eines, das Vouet von ihr gemalt hatte, doch förderte er sie offensichtlich bereits in Rom und half ihr, einflussreiche Kontakte zu knüpfen. Wann und wo sich Artemisia und Dal Pozzo erstmals begegnet sind, ist nicht überliefert. Möglicherweise trafen sie sich bereits in Florenz, vielleicht hatte die Malerin den Kontakt Galileo Galilei zu verdanken. Simon Vouet kommt aber ebenfalls in Betracht. Wirklich dokumentiert ist ihre Bekanntschaft durch die Briefe, die Artemisia ihrem Gönner aus Neapel schrieb, doch ist es sehr wahrscheinlich, dass sie durch Dal Pozzo den Herzog von Alcalá kennenlernte, der 1625 für ein Jahr spanischer Botschafter in Rom war. In dieser Zeit bestellte er einige Bilder bei Artemisia. Später lud er sie dann nach Neapel ein, als er dort 1629 Vizekönig wurde.

In Rom erwarb der Herzog eine *Büßende Maria Magdalena*, die höchstwahrscheinlich mit derjenigen identisch ist, die sich seit 2001 in einer amerikanischen Privatsammlung befindet und dort erst 2021 als das Original identifiziert wurde,[96] außerdem einen verschollenen *Harfe spielenden David* sowie einen *Christus, der die Kinder segnet*. Dieses letzte Bild, das auf seiner Rückseite signiert und 1625 datiert ist, war bis 1979 im Metropolitan Museum in New York und befindet sich heute in der Kirche San Carlo Borromeo in Rom.

Wie sehr Artemisia in die humanistischen Kreise Roms eingebunden war und auch selbst literarische Ambitionen hatte, zeigt der Kontakt, den sie zu dem Gelehrten, Reiseschriftsteller und Komponisten Pietro Della Valle hatte. Della Valle war von seiner großen, über elf Jahre dauernden Reise durch den Orient und bis nach Indien im Frühjahr 1625 zurückgekehrt. Noch in diesem Jahr muss er Artemisia besucht haben, um ihre Bilder zu sehen. Anlässlich jenes Besuchs dichtete Artemisia ein Sonett, das von Della Valle erwidert wurde. Insgesamt haben sich vier Sonette erhalten, zwei von Artemisia, zwei von Della Valle, in denen sie gegenseitig ihre jeweiligen Talente lobten. Artemisia rühmte seine weiten Reisen und seine Dichtung, Della Valle ihre Bilder und ihre Musikalität. Im ersten Gedicht, in dem Artemisia ausdrücklich auf seinen Besuch bei ihr hinweist („An Pietro della Valle, meinen Herrn, der mich besuchen kommt, um meine Bilder zu sehen“[97]), preist sie ihn und seine Reisen, in deren Vergleich sie, ihre Malerei und ihr Gesang nur armselig sein können, auch wenn er das Gegenteil behauptet („Auch wenn Ihr Lorbeer um mein Haupt windet …“[98]). Das sind natürlich Topoi, doch Artemisia beherrschte nicht nur sie, sondern auch den Aufbau eines Sonetts mit bestimmten Reimfolgen. Aus der einstigen Analphabetin war nicht nur eine hervorragende Malerin geworden, sondern offensichtlich auch eine Frau, die neben ihrer Musikalität auch die Gesetzmäßigkeiten der Dichtkunst verstand.

Bannerträger und Damen der Gesellschaft

Artemisia hatte in Rom zahlreiche weitere Auftraggeber, deren Namen wir nicht kennen, die allerdings offensichtlich in den höheren Gesellschaftsschichten zu finden waren, so wie der gerüstete Mann auf dem über zwei Meter hohen Gemälde, dem *Bildnis eines Bannerträgers*, also eines Gonfaloniere (Farbtafel 8). Auf der rechten Seite des frontal aus dem Bild herausschauenden Mannes ist ein Teil des päpstlichen Banners zu erkennen, links auf einer Truhe oder einem Tisch befindet sich der Helm mit roten und weißen Federn als Helmzier, der zu der Uniform gehört, auf der ein großes Kreuz prangt. Das weist den Porträtierten als Mitglied des Ordens der Heiligen Mauritius und Lazarus aus, eines hohen Verdienstordens des Herzogtums von Savoyen.

Durch die rückseitige, zeitgenössische Inschrift ARTEMISIA GĒTILESCA FA=/CIEBAT ROMAE 1622,[99] also „Artemisia Gentilesca machte dies 1622 in Rom“, in der wieder die weibliche Form ihres Nachnamens verwendet und das N durch einen Strich über dem E ersetzt wurde, sind lediglich Ort und Zeit bekannt. Wen auch immer das Porträt darstellt, feststeht, dass Artemisia hier ein herausragendes

Porträt eines Edelmanns geschaffen hat, bei dem sie sich in der Komposition an Tizian orientierte, was damals durchaus üblich war.

Aus ähnlicher Zeit dürften zwei weitere Porträts stammen, die Artemisia zugeschrieben werden. Das eine[100] zeigt eine schwarz gekleidete Frau mit einer langen Perlenkette. In der linken behandschuhten Hand hält sie einen kostbaren Fächer aus Federn. Ihr Körper ist leicht nach links gedreht, während sie nach rechts blickt. Diese herrisch wirkende Pose gibt ihr ein noch würdigeres Aussehen, als es Kleidung und Schmuck sowieso schon tun. Hinzu kommt das im Vergleich zu der schwarzen Gestalt vor schwarzem Hintergrund helle Haar, das in einer komplizierten Frisur hochgesteckt und ebenfalls mit schmückenden Perlen verziert ist.[101] In seiner ganzen Machart, besonders in der Schwarz-in-Schwarz-Malerei erinnert es an die ebenfalls damals entstandenen Porträts von Anthonis van Dyck, die Artemisia gekannt haben dürfte. Vielleicht lernte sie den Maler, der sich 1621 und 1622 immer wieder in Rom aufhielt, ja sogar kennen.

Die andere Dame[102] (Farbtafel 9) sitzt auf einem rot bezogenen Lehnstuhl. Ihr schwarzer Mantel ist über und über mit Goldstickereien versehen, das Kleid darunter offensichtlich aus Goldbrokat. Geschmückt mit einer goldenen Halskette und den damals üblichen Perlohrringen, sind ihre hellbraunen Haare nach hinten frisiert und dort vermutlich zusammengesteckt. Die junge Dame hat ihre Arme auf die Stuhllehnen gelegt, die Hände hängen leicht nach unten, ihr nach links gerichteter Blick scheint weit in die Ferne zu schweifen. Das wohl spanische Kostüm weist auf eine höhergestellte Persönlichkeit hin.

Die Datierung des Bildes reicht von 1620 bis um 1630. In Neapel malte Artemisia das Bild einer noblen Dame, einer Herzogin, wie sie im Dezember 1630 an Cassiano Dal Pozzo schrieb. Man könnte das Bild mit diesem Vermerk in Verbindung bringen oder einfach feststellen, dass Artemisia mehrere höhergestellte Persönlichkeiten porträtierte, nicht nur in Rom, sondern dann auch in Venedig und Neapel.

Das Porträt ist auch mit der „Principessa Savelli“ in Verbindung gebracht worden, weil Artemisia sie in einem Brief an Maringhi vom

5. März 1620 erwähnte. Allerdings schrieb sie kein Wort von einem Porträt, sondern lediglich, dass sich die Principessa ihre kleine Tasche, die sie, Artemisia, von Maringhi geschenkt bekommen hatte, angeeignet hatte und gerne zwei weitere für ihre Schwestern hätte, die ihr doch Maringhi bitte schicken möge.

Orazio und seine Söhne hatten zumindest 1613–15 im Haus des Fürsten Paolo Savelli und dessen Frau Caterina, der Principessa, gelebt. Die Verbindung zwischen den Savelli als Mäzene und Orazio riss auch anschließend nicht ab. Am 28. Februar waren Artemisia, Pierantonio und die Kinder in Rom angekommen und hatten offensichtlich kurz darauf Kontakt mit Orazio und den Brüdern gehabt, bei dem auch die Principessa anwesend gewesen sein muss. In ihrem Brief berichtete Artemisia von einem Streit mit ihrem Bruder Giulio, bei dem er das Schwert gezückt habe. Am Dienstag, den 3. März, hatte er sie dann ins Gesicht geschlagen. In einem Postskriptum schreibt sie, dass Giulio ihr die kleine Tasche wiedergebracht hätte, wegen der sie sich gestritten hatten, weil sich die Principessa diese genommen hatte.

Diese Geschichte reicht nicht aus, um eine Verbindung zwischen dem Porträt und Caterina Savelli herzustellen.[103] Außerdem ist es höchst unwahrscheinlich, dass Artemisia fünf Tage nach der Ankunft in Rom bereits arbeitete, zumal sie noch auf ihre Malutensilien wartete. Sie zeigt aber einmal mehr die stattgefundenen Streitereien in der Familie Gentileschi, von denen es noch viel mehr gegeben haben muss.

Judith und ihre Magd

In Rom malte Artemisia außerdem eine weitere Version der *Susanna im Bade*, die 1622 datiert und mit ARTEMISIA GENTILESCHI LOMI signiert ist. Auch hier benutzte sie noch den vor allem in Florenz verwendeten Nachnamen Lomi, jedoch kombiniert mit Gentileschi. Möglicherweise handelt es sich um das Bild, das 1623 im Inventar des Bologneser Kardinals Ludovico Ludovisi Erwähnung findet.

Zu den weiteren ihr zugeschriebenen und in die Zeit datierten Bildern gehört auch eine *Judith mit ihrer Magd*, ein Gemälde, das nicht die Grausamkeit ihrer Florentiner Judith Darstellungen besitzt, jedoch aufgrund seiner Komposition ebenfalls bemerkenswert ist (Farbtafel 11).

Die Tat ist vollbracht. In dem durch einen schweren roten Vorhang am rechten oberen Bildrand angedeuteten Zelt steht Judith neben einem Tisch, auf dem eine Kerze flackert. Daneben liegt die Scheide des Schwerts, das Judith noch in ihrer rechten Hand hält und von dem Blut tropft. Mit der linken schirmt sie das Kerzenlicht ab, so als würde es sie sonst blenden. Neben ihr kauert die Magd und versucht, den abgeschlagenen Kopf des Holofernes in einen Sack zu befördern. Ihre Hände sind blutverschmiert. Beide Frauen wirken etwas derangiert. Das Tuch, das die Magd wie einen Turban trägt, scheint sich aufzulösen, das goldgelbe Kleid Judiths knittert. Doch ihr Diadem sitzt noch perfekt und unterscheidet sie auch standesmäßig von der Magd. Außerdem trägt sie Schuhe, während die Magd barfuß ist.

Im Bild herrscht die Dunkelheit der Nacht. Nur die beiden Frauen sind im Licht der Kerze zu sehen. Allerdings kann das nicht die einzige Lichtquelle sein, es muss noch eine weitere, nicht erkennbare geben. Hier zeigt sich Artemisias genaues Studium der Bilder Caravaggios und seiner Nachfolger. Die Kerze war zwar schon etwas früher als Lichtquelle in Nacht-Bildern eingeführt worden, fand aber gerade in dieser Zeit größere Verbreitung.

Interessanterweise tragen die Frauen sehr ähnliche Kleider wie in dem Florentiner Judith-Bild (Farbtafel 5) bis hin zum Turban der Magd, nur der Schmuck von Judith unterscheidet sich. Könnte es sein, dass Artemisia hier eine Fortsetzung zu dem anderen Bildthema schuf?

Auch wenn das Leben in Florenz in etwas ruhigeren Bahnen verlaufen war als in Rom, nahm Artemisia hier wie dort am kulturellen Leben teil, hatte Kontakt zu zahlreichen Künstlern und vermutlich auch Künstlerinnen und erhielt bedeutende Aufträge. Spätestens seit 1623 lebte sie mit ihrer Tochter und dem Dienstpersonal allein. Sie musste sich keinem Ehemann mehr unterordnen, besaß dabei aber nach wie vor den Status einer verheirateten Frau, der sie zu einem freieren Leben ermächtigte, als wenn sie nicht verheiratet gewesen wäre. Sie scheint auch an ihrem Finanzgebaren wenig geändert zu haben, da ihre Magd sie im September 1625 anklagte, ihr zu wenig Lohn bezahlt zu haben.

1625 verließ Artemisia Rom in Richtung Venedig. Ihre Beweggründe sind nicht bekannt. Möglicherweise reiste sie über Genua, um ihren Vater zu treffen. Orazio war aber bereits 1624 abgereist. Vielleicht machte sie aber auch halt in Florenz, um Maringhi zu sehen.

VI
Venedig

„Artemisia Gentileschi aus Rom,
äußerst berühmte Malerin,
Mitglied der Akademie
der Desiosi“

Jérôme David, um 1627

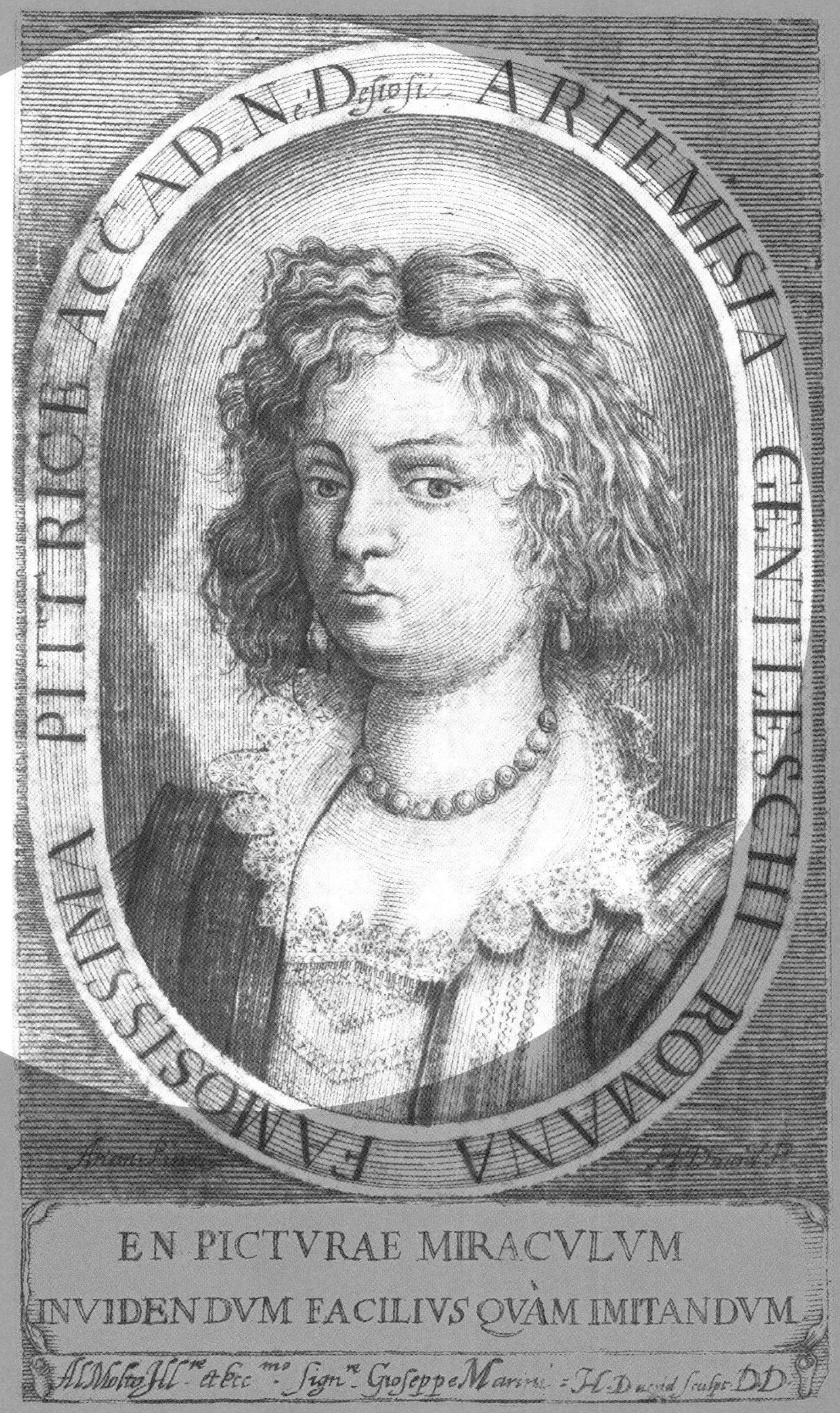
ARTEMISIA GENTILESCHI ROMANA FAMOSISSIMA PITTRICE ACCAD. Ne' Desiosi
EN PICTVRAE MIRACVLVM
INVIDENDVM FACILIVS QVÀM IMITANDVM
Al Molto Ill.re et Ecc.mo Sign.re Gioseppe Marini = H. David sculpt. D.D.

Artemisias Kontakte zu Künstlern

Als Artemisia nach Venedig (Abb. S. 129) kam, hatte die im Wasser gebaute Lagunenstadt ihre Blütezeit zwar schon hinter sich, die Republik mit ihren zahlreichen Territorien im Mittelmeerraum hatte aber noch Bestand, Venedig war nach wie vor wichtiges Handelszentrum und Seemacht. Ebenso wie venezianische Kaufleute ihre Handelsniederlassungen in weiten Teilen Europas und darüber hinaus besaßen, lebten in der Stadt Menschen aus den verschiedensten Ländern, trugen so zu einem bunten Stadtbild bei und prägten die Vielfalt des kulturellen Lebens. Das zog auch Künstler:innen von überall her an und so kamen auch zahlreiche Maler:innen von Rom nach Venedig. Unter ihnen befand sich Nicolas Régnier, der sich 1625 in Venedig niedergelassen und sich dort eine erfolgreiche Werkstatt aufgebaut hatte. Zwei seiner Töchter wurden später ebenfalls Malerinnen und heirateten ihrerseits Künstler.[104] Sie alle arbeiteten mit in der Werkstatt, die als eine Art Akademie geführt wurde, doch Régniers Töchter wurden erst in Venedig geboren. Bis sie in der Werkstatt mitarbeiten konnten, dauerte es also noch eine Weile. Möglicherweise erhielt Artemisia die Gelegenheit, die Werkstatt zu nutzen, nachdem sie wohl im Herbst 1626 in Venedig eingetroffen war. Denn eine eigene Werkstatt von Artemisia ist nicht dokumentiert. Artemisia wird in Venedig auch Simon Vouet und seine Frau Virginia da Vezzi wiedergetroffen haben, die 1627 auf dem Weg nach Paris in der Lagunenstadt Station machten. Und sie hatte mit einem dritten Künstler Kontakt, den sie bereits aus Rom kannte, mit Jérôme David.

Denn David fertigte einen Stich nach einem verlorenen Selbstbildnis von Artemisia (Abb. S. 127), wie auf den verschiedenen Inschriften auf dem Blatt zu lesen ist. Die Malerin schaut leicht nach links aus einem ovalen Rahmen, ihr wirres Haar verweist auf die Allegorie der Malerei. Geschmückt mit einer Perlenkette und Perlenohrringen, trägt sie ein elegantes Kleid, von dem hauptsächlich der Kragen aus Spitzen

S. 127: Jérôme David, Artemisia Gentileschi, 1627/29

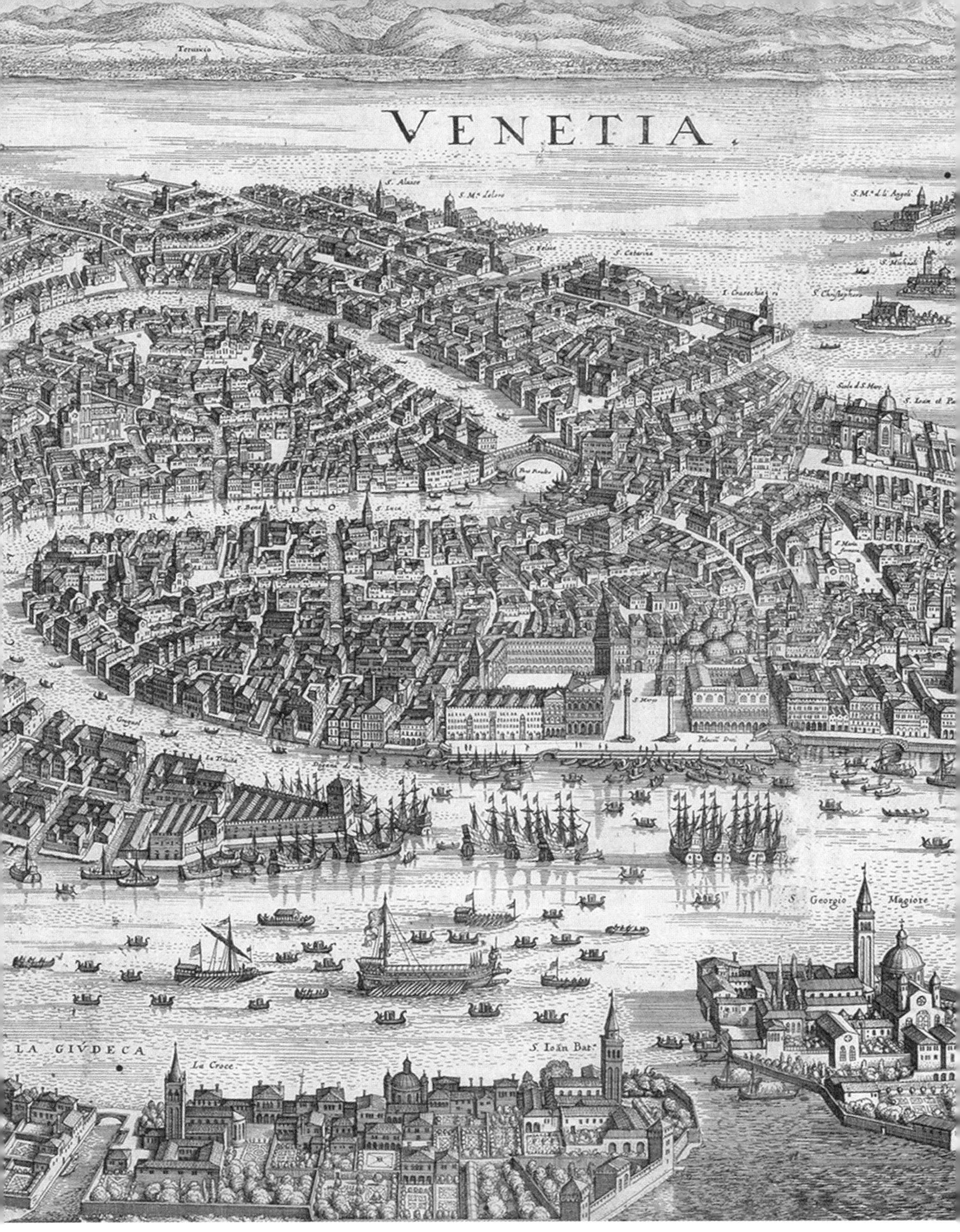

Als Artemisia in Venedig lebte, sah die Stadt so aus wie auf diesem um 1630 gestochenen Plan.

sichtbar ist. Der Rahmen trägt die Inschrift: ARTEMISIA GENTLESCHI ROMANA FAMOSISSIMA PITTRICE ACCAD. Ne' Desiosi', also „Artemisia Gentleschi [sic!] aus Rom, äußerst berühmte Malerin, Mitglied der Akademie der Desiosi". Unterhalb des Rahmens kann man lesen, dass Artemisia das Bild gemalt, David es gestochen hat.[105] Darunter befindet sich ein weiteres Schild mit den lobenden Worten, die auf Deutsch übersetzt lauten: „In der Kunst der Malerei ein Wunder / viel leichter zu kritisieren als nachzuahmen".[106] Der zweite Teil dieses Spruchs ist aus der Historia Naturalis von Plinius übernommen, der laut Plutarch von Apollodoros stammte, der damit die Malerei des Zeuxis charakterisiert haben soll.[107]

Auf die Inschrift folgt noch eine Widmung: „Al molto Ill.[re] et Ecc.[me] Sign.[re] Gioseppe Marini"[108] sowie die zweite Signatur „H. David. Sculpt. DD", was so viel heißt, dass David das Blatt nicht nur gestochen, sondern auch gezeichnet (delineavit) hat.[109]

Der versteckte Hinweis auf Zeuxis, diesen hervorragenden Maler der Antike, zeigt die damals in Venedig beliebten literarischen Anspielungen, aber auch die Hochachtung, die Artemisia entgegengebracht wurde, was auch die über 20 Lobeshymnen in Gedichtform belegen, die auf sie verfasst wurden.

Artemisias Kontakte zu literarischen Zirkeln

In Venedig gab es zahlreiche Akademien wie diejenige der Begierigen (Accademia dei Desiosi),[110] als deren Mitglied David Artemisia bezeichnete. In dieser Akademie befanden sich vor allem Literaten wie der Schriftsteller Giovan Francesco Loredan, der vermutlich einige Lobgedichte auf die Malerin verfasste und wohl 1627/28 Briefe an sie schrieb. Einer ist nach Padua adressiert, wo sich Artemisia offensichtlich zu dieser Zeit aufhielt, ein anderer in den venezianischen Pfarrbezirk von San Fantino, einer kleinen Kirche im Stadtviertel von San Marco, wo Artemisia aller Wahrscheinlichkeit nach wohnte. Beide Briefe sind Liebeserklärungen und Lobeshymnen auf die 15 Jahre ältere Malerin, geben uns aber auch Auskunft über ihre Reisen und ihren Wohnort. Außerdem sind sie ein Beweis dafür, in welch intellektuellen Kreisen Artemisia in Venedig Aufnahme gefunden hatte, und das schon bald nach ihrer Ankunft.

In dem Brief nach Padua verglich Loredan den kreativen Akt (Ingegno) mit einer Bärin, die ihr Neugeborenes in Form leckt. Beide müssten mit Bedacht ausgeführt werden. Das Bild der Bärin, die einen Klumpen gebar, den sie in Form lecken musste, stammte aus der Antike und wurde in der Renaissance auf die Kunst übertragen. Der Lehrer Loredans, Antonio Colluraffi, hatte Artemisia in einem Brief gebeten, eine Bärin zu zeichnen, die ihr Neugeborenes in Form leckt, wohl als Imprese für die (ebenfalls relativ unbekannte) Accademia degli Informi (Akademie der noch Ungeformten). Ob Artemisia diesem Wunsch entsprochen hat, ist nicht überliefert, eine solche Imprese ist jedoch bekannt. Die Briefe Colluraffis wurden 1628 in Venedig publiziert, er wird seine Briefe an Artemisia also spätestens 1627 geschrieben haben. Da war sie offensichtlich in die literarischen Zirkel Venedigs bereits eingeführt.

Loredan hat mit seiner Erwähnung der Bärin vermutlich auf den Wunsch von Colluraffi angespielt. Viel wichtiger ist die Gleichsetzung von kreativem Akt mit der leckenden Bärin. Ob sich hier für Frauen im Allgemeinen und für Artemisia im Besonderen ein warnender Unterton einschleichen sollte, da sie zwar fähig sind zu gebären, aber nicht „diesen Hervorbringungen durch den Intellekt höchste Vollendung zu verleihen“,[111] ist eher unwahrscheinlich, da Loredan in seinem anderen Brief und in den Gedichten Artemisia große Bewunderung zollte. Bereits Colluraffi gestand in seinem Schreiben, in dem er um die Zeichnung bat, Artemisia die Gabe höchster Vollendung zu. Und das dürfte auch im Sinne Loredans gewesen sein.

Antoine de Ville

Das von David gestochene Porträt Artemisias entstand vermutlich nach der Gründung der Accademia dei Desiosi 1629. David stach allerdings noch ein zweites Blatt nach einem Gemälde Artemisias, das den Festungsbaumeister Antoine de Ville zeigt und mit 1627 datiert

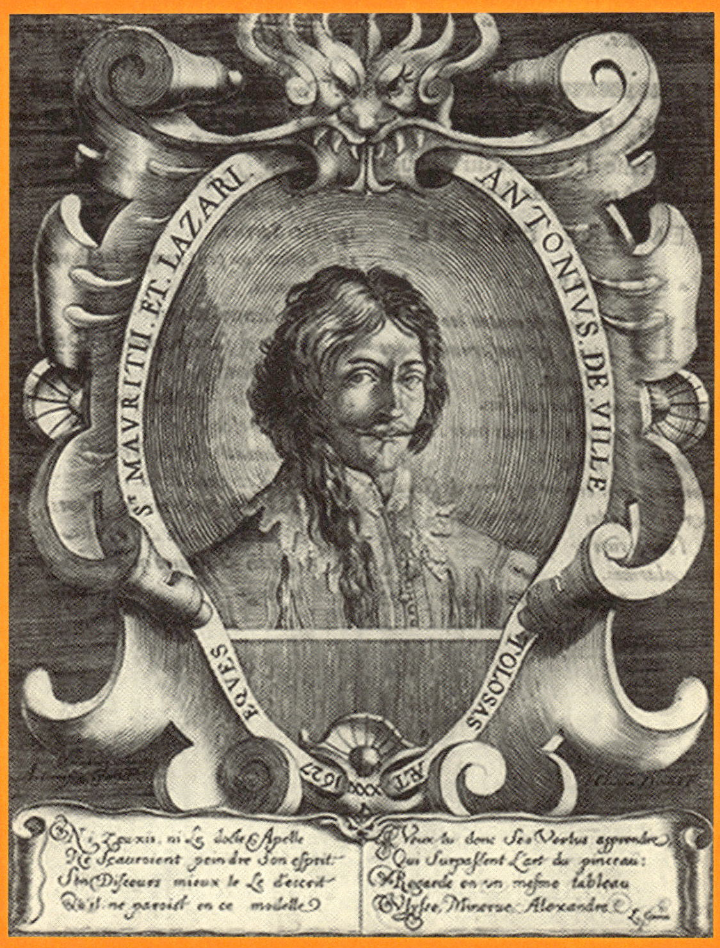

Für das Frontispiz eines Buches des Festungsbaumeisters Antoine de Ville stach Jérôme David dieses Blatt nach einem lange verloren geglaubten Porträt Artemisias, das inzwischen wiedergefunden wurde, siehe rechts.

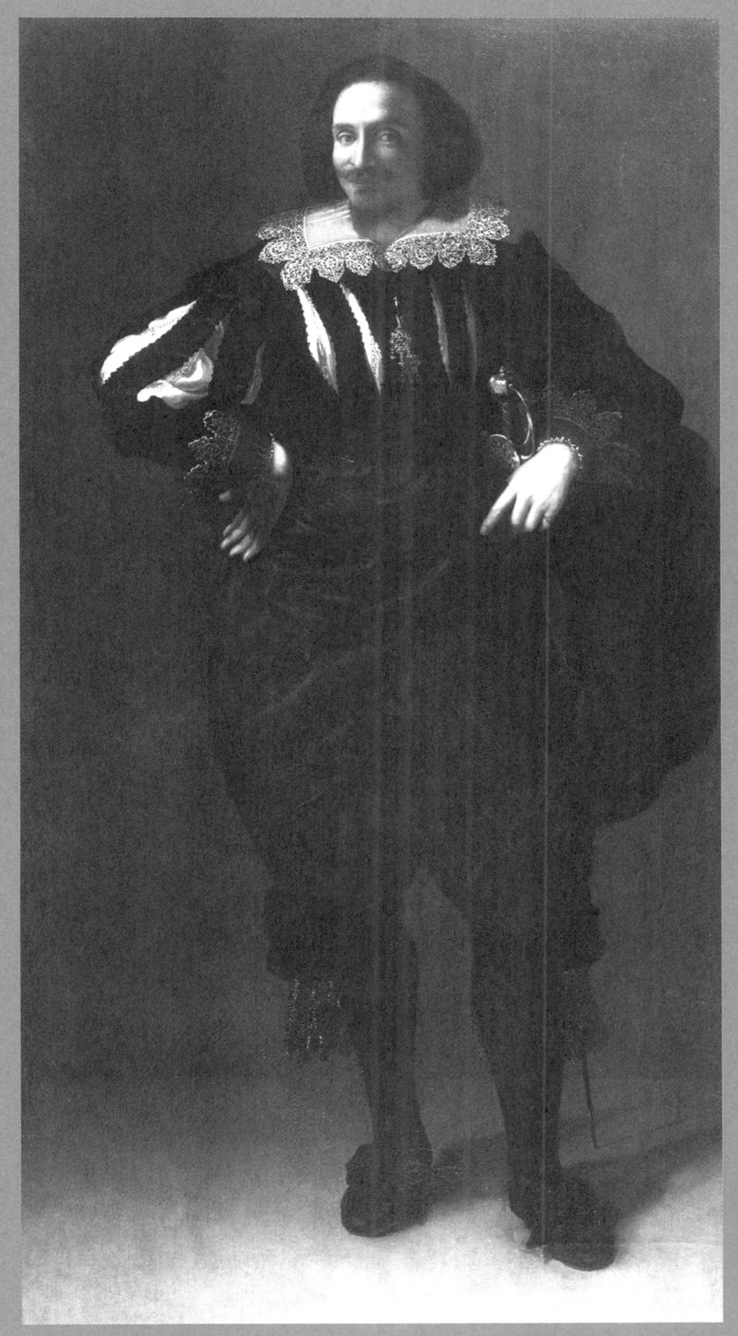

ist. Es bildet das Frontispiz für das 1628 in Lyon erschienene Buch *Les fortifications du chevalier Antoine de Ville* (Abb. S. 132). Das Vorbild für dieses Blatt galt lange als verschollen, wurde aber inzwischen mit einem ganzfigurigen Porträt identifiziert, das zuletzt bei einer Versteigerung von Sotheby's im Januar 2020 zu sehen war (Abb. S. 133). 2011 wurde erstmals vermutet, dass das Bildnis den französischen Festungsbaumeister zeigt, der in der fraglichen Zeit im Dienst der Savoyer stand. Zur Ähnlichkeit der beiden Porträts kommt hinzu, dass Artemisia ihr Monogramm in der Kette versteckt hat, die der Porträtierte trägt. Artemisia und er können sich in Turin, der Hauptstadt des Herzogtums von Savoyen, in Venedig oder in Rom getroffen haben. Ville war ebenso wie der unbekannte Bannerträger, den Artemisia 1622 porträtiert hatte (Farbtafel 8), Träger des Verdienstordens der Heiligen Mauritius und Lazarus. Dieser fehlt zwar auf den Porträts, Ville wird jedoch in Davids Stich in der umlaufenden Inschrift als Ritter des Ordens bezeichnet. Möglicherweise hingen die beiden Aufträge zusammen.

Der Festungsbaumeister steht in einem nicht näher definierten Raum. Er ist nicht gerüstet, sondern trägt ein elegantes schwarzes Obergewand mit weißem Spitzenkragen und ebensolchen Manschetten. Seine linke Hand hat er in die Hüfte gestemmt, die rechte umfasst den Degen, der ihn als Mann von Adel auszeichnet. Die silberne Kette schaut aus dem mittleren Schlitz des Obergewandes heraus, ebenso wie das weiße, mit Stickereien versehene Hemd aus den anderen Schlitzen. Den Kopf hat er ein wenig zur Seite gedreht, doch die Augen blicken den Betrachter an. In ihnen spiegelt sich das Lächeln, das seine Lippen umspielt.

David war bis 1625 in Rom. Anschließend hielt er sich an verschiedenen Orten in Venetien auf, bevor er sich 1630 in Bologna niederließ. In der Zwischenzeit wird er die beiden Blätter nach Artemisias Gemälden in Venedig gestochen haben, die sie entweder in Venedig gemalt oder aber aus Rom mitgenommen hatte. Das Blatt von Ville ist 1627 datiert und wurde bereits 1628 veröffentlicht. Das andere Blatt hat er dann wohl erst zwei Jahre später gestochen.

In Venedig gerühmte und entstandene Bilder

Das Gemälde von Antoine de Ville entstand möglicherweise in Venedig. Drei weitere Bilder werden in den Lobgedichten eines anonymen Verfassers benannt, hinter dem Loredan vermutet wird. Es handelt sich um einen *Schlafenden Amor*, eine *Lukrezia* und eine *Susanna*, von denen bis heute keines identifiziert werden konnte. Die Gedichte wurden 1627 veröffentlicht. Hatte Artemisia die Gemälde bereits in Venedig gemalt oder noch aus Rom mitgebracht?

Bei dem Gedicht über den *Schlafenden Amor* folgt auf die Überschrift eine Besitzerangabe. Es gehörte damals dem Juristen Giacomo Pighetti aus Bergamo, der in Venedig lebte und ebenfalls in den literarischen Kreisen um Loredan verkehrte. Bei den Gedichten, die den Bildern der *Lukrezia* und der *Susanna* gewidmet sind, fehlt eine solche Angabe, weshalb angenommen wird, dass sie Loredan gehörten. Da Artemisia beide Themen häufiger malte, gibt es natürlich verschiedene Vorschläge, Bilder dieser Sujets mit denen, auf die sich die Gedichte beziehen, zu identifizieren. Doch ohne weitere Anhaltspunkte ist das ein müßiges Unterfangen.

1628 wurde Artemisia im Auftrag des Königs Philipp IV. von dem damaligen spanischen Botschafter in Rom für ein großformatiges Bild bezahlt, dass *Herkules bei Omphale* zum Thema hatte. König Philipp ließ damals drei weitere Bilder von anderen italienischen Künstlern malen, Artemisias Tafel wurde dann aber gemeinsam mit dem später ausgeführten Gemälde von Anthonis van Dyck und Peter Paul Rubens, *Achill unter den Töchtern des Lykomedes*, 1635 in einem Saal des damaligen Stadtschlosses von Madrid aufgehängt. Ebenso wie das Achill-Thema handelte es sich bei dem Herkules-Bild um einen Heros in Frauenkleidern. Nachdem er Iphitos ermordet hatte, musste Herkules als Strafe und Sühne der Königin Omphale als Sklave dienen. Sie heiratete ihn, verlangte von ihm, Frauenkleider zu tragen und Frauenarbeiten wie Wolle spinnen zu verrichten. Das Bild von Artemisia hing nicht lange im Palast, denn im Gegensatz zu Achill, der trotz seiner Frauenkleider zu den Waffen griff, war beim Wolle spinnenden Herkules nichts Heroisches zu erkennen.

Wahrscheinlich fiel das Bild dem großen Palastbrand 1734 zum Opfer. Ein Bild mit demselben Thema befand sich aber 1699 in Neapel im

Besitz der spanischen Familie Cárdenas. Es könnte sich um eine zweite Fassung oder um das Bild aus Madrid handeln, auch wenn es in einem Fall quadratisch (265 cm) gewesen sein soll, im anderen querrechteckig (211 x 238 cm), doch Bilder können beschnitten werden.

Bei der gewaltigen Explosion am 4. August 2020 in Beirut wurde auch der Palast der Familie Sursock zerstört, in dem sich eine Sammlung bedeutender Kunstwerke befand, von denen viele noch nie in der Öffentlichkeit zu sehen gewesen waren. Dazu zählten auch eine *Heilige Maria Magdalena* und ein *Herkules bei Omphale*, die stilistisch Artemisia zugewiesen werden können. *Maria Magdalena* wurde 2021 in Mailand bei einer großen Ausstellung über Barockmalerinnen gezeigt, *Herkules bei Omphale* war zu zerstört, um präsentiert werden zu können. Das Bild wird nach der Restaurierung im J. Paul Getty Museum in Los Angeles bleiben, bis der Palast der Familie Sursock in Beirut wieder in Stand gesetzt ist. Könnte es sich tatsächlich um das Bild handeln, das der spanische König in Auftrag gab? Oder um jenes, das später in Neapel nachgewiesen werden konnte? Oder handelt es sich um ein weiteres, welches in Neapel entstand und an dem Artemisia nicht allein beteiligt war? Vielleicht werden diese Fragen durch die Restaurierung beantwortet.

Esther vor Ahasver

Außer den dokumentarisch überlieferten Bildern stammen aus der venezianischen Zeit wahrscheinlich noch weitere wie die *Lautenspielerin*, die mit A.G.R.F. (Artemisia Gentileschi Romana Fecit) monogrammiert ist, oder *Medea tötet eines ihrer Kinder*, mit ARTEMISIA GENTILESCA ROMANA signiert, beide in Privatsammlungen. Das großformatige Gemälde *Esther vor Ahasver* (Farbtafel 10) setzt ein Vorbild aus Venedig voraus und kann deshalb nicht vorher entstanden sein.

Das *Buch Esther* des Alten Testaments handelt von der Jüdin Esther. Sie war die Frau des persischen Großkönigs Ahasver (Xerxes), der von ihrer Herkunft nichts wusste, wohl aber sein wichtigster Berater, der den König davon überzeugte, alle Juden im Reich töten zu lassen. Als Esther das erfuhr, entschloss sie sich, den König um Gnade zu bitten, obwohl niemand, auch sie nicht, unaufgefordert vor dem König erscheinen durfte. Von ihren Dienerinnen begleitet, trat sie vor den Thron. Der König neigte ihr sein Zepter entgegen, um ihr zu bedeuten, dass sie trotz der Missachtung des Hofzeremoniells willkommen sei, doch sie sank ohnmächtig in den Arm ihrer Dienerin, dann in den des Königs. Es gelang ihr anschließend, das Leben ihres Volkes zu retten.

Auf dem über zwei Meter hohen und fast drei Meter breiten Gemälde sitzt rechts ein junger Ahasver auf seinem durch mehrere Stufen erhöhten Thron und scheint gerade aufspringen zu wollen, um die in prächtige goldene Gewänder gekleidete Esther zu stützen, die von ihren beiden Dienerinnen aufgefangen wird.

In der Werkstatt des venezianischen Malers Paolo Veronese entstand 1575 ein Bild zum selben Thema, das sich damals noch in einer venezianischen Sammlung befand. Artemisia scheint sich vor allem bei der Gruppe der Esther und ihrer Dienerinnen an dem Bild orientiert zu haben. Ahasver hingegen ist von zahlreichen Würdenträgern umgeben, die im Bild von Artemisia fehlen. Außerdem befinden sich zu Füßen des Königs ein schwarzer Page und ein Hund. Diese hatte auch Artemisia ursprünglich geplant, wie eine Röntgenaufnahme zeigt, in der auch zu erkennen ist, dass die Malerin die Position des Königs, vor allem seine Handhaltung, mehrfach änderte, bis sie die endgültige Position gefunden hatte. Auf Artemisias Bild wirkt Ahasver nicht wie ein Großkönig, also wie ein Würdenträger, der über Tod und Leben entscheidet, wenn sich, egal wer, nicht an die Hofetikette hält, sondern eher wie ein junger Mann, der in Liebe entflammt ist.

Artemisia hat ihre Figuren in der höfischen Tracht wiedergegeben, die 60 bis 80 Jahre früher getragen wurde. Diese hat sie dann noch mit ausgedachten Details versehen wie mit den an die Puffärmel angenähten Stoffen und dem blauen Dekorband bei Esther sowie den übertrieben geschlitzten Oberärmeln und der roten Schärpe bei Ahasver, dessen Stiefel ebenfalls nicht zu der Kleidung passen.[112]

Ein solch großformatiges Bild wird Artemisia nicht ohne Auftrag ausgeführt haben. Und der Auftraggeber (oder die Auftraggeberin) äußerte sicher Wünsche, die dann in die Komposition mit einflossen. Möglicherweise wurde sogar das Bild von Veronese als Vorbild vorgegeben.

Solche Anweisungen waren damals durchaus üblich und entsprachen viel eher den Gepflogenheiten als emanzipatorische Ideen, die angeblich in diesem Bild ihren Niederschlag finden.

Venezianerinnen

Artemisia hatte in Venedig einige Bilder gemalt, eines davon für den König von Spanien, und hatte Aufnahme gefunden in die literarischen Kreise der Stadt. Doch sie war keine singuläre Ausnahmeerscheinung. Gerade in der von Loredan gegründeten Akademie der Unbekannten waren noch weitere Frauen Mitglied wie die Nonne Arcangela Tarabotti. Ihre Schwester war mit Pighetti verheiratet, der das Gemälde des *Amor* von Artemisia besaß. Tarabotti war von ihrem Vater als Mädchen von elf oder 13 Jahren gezwungen worden, ins Kloster zu gehen, und rebellierte dagegen ein Leben lang, indem sie Abhandlungen schrieb, in denen sie sich gegen die zwangsweise Aufnahme junger Mädchen in Klöster wandte und kritisierte, dass Frauen keine angemessene Ausbildung erführen. Außerdem wandte sie sich gegen die damals formulierte Theorie, dass Frauen keine gleichwertigen Menschen seien. Ihre Schriften wie *Tirannia paterna* oder *Paradiso monacale* kursierten in Venedig in Abschriften und wurden erst posthum gedruckt. Loredan unterstützte Tarabotti in ihrem Bestreben, die Stellung der Frau aufzuwerten, doch auch ihm gelang es nicht, ihre Schriften zu Lebzeiten zu publizieren. Da sie in denselben Kreisen verkehrten, dürften sich Artemisia und Tarabotti gekannt haben.

Tarabotti war mit ihren Ansichten nicht allein. Bereits 1600 hatte die ebenfalls aus Venedig stammende Lucrezia Marinelli eine erste Schrift veröffentlicht. Sie vertrat die Meinung, dass die Rippe Adams, aus der Eva geformt wurde, wertvoller sei als der Klumpen Lehm, aus dem Adam entstand. Außerdem trat sie dafür ein, dass Frauen selbst über sich bestimmen könnten.

Frauen stellten also auch schon damals Forderungen nach Gleichberechtigung und Anerkennung. Und da ihre Schriften publiziert wurden, verhallten sie auch nicht ungehört. Marinelli und Tarabotti sind zwei von einer ganzen Reihe Literatinnen, die gerade im damaligen Venedig von sich reden machten. Artemisia als Malerin passte gut dazu. Und auch sie war nicht allein. Denn in Venedig gab es noch andere Künstlerinnen, unter ihnen Giovanna Garzoni, die Stillleben-Malerin (Abb. S. 196/197, 201), die Artemisia spätestens damals kennenlernte. Sie wurde in einer zeitgenössischen Quelle sogar mit Garzoni verwechselt. Der Venezianer Girolamo Gualdo behauptete 1649, dass sich Artemisia noch 1630 in Venedig aufgehalten habe. Er schrieb aber auch, dass sie eine hervorragende Stillleben-Malerin sei, und erwähnte außerdem ein Skizzenbuch der Malerin. Hierbei kann es sich nur um eine Verwechslung mit Garzoni handeln, von der zumindest ein späteres Skizzenbuch erhalten ist. Garzoni verließ Venedig am 21. Februar 1630, wie aus einem Brief an den Herzog von Alcalá hervorgeht, und kam nach einem längeren Aufenthalt in Rom Mitte Juni in Neapel an. Die Vermutung, die beiden Malerinnen hätten sich gemeinsam auf den Weg gemacht, ist mehrfach geäußert worden, Belege dafür finden sich nicht.

Familienbande und angebliches Liebesleben

Orazio Gentileschi hatte 1621 Rom verlassen, um nach Genua zu gehen. Seine Söhne, zumindest Francesco und Giulio, folgten ihm bald. Sie dürften den Vater auch 1624/25 nach Paris begleitet haben, wo er in den Dienst von Maria de' Medici aufgenommen wurde. Von dort führte ihn der Weg nach England, wo er, gemeinsam mit seinen Söhnen, im September oder Oktober 1626 ankam, also in etwa zur gleichen Zeit, in der Artemisia in Venedig eintraf. Dort hielt sich immer wieder Nicholas Lanier auf, ein Musiker und Maler, der vom englischen König 1625 zum ersten Hofmusiker ernannt worden war, gleichzeitig aber auch als Kunstagent den Auftrag hatte, die königliche Kunstsammlung zu vergrößern. Dafür kam er häufiger nach Italien und hatte Artemisia vielleicht bereits 1625 in Rom kennengelernt. In Venedig hatte er nachweislich Kontakt zu ihren Brüdern, die sich dort ebenfalls aufhielten, um für den englischen König Bilder zu erwerben. Lanier sollte ihnen dafür Geld geben. Ihre Treffen im Herbst 1627 und im April 1628 sind dokumentiert und scheinen nicht immer friedlich vonstattengegangen zu sein, weil Lanier sich weigerte, ihren angeblich luxuriösen Lebensstil zu finanzieren. Das erfährt man auch aus einem Brief, den Orazio im März 1629 an den englischen Staatssekretär verfasste.

Artemisia wird ihre Brüder in Venedig getroffen haben. Außerdem aber hatte sie Kontakt zu Lanier und scheint sich mit ihm über ihre Malerei ausgetauscht zu haben. So berichtete Théodore Turquet du Mayerne in seiner Sammlung von kunsttechnischen Rezepten und Anweisungen, die sich im sogenannten Mayerne-Manuskript[113] befinden, nicht nur über verschiedene Ateliergespräche mit Künstlern wie Rubens, van Dyck und anderen, sondern auch über ein Rezept für Firnisse, das er 1634 von einer Mademoiselle erhalten hatte. Dieses Rezept stammte von Lanier, der explizit darauf hinwies, jene Technik von Artemisia gelernt zu haben. Es ging dabei um einen Zwischenfirnis, der aus einer Mischung von Amber (Bernstein oder Kopal-Harz) und Nussöl hergestellt wurde. Er diente dazu, „die erste Anlage der Malerei, welche man Todtfarben“[114] nennt, ganz leicht zu überstreichen. Wenn diese Firnisschicht getrocknet sei, könne man darauf malen. Artemisia dürfte die Technik von Orazio gelernt haben, der sie vermutlich von Caravaggio kannte. Lanier muss sie in Rom oder Venedig von Artemisia erfahren haben.

Die immer wieder geäußerte Vermutung, Lanier und Artemisia seien seit Rom ein Liebespaar gewesen, beruht auf einer Äußerung des Italienreisenden Richard Symonds, der in seinen Tagebüchern berichtete, Lanier sei unsterblich in Artemisia verliebt gewesen.[115] Symonds war in der fraglichen Zeit noch ein Kind, muss dies also sehr viel später kolportiert bekommen haben. Lanier könnte ähnlich wie Loredan und andere von Artemisia geschwärmt haben. Er war spätestens seit 1627 verheiratet, Artemisia wahrscheinlich nach wie vor mit Maringhi liiert. Der Vergewaltigungsprozess lässt sie in der kunsthistorischen Literatur einerseits zum Opfer werden, die in ihren Bildern dieses Trauma verarbeitet, andererseits dann aber auch wieder zu einer skandalumwitterten Malerin, die ein freies Sexualleben führte. Beide Sichtweisen entbehren jeder Grundlage.

Im Juni 1630 erreichte die dritte Pestwelle Venedig. Alle Bemühungen, Fremde nur dann in die Stadt zu lassen, wenn sie vorher 40 (quaranta)

Tage in Isolation (Quarantäne) auf einer der vorgelagerten Inseln zugebracht hatten, griffen nicht, als am 8. Juni eine Delegation des Herzogs von Mantua in die Stadt kam. Sie konnte man nicht vorher in Quarantäne schicken, und sie brachte die Pest mit sich. Am 22. Juni wurde bekannt, dass es in Venedig Pestfälle gab. Viele Menschen flohen aus der Stadt, die Artemisia wahrscheinlich schon früher verlassen hatte. Am 24. August schrieb sie den ersten Brief aus Neapel an Cassiano Dal Pozzo, der sich erhalten hat. Wann sie aus Venedig abgereist war, ob sie in Florenz oder Rom noch einmal Zwischenstation machte oder auf schnellstem Wege in den Süden reiste, ist nicht überliefert.

VII
Neapel

„Nicht weniger Lob hat verdienet die tugendsame Artemisia Gentilesca zu Neapel“

Joachim von Sandrart, 1675

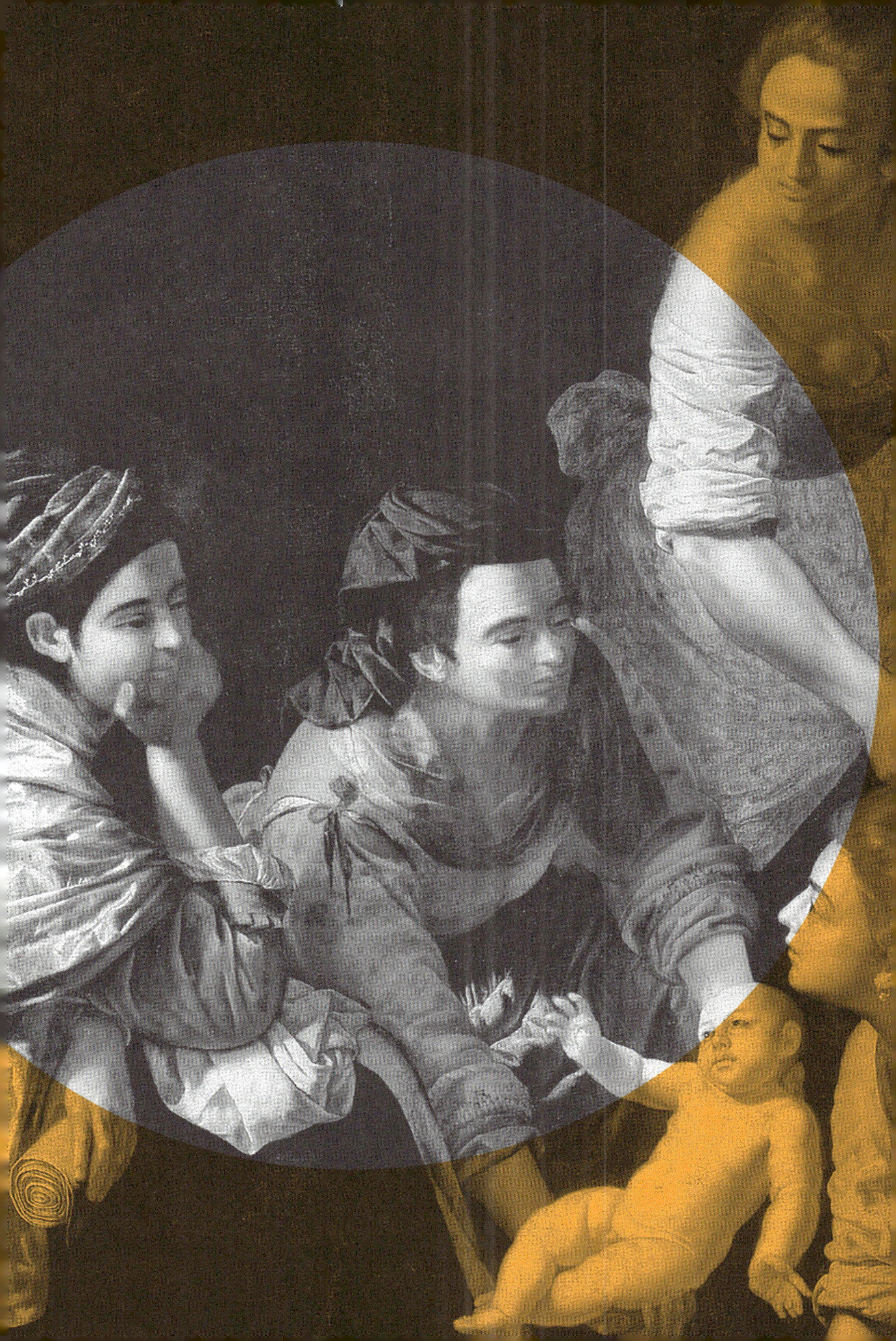

Die Anfänge in Neapel

„Ich habe mir die Maße angesehen, die zu senden Euer Hochwohlgeboren mir die Gunst erwies, und ich wäre Euch sofort zu Diensten gewesen, hätte ich für die Kaiserin nicht einige Gemälde zu fertigen, welche bis Mitte September zu vollenden sind. Wenn ich dies ausgeführt habe, wird mein erstes Anliegen sein, Euer Hochwohlgeboren zu dienen, dem ich so viel verdanke.“[116]

Dieser Brief, den Artemisia am 24. August 1630 aus Neapel (Abb. S. 145) an Cassiano Dal Pozzo schrieb, ist der erste Beleg dafür, dass sie nun im Süden Italiens lebte. Neapel war damals neben Paris die größte Stadt Europas mit einem expandierenden kulturellen Leben. Aufträge des spanischen Königs, seines in der Stadt regierenden Vizekönigs, der Adligen und wohlhabenden Bürger, aber auch der Kirchen und Klöster garantierten den Künstler:innen ein Einkommen. Allerdings gab es auch Neid und Missgunst in der Künstlerschaft, wurden Ausländer angefeindet und mit dem Tode bedroht.

Artemisia war wohl durch den Herzog von Alcalá nach Neapel gekommen. Bereits als Gesandter in Rom hatte er Bilder von ihr gekauft. Seit Juli 1629 war er Vizekönig in Neapel und damit Vertreter des spanischen Königs. Es ist durchaus möglich, dass er Artemisia kurz nach seiner Ankunft nach Neapel einlud und sie dieser Einladung schon im Herbst Folge leistete, also Venedig nicht erst nach Ausbruch der Pest im Juni 1630 verließ. In Neapel dürfte sie sich erst einmal eine Werkstatt eingerichtet haben, bevor sie mit der Arbeit beginnen konnte. Vor allem scheint sie mehrere Monate bevor sie den Brief an Dal Pozzo schrieb, angekommen zu sein, da sie sich nicht nur auf einen Brief von ihm bezog, in dem er ihr Maße geschickt hatte, vermutlich für ein auszuführendes Gemälde, sondern vor allem von einem Auftrag berichtete, der bis Mitte September fertig sein sollte. Dabei handelte es sich um mehrere Gemälde, und insofern dürfte sie schon länger daran gearbeitet haben.

S. 142/143: Geburt Johannes des Täufers, um 1632/35, Detail

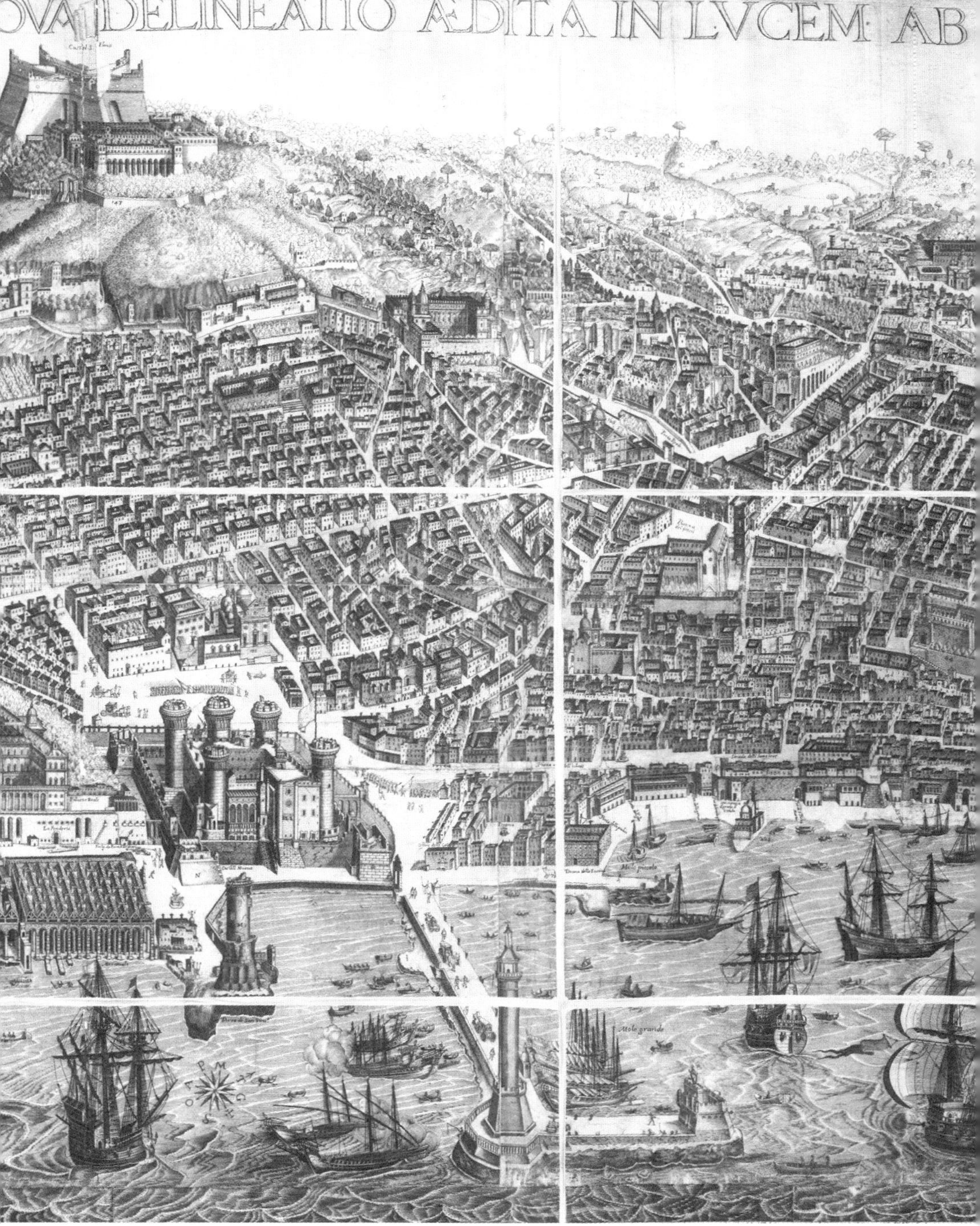

Neapel gehörte 1627, als dieser Plan entstand, zu den größten Städten Europas und wurde von Spanien aus regiert – sehr zum Missfallen der Neapolitaner, deren Aufstand von 1647 allerdings niedergeschlagen wurde.

Bei der Kaiserin, die Artemisia im Brief erwähnte, handelte es sich nicht um die Gattin des damaligen Kaisers, sondern um die spanische Infantin Dona Maria Anna, die sich im Dezember 1629 auf den Weg zu ihrem zukünftigen Mann gemacht hatte, den späteren Kaiser, damals aber noch König von Ungarn und Böhmen. Sie kam im September 1630 in Neapel an, hatte also wohl nicht selbst die Aufträge erteilt, sondern sollte mit Kunstwerken empfangen werden, die unter anderem von Artemisia stammten.

Auftraggeber war wohl Alcalá, der bereits 1631 Neapel wieder verließ. Im Gepäck befanden sich drei Gemälde Artemisias, zwei Porträts und ein Bild von Johannes dem Täufer. Keines dieser Bilder ist identifiziert.

Doch war das nicht der einzige Auftrag, den Artemisia damals auszuführen hatte. Im Oktober 1630 wurde sie von einem Mitglied der spanischen Familie Cárdenas für eine *Heilige Elisabeth* bezahlt, die sie für eine Privatkapelle in dem etwa 50 Kilometer südöstlich gelegenen Pisticci gemalt hatte. Die Cárdenas waren seit dem 15. Jahrhundert in Neapel, später auch in Pisticci ansässig. Über diesen Auftrag verlor sie Dal Pozzo gegenüber kein Wort.

Im Juni 1630 war auch Giovanna Garzoni in Neapel angekommen, wie sie ihrem Gönner Dal Pozzo schrieb. Bei Garzoni ist belegt, dass sie der Einladung von Alcalá nach Neapel gefolgt war, jetzt bedankte sie sich bei Dal Pozzo für die Vermittlung. In einem weiteren Brief gab sie an, dass der Vizekönig sie ehrenvoll willkommen geheißen habe. Doch Garzoni fühlte sich in Neapel nicht wohl und verließ die Stadt zeitgleich mit Alcalá, freilich in entgegengesetzte Richtung. Er kehrte nach Spanien zurück, sie ging erst nach Rom, dann nach Turin. Später sollte sie Artemisia aber noch einmal begegnen.

In den Inventaren des Herzogs von Alcalá sind keine Bilder von Garzoni aufgelistet, dafür besaß er sechs von Artemisia, drei hatte er in Rom gekauft, die drei anderen in Neapel.[117] In einem Brief vom 21. Dezember 1630 berichtete Artemisia Dal Pozzo von einem weiteren Bild, dem *Porträt einer Herzogin*, das sie außerhalb Neapels gemalt hatte. Es könnte möglicherweise das *Porträt einer sitzenden Dame* sein, das 2022 bei Sotheby's versteigert wurde (Farbtafel 9).

1630 war Artemisia ungeheuer produktiv, denn zu den überlieferten Bildern kommt eine signierte großformatige *Verkündigung an Maria* (Abb. S. 147)

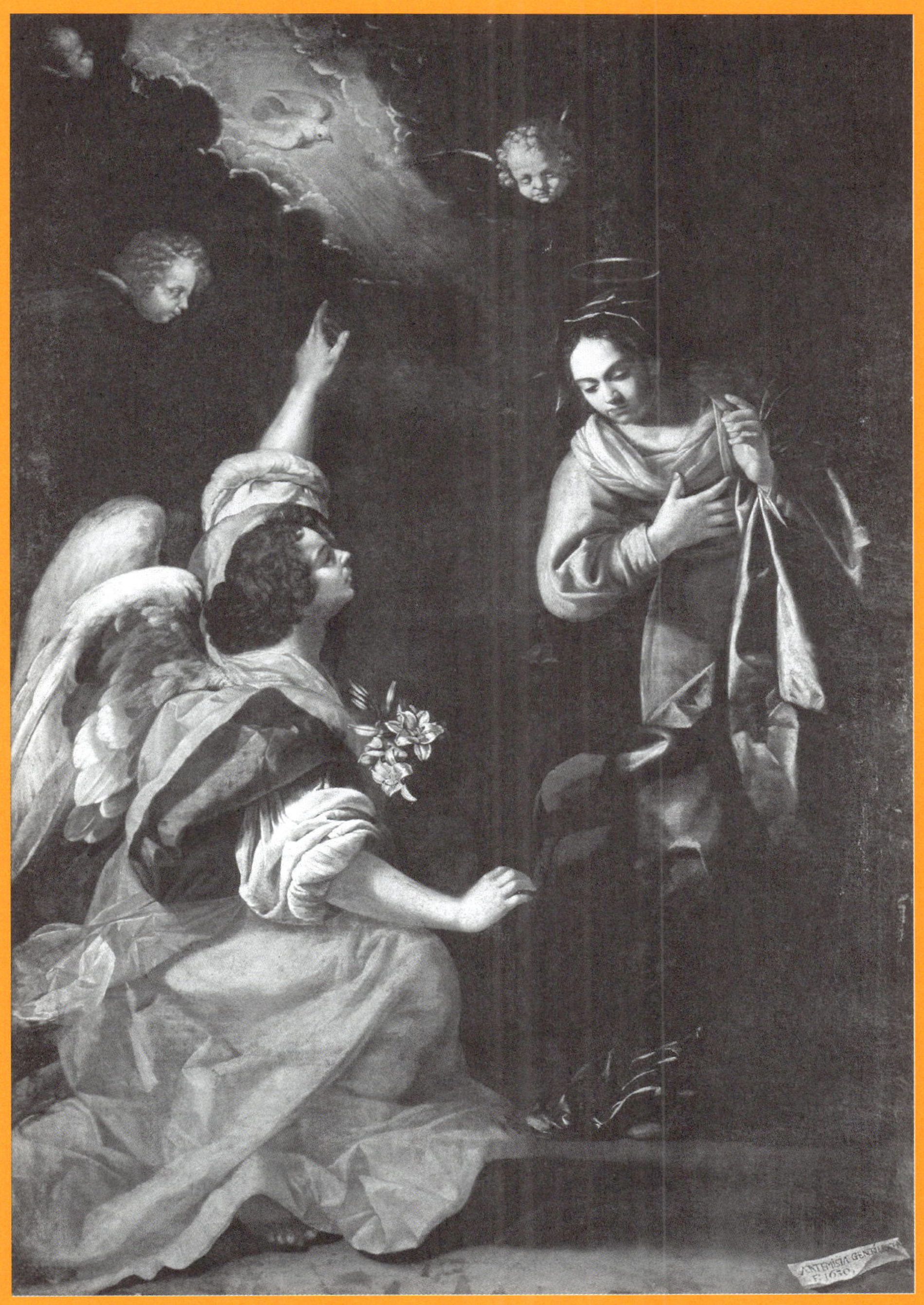

Die *Verkündigung an Maria* ist das erste signierte und 1630 datierte Bild, das Artemisia in Neapel malte.

hinzu, die sich seit 1815 im Besitz des Museums von Capodimonte in Neapel befindet. Damals gelangte das Bild aus einer neapolitanischen Sammlung dorthin. Wie lange es dort aufbewahrt worden war, ob es als Altarbild konzipiert war oder ob es sich um eines der Bilder handelte, die Artemisia 1630 für die Infantin malte, ist wie so vieles nicht dokumentiert.

Auf dem hochrechteckigen Bild nehmen Maria und der Engel den meisten Platz ein. Maria steht leicht erhöht auf einem Podest und beugt sich vor zum Engel. Die eine Hand hat sie zum Gruß erhoben, die andere demütig vor ihre Brust gelegt. Ihr blauer Mantel fällt locker von der Schulter nach unten und bedeckt nur spärlich das rote Kleid und den gelben Schal. Der vor ihr kniende Engel wirkt sehr viel dynamischer. Sein goldgelber Mantel und die Flügel weisen ihn als himmlischen Boten aus. Gerade gelandet, flattert sein roter Schal noch in der Luft. Der Lilienzweig in seiner rechten Hand symbolisiert die Reinheit der zukünftigen Muttergottes, die linke hingegen zeigt nach oben in den Himmel. Dort haben sich die Wolken geteilt und auf einem gelben Lichtstrahl fliegt die Taube des Heiligen Geistes geradewegs auf Maria zu. Sie wird von drei Putten begleitet, kleinen Kindergesichtern mit Flügeln. Ein vierter Kopf befand sich früher zwischen der Hand des Engels und dem Kopf Mariens, wurde aber wahrscheinlich bereits von Artemisia übermalt. Vorne rechts im Bild liegt ein kleiner Zettel auf dem Boden, auf dem die Signatur steht: ÆRTEMISIÆ GENTILESCHA / F: 1630. Man könnte meinen, die Taube habe ihn im Schnabel gehalten und dann fallen lassen.

Artemisia hat hier keine innovative Komposition geschaffen. Sie hatte direkte Vorbilder, bei denen der Engel ebenfalls vor Maria kniet, den Lilienzweig in der Hand hält und nach oben zeigt, wo sich die Taube des Heiligen Geistes befindet.[118]

Die Briefe an Cassiano Dal Pozzo

Cassiano Dal Pozzo war für Artemisia ein wichtiger Ansprechpartner in Rom. Sie berichtete ihm allerdings nicht nur, welche Aufträge sie in Neapel auszuführen hatte, sondern bat ihn auch um den einen oder anderen Gefallen. Drei Briefe an ihn haben sich erhalten, die sie 1630 formuliert hatte.[119] Im ersten, bereits erwähnten, bat sie ihn um sechs Paar „der schönsten Handschuhe“,[120] die sie verschiedenen Damen schenken müsse. Römische lange Lederhandschuhe, die mit speziellen Düften behandelt waren, standen damals hoch im Kurs und wurden von Kardinälen und anderen kirchlichen Würdenträgern verschenkt. Artemisia wollte sich damit offensichtlich Eingang in die besseren gesellschaftlichen Kreise Neapels verschaffen.

Im nächsten Brief, den sie nur wenige Tage später verfasste, hatte sie eine ganz andere Bitte. Dal Pozzo sollte für sie den Nuntius von Neapel, mit dem er in engem Kontakt stand, um Erlaubnis bitten, dass ihr Sekretär, ein Kleriker, Waffen tragen dürfe, um sie zu beschützen. Anschließend versicherte sie erneut, das Selbstporträt sofort auszuführen, wenn sie die Bilder für die Kaiserin vollendet habe. Außerdem hoffte sie, wenn es kühler würde, nach Rom zu kommen, um dort für ihn zu arbeiten.

Im dritten Brief entschuldigte sie sich für ihre späte Antwort mit der Begründung, außerhalb Neapels das Porträt einer Herzogin gemalt zu haben. Die vom Nuntius erteilte Erlaubnis war jedoch hinfällig geworden, da ihr Diener schwer erkrankt war. Das Selbstporträt war fertiggestellt und sie wollte es ihm so bald als möglich schicken. Im Gegenzug erhoffte sie sich Handschuhe und Pantoffeln. Jetzt war keine Rede mehr von einer Reise nach Rom. Das Porträt von ihr blieb wohl erst einmal in Neapel, da sie es auch in den Briefen von 1637 wieder erwähnte.

Den nächsten Brief an Dal Pozzo schrieb sie erst am 21. Januar 1635. Darin kündigte sie den Besuch ihres Bruders Francesco an, der ein Bild von ihr dem Kardinal Antonio Barberini überreichen sollte. Dal Pozzo solle dafür Sorge tragen, dass Francesco schnell zu ihr zurückkehre, da sie ihn für die Regelung ihrer geschäftlichen Belange brauche. In zwei anderen Briefen von 1637 geht es um weitere Gemälde sowohl für die beiden Kardinäle Antonio und Francesco Barberini als auch für einen weiteren Auftraggeber, um die Mitgift für ihre Tochter und um die Frage, ob ihr Mann noch lebe.

Möglicherweise hat Artemisia häufiger an Dal Pozzo geschrieben und diese Briefe sind ebenso verloren wie seine Antworten. Wir werden auf die späteren Briefe zurückkommen, denn auch wenn sich von Artemisia zwischen 1630 und 1635 keine Korrespondenz erhalten ist, war sie in den Jahren dazwischen nicht inaktiv.

Besuch aus dem Norden

Der in Frankfurt am Main geborene Maler, Sammler und Kunstschriftsteller Joachim von Sandrart bereiste zahlreiche europäische Länder, darunter auch 1628 England, wo er die königlichen Kunstsammlungen besuchte, aber auch Orazio begegnete, den er als seinen „vertrautesten Freund“[121] bezeichnete. 1629 trat er dann eine längere Italienreise an und kam über Venedig, Bologna und Florenz nach Rom, wo er im Dienst von Vincenzo Giustiniani stand. Von Rom aus unternahm er im Herbst 1631 eine Reise nach Neapel, bei der er auch Artemisia besuchte, wie er in seiner zwischen 1675 und 1680 publizierten „Teutschen Akademie“ festhielt, in dem ein Teil auch der italienischen Kunst gewidmet war. Um ihr einen Gruß von ihrem Vater zu überbringen, besuchte er „die tugendsame Artemisia“, die ihm ihre schönsten Bilder zeigte, darunter einen „zierlichen David“ in Lebensgröße, „der das abscheuliche Haupt des ungeheuren Goliaths in Händen hält“.

Es ist das einzige Bild, das Sandrart beschrieb. Doch erfahren wir aus seinem Bericht auch, dass ihm ihre Porträts besonders gut gefallen hatten und dass sie gute Kontakte zum Hof des Vizekönigs hatte. Dort würde sie vor allem von der Vizekönigin und den Prinzessinnen wertgeschätzt. Zum Schluss erklärte er, dass sie „grosses Lob und Ruhm erlanget hat“.[122] Artemisia war also bereits 1631 eine in Neapel hoch angesehene Malerin.

Das Bild, das Sandrart lobend hervorgehoben hatte, scheint er für die Sammlung Giustiniani erworben zu haben, denn ein *David mit dem Haupt Goliaths* von Artemisia wurde 1638 dort inventarisiert.[123]

In jüngster Zeit sind drei unterschiedliche Bilder aufgetaucht, die *David mit dem Haupt Goliaths* zeigen und Artemisia zugeschrieben werden. Bei einem von ihnen hält David das abgeschlagene Haupt mit der Hand fest.[124] Das zweite zeigt den stehenden David, der auf das abgeschlagene Haupt Goliaths blickt,[125] ähnlich wie es Orazio wahrscheinlich vor 1611 gemalt hatte.[126] Auf dem dritten Bild sitzt David in einer Landschaft und stützt sich mit der einen Hand lässig auf das Schwert.[127] Unter seinen Beinen liegt das abgeschlagene Haupt des Riesen. Dieses Gemälde wurde bereits 1975 erstmals versteigert und 1995 mit Artemisia in Verbindung gebracht. 2018 wurde es in München erneut auf einer Auktion veräußert und anschließend in London restauriert. Dabei fand sich die Signatur Artemisias auf der Klinge des Schwerts. Die Datierung konnte allerdings nicht genau entziffert werden. Von den Maßen her stimmt es am ehesten mit dem Bild überein, das sich früher in der Sammlung Giustiniani befunden hat. Hier hält David zwar das abgeschlagene Haupt nicht in der Hand, es ist aber jetzt gesichert, dass Artemisia Bilder mit diesem Sujet malte. Und ob sich Sandrart, als er das niederschrieb, wirklich genau an das Bild erinnerte, kann bezweifelt werden. Es ist demnach nicht auszuschließen, dass es sich bei dem signierten David um denjenigen aus der Sammlung Giustiniani handelt.

Sandrart war nicht der einzige Besucher aus dem Norden. Der junge englische Adlige Bullen Reymes wurde 1631 auf Grand Tour geschickt. Das war eine in Adelskreisen übliche Bildungsreise junger Männer durch Europa und auch weiter bis ins Heilige Land, um nach Abschluss ihrer Ausbildung ihre Sprachkenntnisse und Manieren zu verfeinern und eine gewisse Weltläufigkeit zu bekommen. Zu den verschiedenen Aufgaben gehörte es natürlich auch, die Ereignisse im Tagebuch festzuhalten. Durch die erhaltenen Tagebücher kann man sich heute noch ein gutes Bild über die Grand Tour allgemein machen, es sind aber auch über den Tagebuchschreiber spezielle Details zu erfahren, und so wissen wir, dass Reymes nach Stationen in Paris und Venedig im März 1634 auf seinem Weg nach Sizilien auch nach Neapel kam, wo er am 15. und 18. März Artemisia und ihre Tochter besuchte. Er brachte ebenso wie Sandrart Grüße von Orazio und hatte sogar ein Empfehlungsschreiben von ihm dabei. Wir können uns vorstellen, dass er Artemisia am 15. seine Aufwartung machte und sie ihn daraufhin am 18. zu einer Gesellschaft einlud, die sie gab. Denn er berichtete, dass die Tochter, die ebenfalls malte, auch das Spinett spielte.

Königliche, kirchliche und fürstliche Aufträge

Der aus der Nähe von Neapel stammende Maler Massimo Stanzione hatte sich mehrere Jahre in Rom aufgehalten, bevor er 1630 endgültig nach Neapel zurückkehrte. In Rom hatte er Kontakt mit Simon Vouet gehabt und dürfte durch ihn oder andere Künstler Artemisia kennengelernt haben.

In Neapel verdankte sie dann wahrscheinlich ihm, dass sie in die dortigen Künstlerkreise aufgenommen wurde. Außerdem arbeiteten sie gemeinsam an zwei wichtigen und großen Aufträgen, bei denen Stanzione vermutlich als Vermittler auftrat. Der erste Auftraggeber war der König von Spanien, der seinen Vizekönig mit der Auswahl der Künstler:innen betraut hatte.[128] Auf Alcalá war 1631 der Graf von Monterrey, Manuel de Acevedo y Zúñiga gefolgt, der davor Gesandter in Rom gewesen war und als solcher Artemisia den Auftrag für das Gemälde von *Herkules und Omphale* erteilt hatte. Nun malte sie das Bild der *Geburt Johannes des Täufers* (Farbtafel 12), das Teil eines Zyklus war, der aus sechs Bildern mit Szenen aus dem Leben des Täufers bestand. Vier von ihnen malte Stanzione, *Johannes der Täufer im Gefängnis* der Neapolitaner Maler Paolo Finoglia. Dieses Bild ist verschollen, dasjenige von Artemisia und die vier von Stanzione[129] befinden sich in Madrid im Prado. Die Erteilung des Auftrags nur an Stanzione oder an alle drei ist nicht dokumentiert, ebenso fehlen Daten zur Vollendung der Bilder. Sie werden aber aufgrund bestimmter Anhaltspunkte zwischen 1632 und 1635 entstanden sein. Man weiß auch nicht, für welchen Ort sie geschaffen wurden, nur dass sie sich Ende der 1650er-Jahre im königlichen Palast von Madrid befunden haben, ist durch Beschreibungen gesichert. Verwunderlich ist auch, dass die wichtigste Geschichte im Leben des Johannes fehlt, die *Taufe Christi*.[130]

In Komposition und Farbigkeit müssen sich Artemisia und Stanzione abgestimmt haben, Finoglia vermutlich auch. Stanziones Bilder sind allerdings nicht signiert, das von Artemisia schon, und zwar vergleichbar mit ihrer Signatur bei der *Verkündigung* (Abb. S. 147) auf einem am Boden liegenden Zettel.

Ob Artemisia als Frau bewusst die Szene der Geburt zugewiesen wurde, ob sie selbst Einfluss nehmen konnte oder aufgrund welcher Kriterien sie für dieses Thema ausgewählt wurde, ist nicht überliefert. Das Geschehen spielt sich in einem Innenraum ab, in den nur durch eine Bogenöffnung rechts im Bild Licht fällt. Davor befinden sich vier Frauen, die bei der Geburt geholfen haben. Die Kniende vermischt das Wasser in einem am Boden stehenden Kupferkessel mit der einen Hand, während sie sich mit der anderen am Rand des Kessels abstützt und zu der Frau blickt, die das Neugeborene in Händen hält und baden will. Hinter den beiden kommt eine Frau mit einer Schale voll Wasser, die sie noch in den Kessel füllen möchte. Eine weitere Frau, vermutlich die Hebamme, sitzt auf einem Stuhl und hält in der einen Hand ein gerolltes Tuch, in welches das Kind nach dem Bad gewickelt werden wird. Ihr Gesicht hat sie in die andere Hand gestützt und blickt versonnen auf den Säugling, der den einen Arm nach ihr ausstreckt und zu ihr hinschaut.

Auf der linken Seite des Bildes befinden sich im Hintergrund zwei Frauen, Elisabeth, die Mutter des Täufers, und eine Begleiterin. Sie bleiben im Dunklen, Zacharias hingegen, der Mann Elisabeths, ist in Licht getaucht. Stumm geworden, weil er der Verkündigung der Geburt nicht hatte glauben wollen und um ein göttliches Zeichen gebeten hatte, schreibt er den Namen des Kindes auf einen Zettel. Ein weiterer Zettel liegt vor ihm am Boden, so als sei er von dem kleinen Tisch gefallen, an dem Zacharias sitzt. Auf ihm steht ARTEMITIA / GINTILES. Früher soll die Signatur noch durch die Buchstaben CHI ergänzt gewesen sein, die bei einer Säuberung des Bildes 1985 als spätere Zufügung vermutet und entfernt wurden.

Die Einbindung einer zeitgenössischen Genreszene in ein sakrales Werk ist nicht Artemisias Erfindung. Die Geburtsszenen von Maria und Johannes wurden schon in früheren Bildern zeitgenössisch umgedeutet. Doch es waren immer Bilder von Männern, die natürlicherweise eine andere Perspektive auf das Geschehen hatten als Frauen. Artemisia hat sich mit dieser Komposition zwar an die Tradition gehalten, wie diese Geburtsszene dargestellt wurde mit Elisabeth im Hintergrund und dem schreibenden Zacharias weiter vorne. Dennoch zeigt sie die Stube einer Wöchnerin aus der Perspektive einer Frau, die selbst eine ganze Reihe von Geburten erlebt und erlitten hatte. Beleuchtet von einer Lichtquelle außerhalb des Bildes, stehen die vier Frauen im Fokus. In ihren Kleidern in verschiedenen Farben, den Interaktionen und Handlungen bieten sie das professionelle Bild einer Szenerie kurz nach der Geburt in einem Haus des 17. Jahrhunderts.

Der spanische Kleriker Martín de León y Cárdenas wurde im April 1631 zum Bischof von Pozzuoli ernannt, sein Freund, der Graf von Monterrey, kam einen Monat später in Neapel an, um dort das Amt des Vizekönigs anzutreten. Man kann davon ausgehen, dass die beiden sich über die Künstlerschaft in Neapel austauschten und dass sich der Bischof bei der Erneuerung der Kathedrale von Pozzuoli auch von dem Vizekönig in der Wahl seiner ausführenden Künstler:innen beraten ließ.

Pozzuoli liegt westlich von Neapel am Meer, ist ein Zentrum der Phlegräischen Felder, seit der Antike berühmt für seine heißen Quellen und für die Puzzolan-Erde, einem Bestandteil des römischen opus caementinum, einer Art Beton. Pozzuoli ist aber auch mit dem heiligen Januarius (Gennaro) eng verbunden, denn hier wurde er 304 enthauptet, nachdem ihm erst das Feuer in einem Ofen nichts anhaben konnte und dann die wilden Tiere, die ihn zerreißen sollten, sich ihm zu Füßen legten. Er ist der Titelheilige des Doms von Neapel (sein in einer Ampulle aufbewahrtes Blut verflüssigt sich jährlich an seinem Hauptfesttag), nicht aber derjenige der Kathedrale von Pozzuoli. Sie ist dem heiligen Prokolus geweiht, der gemeinsam mit Januarius das Martyrium in Pozzuoli erlitt.

1631 hatte ein Vulkanausbruch des Vesuv Pozzuoli verschont, für den neuen Bischof Anlass genug, die alte Kathedrale zu erneuern. Bei dieser Gelegenheit sollte auch ein neues Bildprogramm geschaffen werden, mit dem der Bischof mehrere Künstler:innen beauftragte, darunter Agostino Beltrano,[131] Paolo Finoglia,[132] Cesare Fracanzano,[133] Giovanni Lanfranco,[134] Massimo Stanzione[135] und Artemisia, von der drei Bilder stammten: *Der heilige Januarius im Amphitheater von Pozzuoli; Der heilige Prokolus und seine Mutter Nicea; Die Anbetung der Hirten.* Insgesamt waren 1640 elf Gemälde fertiggestellt,[136] die Geschichten aus dem Leben Jesu und verschiedener Heiliger, die mit Pozzuoli in Verbindung standen, schilderten. Die um die drei Meter hohen und zwei Meter breiten Gemälde befanden sich über dem Chorgestühl und konnten auch aus größerer Entfernung noch betrachtet werden.

Auf dem Gemälde mit dem heiligen Januarius steht der heilige Bischof in den Ruinen des Amphitheaters, umgeben von seinen Begleitern, die mit ihm den Märtyrertod sterben werden. Der heilige Prokolus, ebenfalls in liturgische Gewänder gekleidet, ist neben dem Bischof auf die Knie gesunken und streckt die gefalteten Hände zum Himmel empor. Auf der anderen Seite befinden sich die wilden Tiere. Ein Löwe leckt dem Heiligen die Füße, ein weiterer steht hinter ihm und noch etwas nach hinten gerückt richtet sich ein Bär zu voller Größe auf.[137]

Die Bilder in Pozzuoli werden unterschiedlich datiert. Vor 1632 dürfte sich der Bischof keine Gedanken über den Bilderzyklus gemacht haben. Finoglias Bild muss allerdings 1635 vollendet gewesen sein, da er damals Neapel verließ und sich anderen Aufgaben zuwandte. Auch Artemisias Bilder werden in diese Zeit datiert.

Gleichzeitig widmete sie sich noch einer weiteren Aufgabe. Am 5. Mai 1635 ist eine letzte Zahlung von 250 Dukaten[138] an Artemisia dokumentiert, die der Fürst Karl Eusebius von Liechtenstein seinen Neapolitaner Agenten anweisen ließ. Artemisia hatte insgesamt 600 Dukaten erhalten, um dafür drei Bilder zu malen: eine *Susanna*, eine *Bathseba* sowie *Lukrezia und Sextus Tarquinius*. Die Gemälde sollten eine Höhe von 11½ palmi haben, das sind gut drei Meter. Ob und wann Artemisia die Bilder lieferte, ist ebenso wenig bekannt wie ihr heutiger Aufenthaltsort. In den Sammlungen der Fürsten von Liechtenstein sind sie nicht verzeichnet, auch nicht als spätere Abgänge. Alle drei Motive hat Artemisia mehrfach gemalt und natürlich ist versucht worden, erhaltene Gemälde mit diesem Auftrag in Verbindung zu bringen.

Bei den anderen beiden Aufträgen kennen wir die Bilder, die durch ihre Signaturen der Malerin zugewiesen werden können, hier kennen wir die Modalitäten. Erstaunlich daran ist die Summe, die Artemisia dafür bezahlt bekam im Vergleich zu einem der damals tonangebenden Maler in Neapel, Jusepe de Ribera. Dieser erhielt in etlichen Fällen bei vergleichbaren Werken sehr viel mehr Geld. So ist dokumentiert, dass er 1637 für eine nicht ganz so große *Beweinung Christi* (Neapel, Certosa di San Martino) 400 scudi bezahlt bekam und damit mehr als doppelt so viel wie Artemisia für eines der Bilder für den Fürsten von Liechtenstein. Doch der Fürst verlangte auch nach Bildern dieses seit 1615 in Neapel lebenden spanischen Malers und wies am 7. Mai 1635 seinem Agenten in Neapel eine Anzahlung von 100 Dukaten an für den Auftrag an Ribera, zwölf Philosophen für den Fürsten zu malen. Die Bilder sollten nur fünf auf vier palmi messen, also in etwa 1,30 x 1 Meter, allerdings waren es zwölf mit jeweils einer Person und Ribera sollte insgesamt die Summe von nur 500 Dukaten erhalten, was im Vergleich zur Summe, die Artemisia erhalten hatte, deutlich weniger war. 1637 hatte er erst sechs Philosophen vollendet und erhielt insgesamt

250 Dukaten. Die Gemälde befanden sich nachweislich in den Fürstlichen Sammlungen und wurden Ende der 1950er-Jahre verkauft. Heute sind sie auf verschiedene Orte verteilt, teils in Museen, teils in Privatbesitz.

Möglicherweise hatte Ribera die Lust an dem Auftrag verloren, auch weil er ihm zu niedrig dotiert erschien. Möglicherweise hatte er sogar erfahren, dass Artemisia für ihre Bilder mehr erhalten hatte.

Artemisias Werkstatt in Neapel

Artemisia arbeitete offensichtlich von Anfang an in Neapel in einer eigenen Werkstatt. Dort muss sie Gehilfen, vielleicht sogar Lehrlinge gehabt haben. Ihre 1617 in Florenz geborene Tochter Prudenzia lebte bei ihr in Neapel und malte ebenfalls, wie durch Reymes überliefert ist und Artemisia selbst in einem Brief vom 11. Dezember 1635 dem Sekretär des toskanischen Großherzogs, Andrea Cioli, mitteilte. Prudenzia ging wohl bei ihr in die Lehre, so wie sie selbst seinerzeit bei ihrem Vater. Später, als Artemisia aus London wieder nach Neapel zurückgekehrt war, ging sie eine Ateliergemeinschaft mit Onofrio Palumbo ein. Ob er auch bei ihr gelernt hat, wie der Maler und Kunstschriftsteller Bernardo de Dominici in seiner Schrift über die Neapolitaner Künstler[139] berichtete, die etwa 100 Jahre später erschien, ist nicht gesichert.

Schon zu Beginn ihrer Zeit in Neapel arbeitete Artemisia bei zwei großen Aufträgen zusammen mit Malerkollegen. Allerdings waren sie für die Bilder jeweils allein verantwortlich und so signierte Artemisia auch sowohl die *Geburt Johannes des Täufers* (Farbtafel 12) als auch die drei Gemälde für die Kathedrale von Pozzuoli nur mit ihrem Namen. Bernardo de Dominici berichtete dann aber in der Vita von Domenico Gargiulo, gen. Micco Spadaro, dass sich im Haus des Doktors Luigi Romeo neben zahlreichen anderen Werken zwei Bilder befänden, bei denen man meinen könnte, sie seien von Guido Reni gemalt. Es handele sich um eine *Bathseba* und eine *Susanna*, „gemalt von der berühmten Artemisia Gentileschi“,[140] die Architektur von Viviano, Bäume und Veduten von Spadaro.

Spätestens seit 1634 arbeiteten der aus Bergamo stammende Viviano Codazzi und Domenico Gargiulo eng zusammen, wobei Codazzi für die Architektur, Gargiulo für die Staffagen und Landschaften zuständig war. Solche Zusammenarbeiten waren damals durchaus üblich. Artemisias Vater und Agostino Tassi hatten in Rom gemeinsam Fresken ausgeführt, Orazio die Figuren, Tassi die Architekturmalerei. Doch das war dokumentiert, ebenso wie die Zusammenarbeit von Codazzi und Gargiulo, nicht aber die mit Artemisia.

Bei den von Dominici erwähnten Bildern wurde der Versuch einer Identifizierung unternommen: Die *Bathseba* könnte mit dem Bild identisch sein, das sich heute im Museum of Art in Columbus/Ohio befindet und Artemisia zugeschrieben wird. Auf dem Gemälde sind nicht nur Bathseba und ihre Dienerinnen zu sehen, sondern auch ein großer Palast, Bäume, Büsche und ein teilweise mit Wolken bedeckter Himmel. Die *Susanna* hingegen wollte man in einem Bild erkennen, das 1995 und 2022 bei Sotheby's versteigert wurde und sich wieder in einer Privatsammlung befindet. Die Idee, in ihnen ein Bildpaar sehen zu wollen, überzeugt schon deshalb nicht, weil die Architekturen in beiden Bildern auf der linken, die Bäume und Büsche auf der rechten Seite zu finden sind und sich nicht spiegeln. Außerdem wird die *Susanna* inzwischen mehrheitlich Bernardo Cavallino zugewiesen, einem weiteren Neapolitaner im Umkreis von Massimo Stanzione. Und auch andere Bilder gelten für die einen als Artemisias Werke, für andere als Cavallinos.

Schon das zeigt, wie problematisch diese Zuschreibungen sind, zumal, wenn auch noch mehrere Maler:innen ein Bild ausgeführt haben sollen. Ein 1989 erstmals publiziertes Bild (Abb. S. 158) zeigt dies sehr deutlich. Bei den zwei Figuren in einer Landschaft handelt es sich um die Nymphe Corisca, die von einem Satyr bedrängt und an den Haaren gepackt wird. Als sie sich losreißt, fällt er nach hinten um und hält eine Perücke in der Hand, Corisca entflieht.[141]

Das Bild galt bei seiner Entdeckung als ein Werk von Diana (auch Annella) de Rosa, der Frau von Agostino Beltrano, mit dem Artemisia gemeinsam in Pozzuoli gemalt hatte. Diana stammte aus einer Künstlerfamilie und soll in der Werkstatt von Stanzione mitgearbeitet haben. Es haben sich jedoch keine gesicherten Werke von ihr erhalten, sie sind lediglich dokumentarisch überliefert. *Corisca und der Satyr* wurde wenig später Stanzione zugewiesen, kurz darauf meldeten sich erste Zweifler, die es

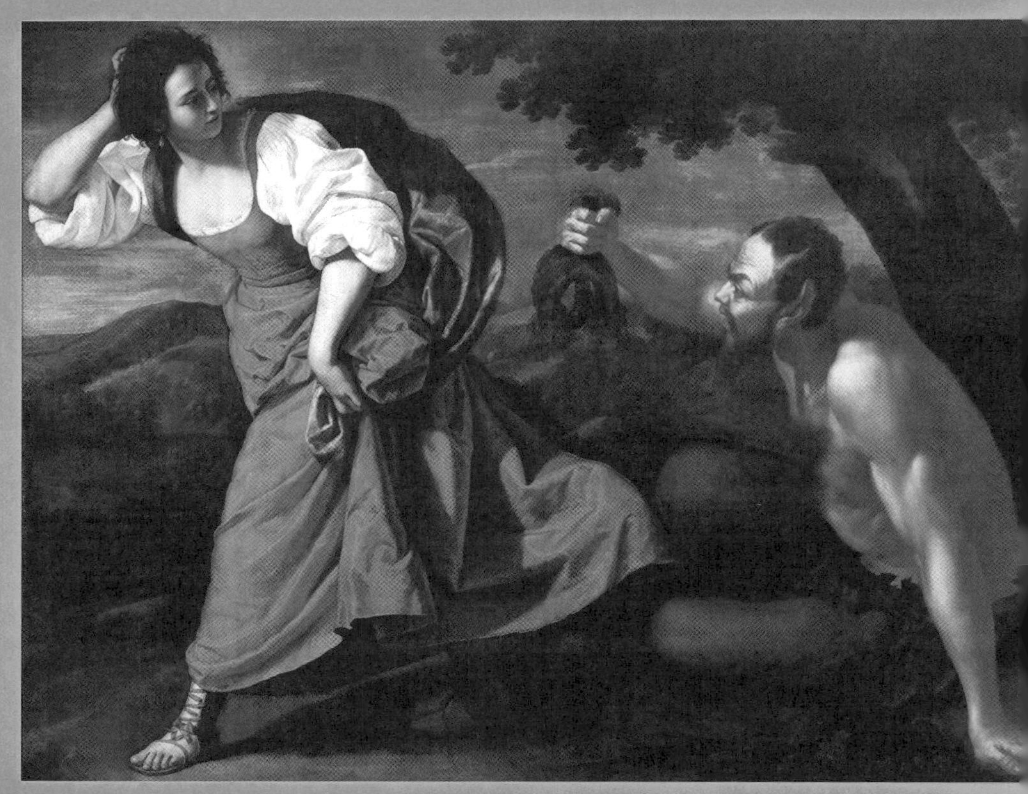

Die Geschichte *Corisca und der Satyr* stammt aus der 1590 erstmals publizierten Tragikkomödie *Il pastor fido*, die damals sehr beliebt war, aber nur selten ins Bild umgesetzt wurde.

als Werk von Artemisia erkannt haben wollten. Und tatsächlich, bei der Restaurierung des Bildes fand sich auf dem Baumstamm ihre Signatur: ARTIMISIA / GENTILES / CHI, die auf Reproduktionen allerdings nicht zu erkennen ist.

Nun wird die Malerin ihre Signatur kaum auf den Baumstamm gesetzt haben, wenn nicht sie, sondern Gargiulo oder ein anderer Maler für diesen Teil des Gemäldes verantwortlich gewesen wäre. Dasselbe gilt für das großformatige Gemälde mit dem heiligen Januarius in der Kathedrale von Pozzuoli. Denn auch hier wird vermutet, dass Codazzi die Architektur malte, signiert hat das Bild allerdings nur Artemisia.

Die Zuschreibung an die verschiedenen Maler:innen macht vor allem deutlich, dass sie sich gegenseitig stark beeinflussten, weshalb eine Unterscheidung nur aus stilistischen Gründen nicht immer möglich ist. Und so mag sich auch Artemisia bei ihren Landschafts- und Architekturdarstellungen an Werken von Codazzi und Gargiulo orientiert haben, ebenso wie die Tochter und die Gehilfen in ihrer Werkstatt.

Artemisias Korrespondenzen

Nachdem Artemisia 1630 einige wenige Briefe an ihren römischen Förderer Cassiano Dal Pozzo geschrieben hatte, nahm sie 1635 diese Korrespondenz wieder auf, erweiterte sie aber noch um einige andere Personen. In ihnen kündigte sie Bilder an, die sie den Herrschern schicken wollte, häufig durch den Bruder Francesco. Wie so viele andere Künstler auch, hatte Orazio immer wieder von sich aus kleinere Gemälde an potenzielle Käufer gesandt, um Werbung für sich zu machen. Artemisia machte es ihm nach, vielleicht angeregt durch Francesco, der sowohl für den Vater als auch für Artemisia arbeitete, das Geld für Gemälde, das er in Empfang nahm, allerdings nicht immer ablieferte, wie Artemisia Galileo Galilei empört berichtete.

Einer der Adressaten war Francesco I. d'Este, seit 1629 Herzog von Modena und Reggio. In ihrem ersten Brief[142] an ihn betonte sie, dass sie allen bedeutenden Herrschern Europas gedient habe, „denen meine Werke teuer sind, seien sie auch Früchte eines Baumes, der solche hervorzubringen eigentlich nicht die Kraft hat."[143] Diese Passage ist nicht nur wegen der Bescheidenheitsfloskel bemerkenswert, Artemisia zitierte vor allem einen

Vers aus einem Sonett von Michelangelo und stellte damit einmal mehr ihre Belesenheit unter Beweis.

Das Dankesschreiben des Herzogs hat sich in einer Abschrift erhalten. In ihm versicherte er ihr, dass er „in ihrer [der Bilder] Schönheit Eure Fertigkeit erkannt“ habe „und in diesem Geschenk Eure Großzügigkeit.“[144] In ihrer Antwort[145] kündigte Artemisia ihren Besuch in Modena an auf einer Reise, die sie nach Florenz unternehmen wollte. Diese Reise erwähnte sie auch in späteren Briefen, ob sie jemals stattgefunden hat, ist nicht dokumentiert.

Einen anderen Brief richtete sie an den Großherzog der Toskana, Ferdinando II. de' Medici.[146] Daraus erfahren wir, dass sie eine Einladung des Königs nach England erhalten hatte, diese jedoch erst annehmen könnte, wenn sie die Aufträge für den König von Spanien vollendet habe. Artemisia ließ den Großherzog also wissen, dass sie für zwei Könige arbeitete, und hegte dabei wohl die Hoffnung, dass Ferdinando sie nun seinerseits bitten würde, sich stattdessen in seine Dienste zu begeben. Dieser Hoffnung verlieh sie noch Ausdruck, indem sie ihm zwei Bilder zukommen ließ.[147] Doch Ferdinando bedankte sich noch nicht einmal für die Bilder und entlohnte sie auch nicht dafür. Das schrieb sie erbittert an Galileo Galilei.[148] Der hatte inzwischen die Prozesse wegen seiner Aussagen über das Verhältnis von Sonne und Erde überstanden und lebte seit Dezember 1633 wieder in seiner südlich von Florenz gelegenen Villa in Arcetri, allerdings für den Rest seines Lebens unter Hausarrest. Dahin adressierte Artemisia den Brief, aus dem eindeutig hervorgeht, dass sie den Gelehrten seit Florentiner Tagen kannte, denn sie erinnerte ihn dankbar daran, dass sie der Großherzog Cosimo allein durch seine Vermittlung für das Bild der Judith entlohnt hatte. Jetzt bat sie ihn erneut um Hilfe, weil sich der Großherzog für die beiden großen Gemälde, die sie ihm geschenkt hatte, noch nicht einmal bedankt hatte. Galilei gegenüber behauptete sie nun, sie habe von allen anderen Herrschern Europas Geschenke und Dankesbriefe erhalten. Sie würde aber die kleinste Gunstbezeugung Ferdinandos, ihres „natürlichen Prinzen“,[149] mehr wertschätzen als diejenigen der Könige und Fürsten Europas, vor allem, weil sie ihm dienen und in die Heimat zurückkehren wolle. Nach weiteren Lobeshymnen auf den Charakter des Großherzogs einerseits und dem Unverständnis seines Verhaltens ihr gegenüber andererseits bat sie Galilei, ihr zu schreiben, warum der Großherzog nicht antworte.

Artemisia beschenkte Fürstenhäuser, um neue Aufträge zu erhalten oder gar in höfische Dienste übernommen zu werden. Zu den bisherigen Herrscherhäusern, die sie stolz und selbstbewusst aufzählte, nannte sie als neuen Auftraggeber den Herzog von Guise, Karl I. von Lothringen, der seit 1631 im Exil in Florenz lebte.[150] Bei dem Bild, von dem Artemisia in diesem Zusammenhang sprach, handelte es sich möglicherweise um das Gemälde *Clio, die Muse der Geschichte*.[151] Der Brief an Galilei erweckt außerdem den Eindruck, dass sie nach Florenz zurückkehren wollte. Das war aber ohne großherzogliche Erlaubnis nicht möglich. Wollte sie vielleicht wieder in der Nähe von Maringhi leben, der sich zu der Zeit zwar gerade in Neapel aufhielt, aber erst sehr viel später ganz dahin übersiedelte? Der Bankier war gut mit Galilei befreundet, insofern traute sich Artemisia wohl in diesem Brief, ihn zu erwähnen. Denn im Postskriptum bat sie Galilei, seine Antwort „an die Adresse des Signor Francesco Maria Maringhi“[152] zu adressieren. In ihren anderen Korrespondenzen tat sie das nicht.

Immerhin scheint sie auf Galileis Intervention hin Antwort aus Florenz erhalten zu haben, wenn auch nicht vom Großherzog persönlich, denn am 20. November richtete Artemisia einen Dankesbrief an den Sekretär des Großherzogs Andrea Cioli, den sie noch aus ihrer Florentiner Zeit kannte. Einen Monat später[153] schickte sie ihm ein Bild der *Heiligen Katharina*, außerdem eines, das ihre Tochter Prudenzia gemalt hatte. Immer wieder bat sie darum, nach Florenz kommen zu können. Als Termin nannte sie den März 1636, wenn der Vizekönig Neapel verlassen würde. Er blieb jedoch bis 1637. Artemisia jammerte weiterhin über das Leben in Neapel: „Denn weiter in Neapel zu bleiben bin ich nicht gewillt, sowohl der Kriegswirren als auch des schlechten Lebens und der hohen Preise wegen.“[154] Außerdem[155] informierte sie Cioli darüber, dass sie nach Pisa fahren müsse, um dort ein Stück Land zu verkaufen, weil sie das Geld für die Mitgift einer Tochter brauchte. Bei der Gelegenheit käme sie nach Florenz. Ob Artemisia tatsächlich in Pisa und Florenz war, ist nicht bekannt. Die Tochter scheint damals noch nicht geheiratet zu haben, denn eineinhalb Jahre später[156] erwähnte sie in einem Brief an Dal Pozzo erneut die Hochzeit ihrer Tochter.

Aber hatte sie zu dem Zeitpunkt nur eine Tochter? An Cioli schrieb sie, sie müsse eine Tochter verheiraten (una mia figliuola), nicht ihre, und sehr viel später, 1649, brauchte sie wieder Geld für eine Mitgift. Gab es eine zweite, in Neapel geborene Tochter, die sie vielleicht sogar mit nach London nahm?

Dal Pozzo gegenüber äußerte sie mehrfach[157] den Wunsch, nach Rom zu kommen. Wann Artemisia aus Neapel abreiste, ob sie in Rom Station machte, um dort ihren Freunden und Gönnern zu dienen, wie sie in diesem letzten Brief schrieb, oder sich in Begleitung ihres Bruders und vielleicht ihrer kleineren Tochter gleich auf den Weg nach London machte, wissen wir nicht.

In diesen letzten Briefen an Dal Pozzo ist wieder davon die Rede, dass sie nun endlich das Selbstbildnis schicken würde, darüber hinaus ein Bild für Monsignor Filomarino, den späteren Kardinal und Erzbischof von Neapel, sowie zwei Gemälde für die Kardinäle Antonio und Francesco Barberini, einen *Christus und die Samariterin am Brunnen* und einen *Johannes in der Wüste*. Das erste Bild konnte inzwischen identifiziert werden.

Ruhmreiche Gedichte auf Artemisia und ihre Bilder

Nicht nur in Venedig, auch in Neapel wurden Artemisia und ihre Bilder in Gedichten gerühmt. Erstaunlicherweise handelte es sich bei den von den Poeten erwähnten Bildern nicht um diejenigen, die durch ihre Signatur oder Dokumente bekannt sind, sondern um andere. Die meisten Bilder erwähnt der Neapolitaner Dichter Girolamo Fontanella, dessen neun Gedichte über Artemisia in zwei Bänden erschienen.[158] Das erste seiner Gedichte über Artemisia dürfte er nach 1633 verfasst haben. Zwei weitere Gedichte stammten von einem Freund Fontanellas, Francesco Antonio Cappone.[159] Beide waren Mitglieder der Accademia degli Oziosi, also der Akademie der Müßiggänger, zu der zahlreiche Literaten zählten und die 1611 unter der Schirmherrschaft des damaligen Vizekönigs gegründet worden war. In ihrem Dunstkreis bewegten sich namhafte bildende Künstler, darunter auch Massimo Stanzione. Insofern wird Artemisia in den Literatenkreisen ebenfalls bekannt gewesen sein.

Konkret finden fünf Bilder Erwähnung: *Apollo, der den Python tötet*, *Apollo mit der Leier*, ein *Porträt von Girolamo Fontanella*, ein *Porträt von Adriana Basile*, ein *Selbstbildnis*.

Zwei der Bilder, *Apollo mit der Leier* und das *Porträt des Dichters*, malte Artemisia für Fontanella, wie wir aus den Gedichten erfahren und wie es dann später zumindest im Fall des *Apollo* auch Giovanni Canale in einem Gedicht von 1667 bestätigte. Interessant ist auch die Tatsache, dass Artemisia die damals berühmte Sängerin Adriana Basile malte, die 1630 Neapel verließ und wohl erst 1640 wiederkehrte. Da das Gedicht bereits 1640 publiziert wurde, muss Artemisia jenes Bild sehr bald nach ihrer Ankunft in Neapel gemalt haben.

In den ersten beiden, 1638 erschienenen Gedichten wird Artemisia in höchsten Tönen gelobt. Immer wieder wird die Hilfe der Götter beschworen, wenn es um ihr Talent geht, zum Beispiel um „Deine wundersam hervorragende Hand / die so schöne Bilder ersinnt und malt."[160] Artemisia überträfe mit ihrer Malerei die Gottheiten Flora und Iris, die die Blumen auf den Wiesen und den Regenbogen an den Himmel malen. Und ihre Schönheit sei vergleichbar mit derjenigen der Göttinnen Venus, Minerva und Juno. Diese Anspielung auf die Vorgeschichte des Trojanischen Krieges, bei der Paris die Schönste der drei Göttinnen erwählen sollte und sich für Venus entschied, ist eine von vielen, die sich in den Gedichten finden.

Die beiden Gedichte Cappones reflektieren noch einmal diejenigen des Freundes, beziehen sich aber nicht auf spezielle Bilder. In beiden findet sich der Vergleich von Artemisia mit Aurora, mit der die Farbe nach der Nacht zurückkehrt.

Diese Gedichte kannte mit Sicherheit der ebenfalls in Neapel lebende Giovanni Canale, dessen Lobeshymnen über Artemisia 1667 erschienen und in denen er auch darauf verwies, dass Fontanella das Bild *Apollo mit der Leier* besessen hatte. Im zweiten Gedicht betont er, dass Artemisia ebenso schön wie berühmt sei, sie, die von der ganzen Welt bewundert würde. Darauf reagierte Tommaso Gaudiosi 1671 mit einem weiteren Sonett, in dem er Artemisia als Malerin des Himmels bezeichnete.

Die Gedichte von Fontanella und Capponi machen einmal mehr deutlich, wie bekannt Artemisia in Neapel war, wie begehrenswert ihre Bilder. Durch die späteren Gedichte von Canale und Gaudiosi wissen wir, dass ihr Rum auch nach ihrem Tod noch anhielt.

VIII Zwischenspiel London

„in den Dienst der Krone Englands aufgestiegen“

Artemisia Gentileschi, 16.12.1639

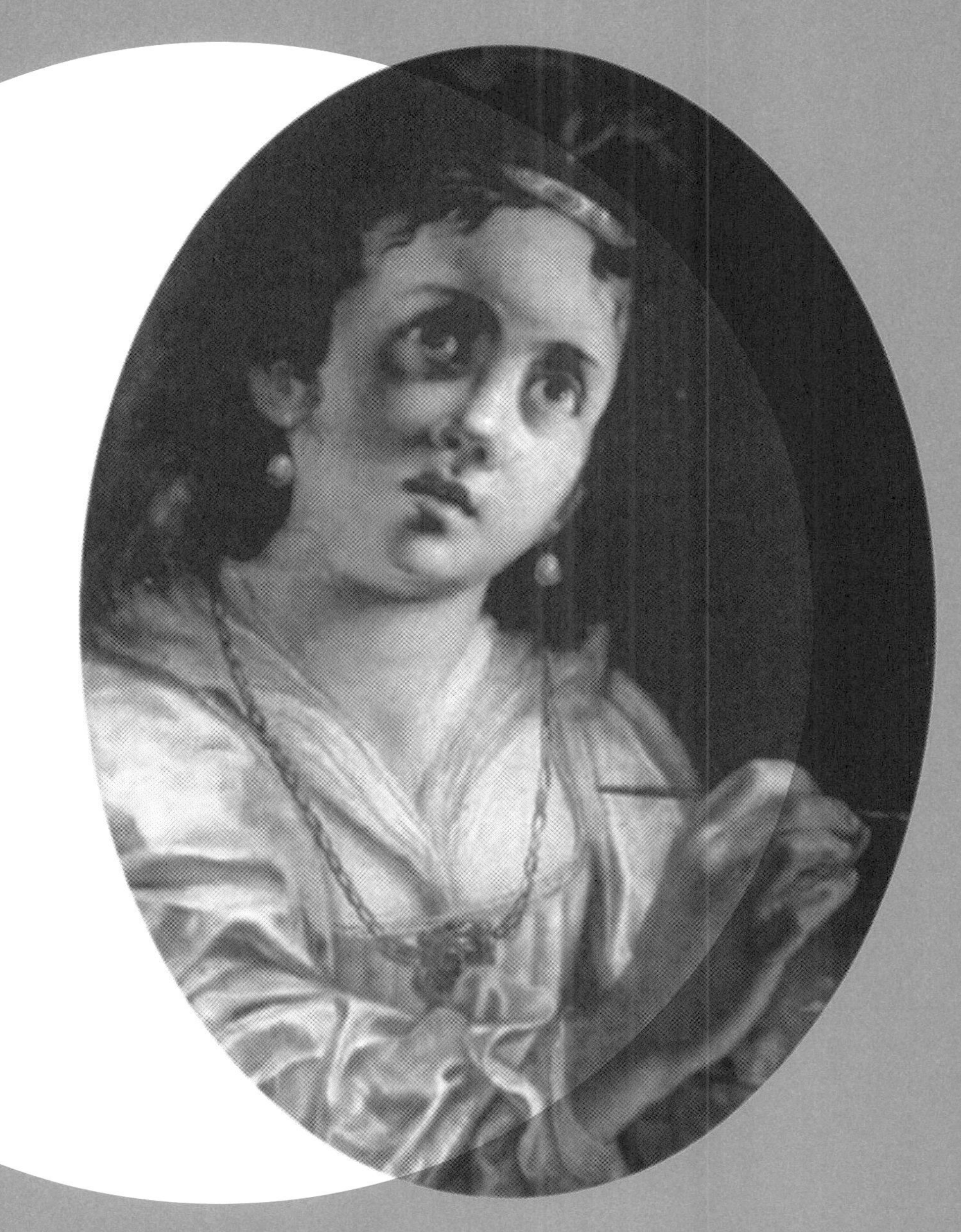

Im Dienste Ihrer Majestät

Bereits im Januar 1635 hatte Artemisia an Herzog Francesco I. d'Este geschrieben, dass der König von England sie in seine Dienste nehmen wolle. Doch sie blieb in Neapel und sehnte sich wohl mehr nach Florenz oder Rom, wenn man ihren weiteren Briefen Glauben schenkt. In ihrem letzten bekannten Brief aus Neapel vom 24. November 1637 an Cassiano Dal Pozzo erwähnte sie England mit keinem Wort, weshalb es unwahrscheinlich ist, dass sie schon kurz danach aufbrach. Außerdem wird sie wohl kaum im Winter eine solch lange Reise unternommen haben.

Machte sie in Rom, in Florenz, in Genua Station? Reiste sie dann anschließend über Paris? Kam sie nach Flandern? Fuhr sie in einer Kutsche oder ritt sie gar selber? Wer transportierte ihr Gepäck? Wie lange brauchte sie für die Strecke von ungefähr 2000 Kilometern? Hat sie ein Tagebuch geführt?

Wir wissen es nicht. Auch nicht, wann sie in London (Abb. S. 167) ankam und wie lange sie dort blieb. Im Dezember 1639 scheint sie jedoch schon länger dort gewesen zu sein, da sie am 16. Dezember an den Herzog von Modena und Reggio, Francesco I. d'Este, einen Bittbrief schrieb. Artemisia wollte nach Italien zurückkehren. Und so schmeichelte sie dem Herzog, indem sie ihn als einen Förderer der Künste rühmte, der den Anstoß zur Kreativität liefere. Und sie fuhr fort: „... nicht zufrieden, dass ich in den Dienst der Krone Englands aufgestiegen, die mir große Ehren und vorzüglichste Gnaden erweist, scheine ich meine ehrgeizige Sehnsucht allein befriedigen zu können, indem ich Euch wiederum mit jenem anderen meiner Brüder, den Ihre Majestät die Königin, seine und meine Herrin, im Verfolg Ihrer Interessen nach Italien entsendet, diese meine kleine Arbeit schicke, die zwar bar jeder Vollkommenheit, jedoch reich an tief empfundenen Respekt ist, den ich vor euch bekenne."[161]

Artemisia hatte also wieder einmal Bilder geschickt, und zwar nicht nur eines, wie sie schrieb, sondern zwei, wie auf dem Brief nach seiner

S. 165: Selbstbildnis als Allegorie der Malerei, um 1612/13?

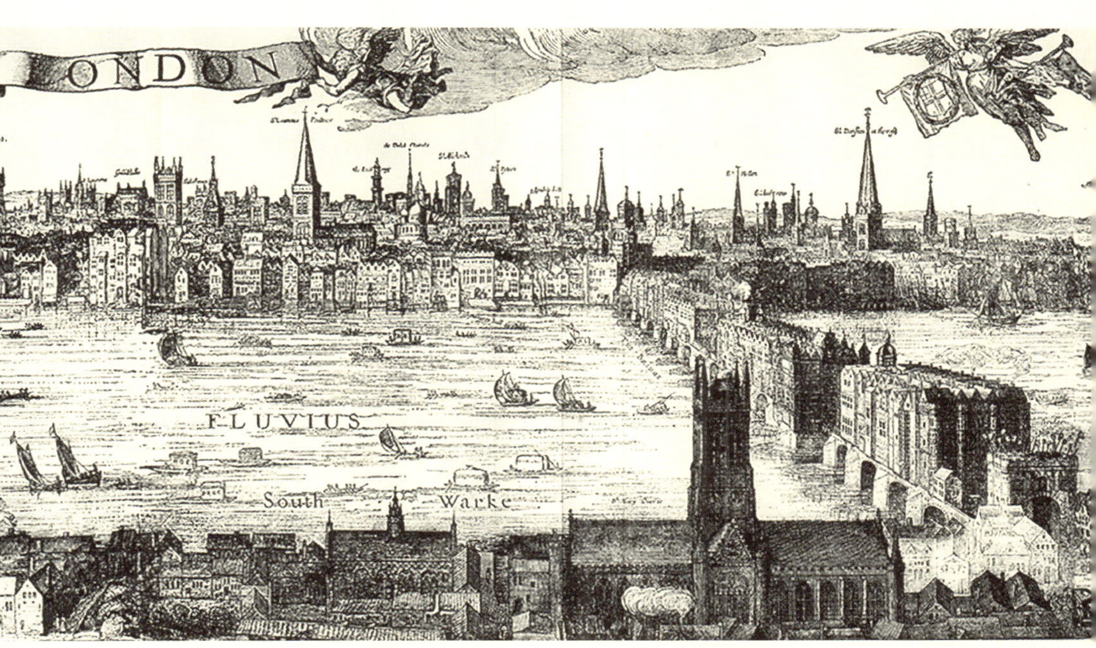

Das Panorama von London, wie es sich 1616 präsentiert, wird sich bei Artemisias Ankunft in der Stadt kaum verändert haben.

Ankunft vermerkt wurde. Bote war diesmal offensichtlich nicht der Bruder Francesco, sondern Giulio oder Marco. Sie selbst und ihre Brüder standen wohl eher im Dienste Ihrer Majestät, Königin Henrietta Maria, als in dem des Königs. Die Frau von Karl I. war eine Tochter von König Heinrich IV. von Frankreich und der zu der Zeit bereits in Ungnade gefallenen Maria de' Medici, die sich seit 1638 ebenfalls in London aufhielt und die Artemisia in dem Brief auch als ihre Herrin bezeichnete. Als Katholikin war Henrietta Maria im anglikanischen England nicht besonders beliebt, und als Artemisia nach England kam, waren die Unruhen, die 1642 in einen Bürgerkrieg mündeten, schon in vollem Gange. Ihren Vater erwähnte Artemisia in dem Brief nicht. Er war am 7. Februar 1639 gestorben. Hatte sie ihn noch lebend angetroffen?

Der Vater

Orazio hatte ab 1621 in Genua gelebt und war von dort 1624 auf Einladung von Maria de' Medici nach Paris gegangen, um in ihrem Dienst zu arbeiten. Als dann der Duke of Buckingham, George Villiers, 1625 nach Paris kam, um die Modalitäten wegen der Hochzeit des Königs mit Henrietta Maria zu regeln, hatte er auf dem Rückweg zwei Bilder von Orazio mit im Gepäck, die dann wohl den Anlass gaben, dass der Maler eine Einladung des Königs erhielt, der er Folge leistete. Im Herbst 1626 kam er gemeinsam mit seinen vor allem als Kunstagenten tätigen Söhnen dort an und stand bald im Dienst des Königs, erhielt eine Leibrente und durfte ab 1629 den Titel „Autor der Bilder Ihrer Majestät" tragen. 1633 begann er, Bilder nach Spanien und Florenz zu schicken, um die dortigen Herrscher dazu zu bewegen, ihn einzuladen. Er erhielt zwar Geldzuweisungen, die erhoffte Einladung blieb aber aus.

England war zwar damals zur größten Seemacht aufgestiegen und besaß eine blühende Wirtschaft, London schickte sich an, Neapel bevölkerungsmäßig zu überflügeln, doch Kunst und Künstler:innen wurden vom Kontinent importiert, nicht nur Orazio und Artemisia.

In die nicht ausbleibenden Intrigen der Künstlerschaft am Hof waren auch Peter Paul Rubens und Anthonis van Dyck involviert, die sich beide in London aufhielten, Rubens um 1629/30, van Dyck ab 1632 als Hofmaler. Damals wechselte Orazio in den Dienst der Königin und begann 1635 für ihr Queen's House genannte Schloss in Greenwich, die Deckengemälde für die große Halle zu malen.[162] Wahrscheinlich waren die Bilder im September 1638 vollendet. Auf ihnen ist die Allegorie des Friedens, umgeben von den sieben freien Künsten, weiteren Allegorien, den neun Musen und den Personifikationen der Künste dargestellt. Den in die Decke integrierten Leinwandbildern merkt man das Alter ihres Autors an. Orazio war nicht nur alt, sondern auch krank. Wahrscheinlich haben ihm seine Söhne bei der Ausführung geholfen, ebenso wie Artemisia, nachdem sie in London angekommen war. Doch auch das ist nicht sicher belegt. Der Zustand der Gemälde erschwert eine Unterscheidung der verschiedenen Hände, bei der bisher nur Artemisia und Orazio als Ausführende berücksichtigt wurden. Doch auch schon wer von den beiden welche der 25 Figuren malte, wird unterschiedlich beurteilt. Die Gesamtkomposition stammte aber sicher von Orazio, das Konzept hingegen könnte von Inigo Jones herrühren, dem Erbauer von Queen's House. Er orientierte sich dabei an der Iconologia von Cesare Ripa.

Im Sommer 1639 wurde das Testament des am 7. Februar gestorbenen Orazio eröffnet. Erben waren die drei Söhne. Artemisia ging leer aus, hatte sie doch schon ihre Mitgift erhalten. Das war ein üblicher Vorgang und kein Indiz dafür, dass er sie vergessen hatte, weil sie noch nicht in London angekommen war. Auch dieses Argument wird für eine spätere Ankunft immer wieder ins Feld geführt.

Die Bilder für den englischen Hof

Aus mehreren Briefen von Artemisia wissen wir, dass der König von England bereits Bilder von ihr besaß, bevor sie sich selbst auf den Weg machte. Eines von ihnen, das *Lukrezia und Sextus Tarquinius* darstellt, fand bereits 1634 Erwähnung, als es um einen Rahmen für dieses und andere Gemälde von Orazio ging. 1639 wurde es im Inventar der königlichen Sammlung gelistet.[163] Dort fanden sich auch noch eine *Susanna mit den beiden Alten* und eine *Allegorie der Fama*, also des Ruhms, die von den Maßen her mit keinem der Bilder identisch sein kann, die von Artemisia bekannt sind.

Nach der Hinrichtung des Königs 1649 wurde ein neues Inventar seiner Sammlungen erstellt. In ihm finden sich weitere Gemälde von der Hand der Malerin: *Heilige(r) mit Hand auf Früchten*, eine *Badende Diana*, ein *Selbstporträt* und eine *Allegorie der Malerei*. Zwei von diesen Gemälden werden heute mit erhaltenen Bildern in Verbindung gebracht. Bei dem einen handelt es sich allerdings nicht um eine Heilige, sondern um eine *Kleopatra*, die in ein blaues Gewand mit goldenen Ornamenten gekleidet ist, das nur eine Brust bedeckt. Sie steht neben einem steinernen Postament, das zum Teil von einem gelben Tuch verhüllt ist, aber den Blick auf das Relief an der Front freigibt, einer Frau mit flatternden Gewändern. Dahinter verunklärt ein roter Vorhang die Raumsituation.

Kleopatra hat den Blick nach oben gerichtet, während ihre Hand auf dem steinernen Sockel ruht, auf dem sich auch noch ein Fruchtkorb mit Trauben und Feigen befindet. Allerdings berührt die Hand den Korb nicht, sondern hält fast zärtlich die Schlange, die aus dem Korb geschlängelt kommt, um ihr den Tod zu bringen. Das Bild in einer Privatsammlung wird Artemisia zugeschrieben und aufgrund des Fruchtkorbes mit dem «Heiligenbild» gleichgesetzt, obwohl es sich weder um eine Heilige handelt, noch eine ihrer Hände die Früchte berühren. Kann es sein, dass diejenigen, die das Inventar erstellten, nicht präzise waren, wie gerne argumentiert wird, oder ist hier der Wunsch nach Identifikation so groß, dass es einige Vertreter:innen der heutigen Fachwelt nicht so genau nehmen?

Das andere Bild befand sich durchgehend in England und wurde auch in einem Inventar von 1687/88 aufgelistet. Es handelt sich um die *Allegorie der Malerei* (Farbtafel 13), die als ein Selbstbildnis gilt. Das liegt zum einen daran, dass man lange glaubte, dass das im selben Inventar aufgeführte *Selbstbildnis* kein eigenständiges Werk sei, sondern dass es sich um ein Bild handelt. Zum anderen liegt es nahe, dass sich eine Malerin selbst als Allegorie der Malerei darstellt, zumal Artemisia sich ja auch in anderen Bildern immer wieder ihres eigenen Gesichts bedient hatte.

Doch sprechen zwei Argumente dagegen. Einmal war Artemisia zu dem Zeitpunkt, als sie das Bild malte, mindestens 45 Jahre alt, die Frau auf dem Bild ist aber deutlich jünger. Außerdem hat sie die Allegorie nicht aus dem Bild herausschauend gemalt, was der Fall gewesen wäre, hätte sie in einen Spiegel geblickt. Es hätte natürlich auch die Möglichkeit gegeben, mit zwei Spiegeln zu arbeiten, und vielleicht hat sie sich ja auch idealisiert, also jünger dargestellt. Denn die Ähnlichkeit mit ihren eigenen Gesichtszügen als jüngere Frau ist durchaus gegeben. Es wurde auch schon vermutet, dass es sich bei der Dargestellten um ihre Tochter handelt und sie das Bild bereits in Neapel gemalt und dann mit nach London genommen hatte. Denn Prudenzia hatte sie ja wohl gerade in Neapel verheiratet und nicht mit nach London genommen. Doch möglicherweise hatte sie ja eine zweite Tochter, die sie mit nach London nahm und später verheiratete. Denn am 13. März 1649 berichtete sie ihrem Mäzen Don Antonio Ruffo, dass sie genau an diesem Tage ihre Tochter verheiratet habe. Dazwischen liegen 13 Jahre. Prudenzia war 1617 in Florenz geboren, 1635 war sie im heiratsfähigen Alter, 1649 jedoch weit darüber. Möglicherweise porträtierte Artemisia hier ihre zweite Tochter, die mit nach England gekommen war. In der *Allegorie der Malerei* zeigte sie auf jeden Fall eine Malerin, die gerade mit einem Bild beginnt. Dass es sich bei der *Allegorie der Malerei* um ein Bild von Artemisia handelt, geht nicht nur aus dem Inventar hervor, sondern auch aus ihrem Monogramm A.G.F. am unteren Rand des Bildes.

Die Allegorie der Malerei

Das Londoner Bild war nicht die erste *Allegorie der Malerei* von Artemisia. Eine weitere wird wechselweise ihr und Simon Vouet zugeschrieben, eine dritte stammt vermutlich aus der Florentiner Zeit und ist heute verschollen. Außerdem stach Jérôme David ihr verschollenes *Selbstbildnis*, das Anklänge an die Allegorie der Malerei besitzt.

Das Aussehen von Allegorien hatte sich im Laufe der Zeit verfestigt. Einige wie die Gerechtigkeit mit verbundenen Augen und einer Waage in der Hand sind bis heute Allgemeingut. Andere sind weniger bekannt, weshalb es seit Hunderten von Jahren Werke gibt, in denen die Allegorien beschrieben sind. 1593, also in Artemisias Geburtsjahr, war die erste Ausgabe der *Iconologia* von Cesare Ripa erschienen, der weitere folgten und in der in alphabetischer Reihenfolge Beschreibungen für die Darstellungen von Tugenden und Lastern, menschlichen Gefühlen, Leidenschaften, Künsten, Wissenschaften, Monaten, Jahreszeiten und vielem anderen mehr aufgelistet waren.

Die *Allegorie der Malerei* war erst im 16. Jahrhundert als Frau dargestellt worden. Das übernahm auch Ripa. Seine Beschreibung dieser Allegorie findet sich auf Deutsch in einer gekürzten Fassung:

„Die Mahlerey. Wir hätten ein ganzes Buch vonnöthen / wann wir dise edle Kunst abmahlen wolten. Hier soll sie vorgebildet stehen als eine schöne junge Weibsperson mit schwartzen krausen Haaren / und zugebundenem Mund / auch einer goldenen Kette an dem Hals / an welcher eine Larve hanget. In der einen Hand fasset sie verschidene Pinsel / samt dem Beywort: Imitatio, das ist: die Nachahmung; in der andern aber hält sie eine Tafel oder Gemähld. Sonsten ist ihre Kleidung von veränderlicher Farbe.“[164]

Auch wenn der Text im italienischen Original sehr viel ausführlicher ist, fehlen die wesentlichen Charakteristika nicht. Die krausen Haare versinnbildlichen Kreativität und Temperament, der zugebundene Mund die Stummheit der Malerei. Die Maske (Larve) und das Wort „Imitatio“ weisen auf die Wiedergabe und die Nachahmung hin, die Kleidung hingegen symbolisiert die vielen Farben, die der Malerei zur Verfügung stehen.

In dem kleinen ovalen Bildnis (Abb. S. 165), das 1612/13 datiert wird, malte sich Artemisia mit unordentlichen Locken, einer goldenen Kette, an der eine Maske hängt, Pinsel und Palette. Im Kupferstich von David (Abb. S. 127) finden sich nur die unordentlichen Haare. Auf dem in Rom entstandenen Gemälde (Abb. S. 113) sind die unordentlichen Haare teilweise von einem Lorbeerkranz verdeckt, die Malerin führt die rechte Hand mit dem Pinsel zum fast fertigen Porträt auf der Staffelei, während sie in ihrer linken Pinsel, Palette und Malstock hält, das Zepter der Maler. Die Maske fehlt, im Medaillon der Brosche spiegelt sich der Raum. Auch ihre Kleidung zeichnet sich nicht durch unterschiedliche Farben aus.

Auf ihrer berühmtesten *Allegorie der Malerei* (Farbtafel 13) ist die Leinwand noch leer. Die junge Malerin in einem grünen Gewand scheint zu skizzieren, was sie anschließend malen möchte. Den linken Arm hat sie aufgestützt, in der Hand hält sie mehrere Pinsel und die Palette, aber keinen Malstock. An der langen goldenen Kette um ihren Hals baumelt die Maske.

In keinem der Bilder ist der Allegorie der Mund verbunden. Das hätte auch den Eindruck als Porträt gestört. Denn die Ähnlichkeit mit dem Stich von David und dem Porträt, das Simon Vouet (Farbtafel 7) zugeschrieben wird, lässt keinen Zweifel, dass es sich in den ersten drei Bildern um Artemisia handelt und beim Londoner Bild um ein Porträt der Tochter oder eine idealisierte Darstellung von Artemisia. In jedem Fall aber ist eine Künstlerin dargestellt, es ist also nicht nur eine Allegorie oder Personifikation, sondern auch eine existierende Frau, die malt. Das ist das Besondere an den Bildern, denn Artemisia konnte sich mit der Personifikation identifizieren und so einen Zusammenhang zwischen Allegorie und sich selbst herstellen. Es liegt auf der Hand zu vermuten, dass sie im Londoner Bild sich selbst malen wollte wie sie sich selbst malt. Damit nimmt die Malerin für sich in Anspruch, als Allegorie agieren zu können. Lavinia Fontana hatte sich in ihrem *Selbstbildnis* von 1579 nicht als Allegorie gesehen, und die Medaille auf sie zeigte nur auf der Rückseite diese Allegorie. Erst Artemisia stellte diese Verbindung her, die dann von anderen Malerinnen wie Elisabetta Sirani aufgegriffen wurde.[165] Und auch sie ließ sich nicht den Mund verbieten.

Im Dienste der katholischen Kirche

Artemisia war spätestens 1635 von Karl I. nach England eingeladen worden. Vielleicht hatte Orazio den Vorschlag gemacht, vielleicht hatte das Bild von *Lukrezia* den Ausschlag gegeben. Doch Artemisia verweigerte sich mit der Begründung, für ihre Auftraggeber in Neapel zu viel zu tun zu haben. Später war von England keine Rede mehr, es zog sie vielmehr nach Rom oder Florenz. Vielleicht brach sie ja tatsächlich nach

Rom auf, um dort ihren „Freunden und Herren zu dienen".[166] Möglicherweise hat Dal Pozzo sie dann gebeten, zusammen mit Giovanna Garzoni nach England zu reisen, damit sie dort als katholische Künstlerinnen der ebenfalls katholischen Königin dienten. Papst Urban VIII. legte großen Wert darauf, dieser Königin, die sich geweigert hatte, in die anglikanische Kirche einzutreten, den Rücken zu stärken. Seine Neffen, die Kardinäle Antonio und Francesco Barberini waren angehalten, diesbezüglich zu handeln. Dal Pozzo als Sekretär von Francesco Barberini stand in engem Kontakt zu Artemisia und Garzoni. Eigentlich hatte er eine andere römische Künstlerin, Anna Maria Vaiani, nach England schicken wollen. So jedenfalls berichtete es Michelangelo der Jüngere in einem Brief am 6. Juni 1636 an Galilei.[167] Das hatte offensichtlich nicht geklappt, denn ein Aufenthalt von Vaiani in England ist nicht belegt. Die Einladung, die Artemisia von König Karl I. erhalten hatte, machte es plausibel, dass sie nach England fuhr. Mit welcher Begründung sie von Garzoni begleitet wurde, wissen wir nicht. Doch war die Malerin nachweislich 1639 in England, da sie Kopien nach einer Zeichnung von Albrecht Dürer fertigte, die sich in der Sammlung von Inigo Jones befand, dem damals bedeutendsten Architekten Englands und Erbauer von Queen's House. 1640 hielt sich Garzoni in Frankreich auf. Möglicherweise waren beide Malerinnen 1638 gemeinsam nach England gekommen und hatten das Land 1640 wieder verlassen, was allein schon wegen der Unruhen, die 1642 in den Bürgerkrieg mündeten, verständlich war.

In welcher Form sie die Königin unterstützt hatten, ist nicht bekannt. Wenn sie im diplomatischen Dienst unterwegs waren, dann war dieser wohl sehr geheim. Artemisia jedenfalls nennt in ihrem Brief aus England ja die Königin ausdrücklich als ihre Herrin.

Künstler wurden häufig in diplomatischen Missionen in andere Länder geschickt. Ein prominentes Beispiel ist Rubens, der mehrfach und für verschiedene Herrscher als Diplomat unterwegs war und auch wichtige Verträge aushandelte. Daneben war er auch als Spion tätig. Von Künstlerinnen wissen wir das bislang nicht. Doch waren sie wahrscheinlich noch besser geeignet, in geheimer Mission an den Hof einer

Königin zu gelangen. Insofern ist es durchaus denkbar, dass Artemisia erst nach Rom reiste und von dort nach Turin aufbrach, um Giovanna Garzoni zu treffen. Beide Frauen reisten dann weiter nach England. Vermutlich wurden sie von einem der Brüder Artemisias auf dieser langen und beschwerlichen Reise begleitet.

IX Rückkehr nach Neapel

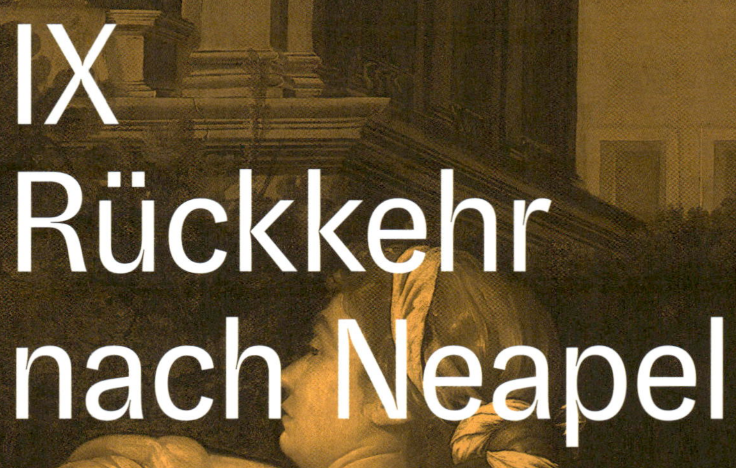

„Ich bin Römerin und werde deshalb immer nach römischer Art handeln."

Artemisia Gentileschi, 13.11.1649

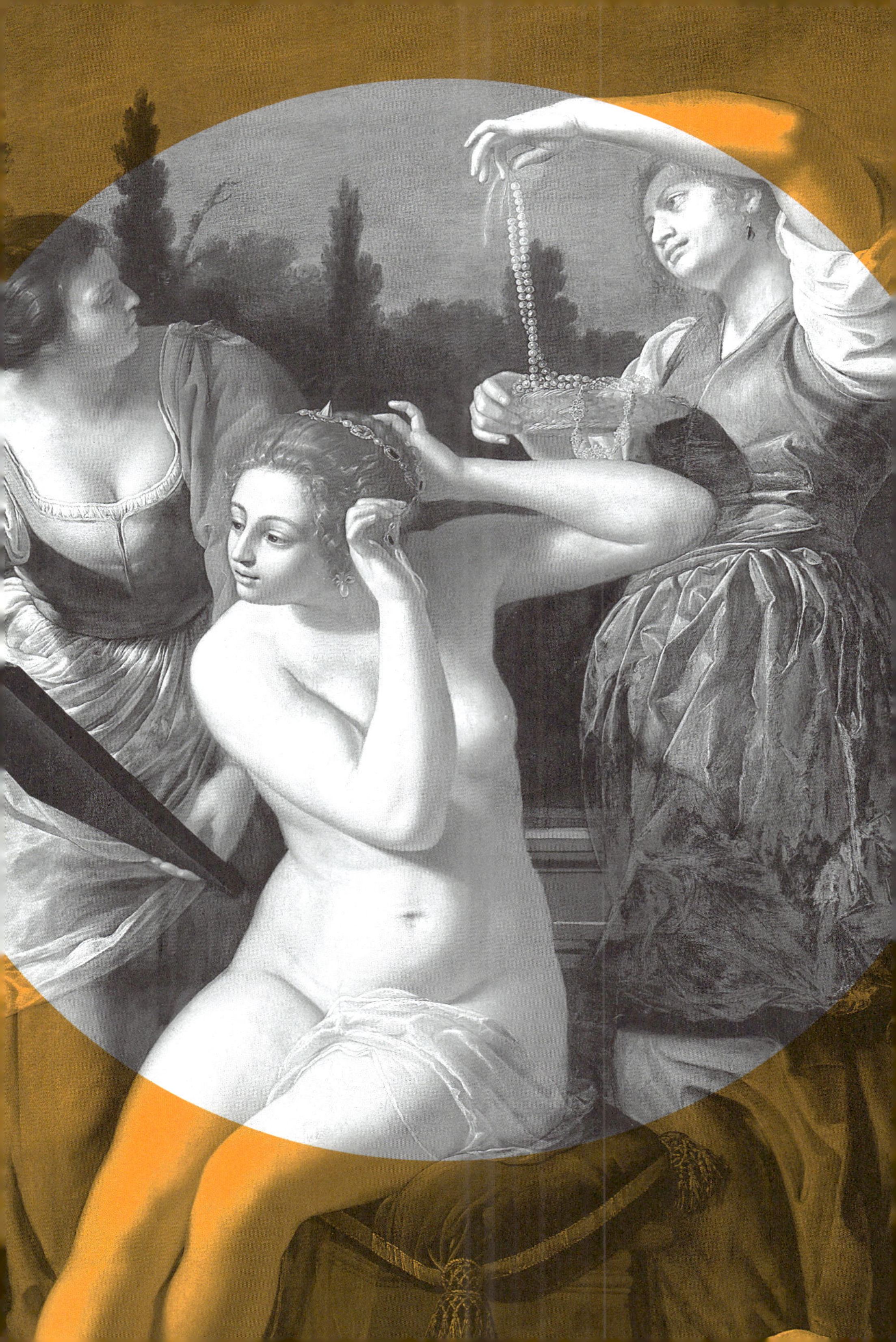

Don Antonio Ruffo

Artemisia verließ London vermutlich im Jahr 1640. Erreichte sie noch das Dankesschreiben des Herzogs von Este, das dieser am 16. März verfasst hatte? Nahm sie das zum Anlass, nach Modena zu reisen? Brach sie gemeinsam mit Giovanna Garzoni auf, die 1640 in Paris war? Wo und wie lange machte sie Station auf ihrem Weg nach Neapel? Besuchte sie Florenz? War sie in Rom? Bislang ist lediglich bekannt, dass sie 1649 wieder in Neapel lebte, denn am 30. Januar schrieb sie ihren ersten erhaltenen Brief an Don Antonio Ruffo, ihren Mäzen in jener Zeit.

Der Sizilianer Don Antonio Ruffo stammte aus einer wohlhabenden adligen Familie in Messina, trug den Titel eines Fürsten, vermehrte sein Vermögen durch den Handel mit Seide, aber auch mit anderen Waren und ließ sich in nur einem Jahr einen Palast errichten, in dem er mit seiner Familie ab 1645 lebte. Den herrschaftlichen Bau schmückte er nicht nur mit wertvollen Möbeln, Tapeten und anderen Luxusgütern, sondern vor allem mit einer exquisiten Kunstsammlung. Die meisten der Bilder erwarb er von zeitgenössischen Künstler:innen, mit denen er auch in brieflichem Kontakt stand. Dazu gehörten sizilianische Künstler, dann Jusepe de Ribera, Guido Reni und Massimo Stanzione aus Neapel, aber auch Anthonis van Dyck, Rembrandt und Simon Vouet aus Ländern nördlich der Alpen. 182 Briefe an Don Antonio Ruffo haben sich erhalten,[168] 13 von ihnen schrieb ihm Artemisia. Ruffo und die Malerin müssen bereits vor dem ersten Brief Kontakt gehabt haben, denn zu diesem Zeitpunkt arbeitete sie bereits am ersten Auftrag, einer *Galatea*. Sie wurde später im Inventar der Sammlung genauer beschrieben als eine Galatea, die auf einem Muschelwagen sitzt, gezogen von zwei Delphinen und begleitet von fünf Tritonen.

Von den Briefen, die Artemisia zwischen Januar 1649 und Januar 1651 schrieb, stammen elf aus dem Jahr 1649 und jeweils einer aus den beiden anderen Jahren. Sie geben Einblicke in ihre Arbeit, aber auch in ihr Selbstbewusstsein als Frau und Künstlerin.

S. 176/177: Bathseba, um 1635/50, Detail

Durchgehend klagte sie über ihre finanzielle Situation. Handeln und Feilschen gehören auch heute noch in vielen Kulturen zum Kauf einer Ware dazu. Dabei wird die eigene Armut genauso zur Sprache gebracht wie Großzügigkeit, die gewährt werden würde, wenn man nicht gerade in einer finanziellen Klemme stecke. Artemisia beherrschte diese Klaviatur hervorragend. Dazu gehörten einerseits die Klagen über ihre finanzielle Situation, wie sie sie in den Briefen schildert, andererseits aber auch die Versicherung, nicht zu feilschen. Wenn sie einen Preis nenne, wäre das nicht wie in Neapel, wo man um eine hohe Summe bäte und mit einer kleinen zufrieden sei. „Ich bin Römerin und werde deshalb immer nach römischer Art handeln."[169]

Artemisia war nicht ruiniert oder völlig bankrott. Solche Behauptungen waren Teil des Spiels, ohne das kein Geschäft abgeschlossen werden konnte. Sie dienten aber natürlich dem Zweck, höhere Beträge zu erhalten, als der Auftraggeber von sich aus gewillt war zu zahlen, ihn aber zugleich glauben zu machen, dass er ein besonders günstiges Angebot erhielte. Und so betonte sie auch im ersten Brief, dass sie das Bild, das in Arbeit sei, nur ihm so günstig, nämlich für 160 scudi anbieten würde. Früher hätte sie immer 100 scudi pro Figur bezahlt bekommen, egal ob in Florenz, Rom oder Venedig, sogar in Neapel, als es dort noch mehr Geld gab! Das war natürlich maßlos übertrieben, denn dann hätte sie für die *Galatea* 800 scudi verlangen müssen, ebenso wie für das zweite Bild, eine *Badende Diana mit fünf Nymphen, Aktaeon und zwei Hunden*. Ruffo aber wollte offensichtlich für dieses zweite Bild noch nicht einmal die vereinbarte Summe zahlen. Denn an 23. Oktober 1649 beklagte sie sich bitter über eine von Ruffo geplante Reduzierung der ausgemachten Summe. Sie behauptete nicht nur, dass ein anderer Auftraggeber für ein Bild, auf dem zwei Figuren weniger zu sehen waren, 115 scudi mehr bezahlt hatte, sondern ärgerte sich vor allem auch darüber, dass sie damit schon „zum zweiten Mal wie eine Anfängerin behandelt"[170] würde.

Artemisia war keine Anfängerin, sondern eine gestandene Malerin. Und sie war sich nicht nur ihrer Fähigkeiten, sondern auch ihres Geschlechts bewusst, was sie ebenfalls in einigen Formulierungen betonte. Bereits in ihrem ersten Brief an Ruffo schrieb sie, dass „... der Name einer Frau Zweifel aufwirft, solange man das Werk nicht gesehen hat."[171] Am 13. März entschuldigte sie sich am Ende des Briefes für ihr „weibische Geschwätz, sind es doch meine Werke, die sprechen"[172], und am 7. August schrieb sie dann, dass sie ihm zeigen werde, wozu eine Frau imstande sei. Damit traf sie eine klare Aussage darüber, dass ihre Bilder ebenso viel wert waren wie die eines Künstlers und sie deshalb auch genauso bezahlt werden wolle wie ein Mann. Das unterstrich sie dann noch einmal, als sie Ruffo versicherte, dass er durch sie nichts verlieren würde, denn bei ihr fände er „einen kämpferischen Geist im Herzen einer Frau."[173]

Das bedeutete aber auch, dass sie wie ein Mann behandelt werden wollte. Als Ruffo ihr einen neuen Auftraggeber vermittelt hatte, bedankte sie sich in einem ausführlichen Brief bei ihrem Gönner, kritisierte aber auch dessen Wünsche und Ansprüche. Bei den Bildern handelte es sich und eine *Galatea* und ein *Urteil des Paris*. Nach den üblichen Dankesfloskeln bemerkte sie bissig, dass es nun wirklich nicht nötig wäre, sie darauf hinzuweisen, dass sich die Galatea von der unterscheiden möge, die Ruffo besaß, denn sie male nie ähnliche Bilder. Außerdem wäre sie nicht bereit, im Vorfeld die Kosten für die Bilder festzulegen, da sie nie wisse, was die Bilder am Ende wert seien. Den Wunsch nach einem Entwurf lehnte sie kategorisch ab, denn sie habe einmal einem Bischof einen Entwurf für das Bild eines Fegefeuers geschickt, das dann ein Maler ausgeführt hatte, der wesentlich billiger war und der nach ihrem Entwurf gearbeitet hatte. Und sie fragte sich, ob ein Mann ebenso behandelt worden wäre wie sie.[174]

Es war das erste und einzige Mal, dass Artemisia von einer Entwurfszeichnung sprach. Natürlich wurden damals in den Werkstätten Entwürfe angefertigt, schon allein, um eine Komposition festzulegen. Doch wurden diese auch gehütet, damit sie nicht von anderen Werkstätten übernommen wurden. Insofern ist ihre Weigerung verständlich. Die Zeichnungen wurden in den Werkstätten immer wieder gebraucht, um mehrere Bilder desselben Themas zu malen. Das war in Artemisias Werkstatt nicht anders. Diese Zeichnungen waren Arbeitsmaterial und vermutlich irgendwann einfach kaputt, weil sie immer wieder Verwendung fanden. Denn natürlich malte Artemisia wie alle anderen Künstler:innen auch häufig ähnliche Bilder, wie nicht nur das Beispiel der Enthauptung des Holofernes (Farbtafeln 4 und 5) eindrücklich vor

Augen führt, sondern auch das der liegenden Frauenakte (Abb. S. 41) von 1611/12 oder der Heiligen und der Lautenspielerin (Farbtafeln 3 und 16) von 1613–15.

Ob der von Ruffo vermittelte Auftrag zustande kam, ist nicht bekannt. Artemisia scheint ihrem Mäzen auch nie das bereits im ersten Brief versprochene Selbstporträt geschickt zu haben, das sie ihm senden wollte, damit er es in seiner Galerie aufhängen könne, wie es alle anderen Fürsten auch getan hätten. Dieses Selbstbildnis war auch in den weiteren Briefen Thema, ebenso wie bei Cassiano Dal Pozzo. Auch in dessen Inventar tauchte niemals ein Selbstporträt von Artemisia auf, nur in dem des englischen Königs. Andererseits besaß der Malerkollege Charles Mellin ein Selbstbildnis von ihr, das in seinem Nachlass gelistet war.

Im Inventar, das nach Ruffos Tod erstellt wurde, sind lediglich die beiden bereits erwähnten Bilder von Artemisia aufgeführt. Es fehlt eine kleine Madonna, die sie ihm 1650 ankündigte. Auch die Bilder, die sie ihm von ihrer Tochter schicken wollte, stehen nicht auf der Liste. Vielleicht waren sie nie in Messina angekommen, vielleicht hatte Ruffo sie aussortiert. 1651 bot sie ihm dann zwei weitere Bilder an, die dieselben Maße hatten wie die Galatea, doch scheint Ruffo das Angebot nicht angenommen zu haben. Hier endet die Korrespondenz und damit auch die Geschäftsbeziehung zwischen den beiden.

Bathseba

Bathseba ist wohl die Frauenfigur, die Artemisia am häufigsten gemalt hat, wenn auch nur in Neapel und offensichtlich nicht für Ruffo. Acht Bilder haben sich erhalten, eines wurde zerstört und ist durch Schwarz-Weiß-Fotografien überliefert, mehrere sind dokumentiert.

Die Geschichte der Bathseba wird im Alten Testament im 2. Buch Samuel erzählt. Der alttestamentarische König David beobachtete die junge Frau des Hethiters Urija beim Baden, verliebte sich in sie und verlangte nach ihr. Nachdem sie von ihm schwanger geworden war, ließ er ihren Mann im Kriegsgeschehen töten und ehelichte Bathseba. Das vor der Ehe gezeugte Kind starb, später gebar Bathseba den Nachfolger Davids, den späteren König Salomon.

Die Darstellung der badenden Bathseba, die von König David beobachtet wird, bot Gelegenheit, neben dem Frauenakt auch schöne Gewänder und Preziosen zu zeigen, außerdem mehrere miteinander agierende Frauen in prachtvoller Architektur und der sie umgebenden Landschaft. Insofern war das ein beliebtes Thema.

Eine *Bathseba* hatte Artemisia 1635 zusammen mit einer *Susanna* und einer *Lukrezia* für Prinz Karl Eusebius von Liechtenstein gemalt. Diese Bilder kennen wir nicht. Keines der erhaltenen Bilder ist datiert, lediglich eines signiert und eines durch Dokumente für Artemisia gesichert. Bei den anderen wird immer wieder vermutet, dass sie sie nicht allein, sondern gemeinsam mit Bernardo Cavallino gemalt hat. Bathseba sitzt auf allen Gemälden vor einer Brüstung, hinter der sich zumindest auf einer Seite der Palast befindet, von dem aus König David sie beobachten kann. Auf der anderen Seite sind Bäume und Büsche zu sehen, die zum Palastgarten gehören und manchmal auch in eine Landschaft übergehen. Bathseba selbst ist entweder nackt dargestellt oder mit einem Tuch spärlich bedeckt. Ihre Dienerinnen – mal sind es zwei, mal drei – trocknen sie ab, kämmen ihr das Haar, bringen ihr Schmuck, halten ihr den Spiegel oder tragen weiteres Wasser herbei.

Die signierte *Bathseba*, die sich in einer Privatsammlung befindet, wird zwischen 1640 und 1650 datiert und ist möglicherweise eine Werkstattarbeit. Diejenige in der Oberen Galerie des Neuen Palais in Potsdam gehört zu sechs Bildern, die in die Vertäfelung eingebaut und mit einheitlichen Rahmen versehen sind.[175]

Das Bild in Potsdam[176] zeigt die hübsche Bathseba bei ihrer Toilette (Farbtafel 15). Vor der Brüstung sitzend, ist sie gerade dem Bad entstiegen, ihr zu Füßen steht noch der Kessel. Eine Dienerin hält einen Spiegel, damit sie ihr bereits frisiertes Haar schmücken kann. Eine weitere Dienerin hinter ihr hebt aus einer Schmuckschatulle eine Perlenkette hoch und erinnert mit ihrer Armbewegung an die *Muttergottes mit dem Rosenkranz* im Escorial (Farbtafel 14). Bathsebas Scham wird nur durch ein fast durchsichtiges Tuch verdeckt. Ihr mit Spitzen versehenes Hemd und das goldgelbe Kleid liegen schon bereit, um ihr angezogen zu werden. Die dritte Dienerin kommt mit einem kleinen Wasserkessel die Stufen herauf, wendet sich allerdings nicht zu Bathseba hin, sondern kehrt ihr den Rücken zu und blickt nach hinten zum Palast, auf dessen Loggia König David steht und die Szenerie beobachtet.

Doch der König ist weit entfernt, eine Bedrohung durch ihn nicht erkennbar. Stattdessen steht die Schönheitspflege im Mittelpunkt. Und damit kannte sich eine Frau sicher besser aus als ein Mann. Das zeigt sich auch in den Bildern, in denen Bathseba das lange Haar gekämmt bekommt.[177] Artemisia stellte in ihren Kompositionen weniger den moralischen Aspekt der Geschichte dar als die Schönheit der Frau und die sie schmückenden Elemente.

Die letzten Bilder

Die beiden Bilder, die Artemisia 1649 für Ruffo malte, zählte dieser später zu den 100 wichtigsten Werken seiner Sammlung, die er bereits zu Lebzeiten seinem ältesten Sohn vermachte, damit sie zusammenblieben. Im dazugehörigen Inventar sind sie genau beschrieben. Und so wissen wir auch, dass Artemisia einen *Triumph der Galatea* gemalt hatte, bei dem die Meernymphe in einem Muschelwagen steht, der von zwei Delphinen gezogen wird, begleitet von Tritonen, weiteren Nymphen und geflügelten Amoretten. Im näheren Umfeld von Artemisia entstanden mehrere solcher Bilder, die abwechselnd Bernardo Cavallino und Artemisia zugewiesen werden.[178]

Auf der Liste stand auch das Bild der *Diana*, für das Artemisia, wie sie an Ruffo schrieb, viele Modelle benötigte. Diese kosteten nicht nur viel Geld, die meisten von ihnen waren auch nicht schön. Und so schilderte sie in einem Brief vom 12. Juni an Ruffo, dass sie 50 (!) Modelle nackt hatte inspizieren müssen, um acht zu finden, die brauchbar waren. Denn sie wollte die verschiedenen Schönheiten auch unterschiedlich malen.

Anfang des Jahrhunderts war es in Rom noch verboten gewesen, nach lebenden nackten weiblichen Modellen zu malen, Orazio wollte man seinerzeit einen Strick daraus drehen. Artemisia hatte dann als junge Malerin ihren eigenen Körper zum Vorbild genommen. Das hatte ihr niemand verbieten können. Als ältere Frau und nach mindestens fünf Geburten hatte sie nicht mehr den Körper einer Göttin der Jagd. Doch war es in Neapel jetzt offensichtlich möglich, Aktmodelle zu engagieren, auch als Frau. Hatten sich in dieser Zeit die Verhältnisse geändert oder waren die Sitten in Neapel lockerer als im päpstlichen Rom?

Warum Artemisia allerdings immer wieder von acht weiblichen Figuren sprach, bleibt ein Rätsel, da es sich laut Inventar um Diana, fünf Nymphen, Aktaeon und zwei Hunde handelte. In der Geschichte beobachtete der Jäger Aktaeon zufällig Diana, die Göttin der Jagd, beim Baden. Die erzürnte Göttin verwandelte ihn in einen Hirsch, worauf er von seinen eigenen Hunden zerrissen wurde. Das Thema war ebenfalls sehr beliebt und erforderte immer eine größere Menge an Personal, da Diana nicht allein badete. Auch Artemisia hatte sich mehrfach des Themas angenommen. So erhielt sie 1651 von einem Fabio Gentile eine letzte Anweisung von 48 Dukaten für drei Bilder, die an den Habsburger Hof geschickt werden sollten. Neben einem *Bad der Diana* handelte es sich noch um *Venus und Adonis* sowie ein nicht näher beschriebenes Bild, für die sie insgesamt 150 Dukaten erhielt.

Im Escorial in Madrid befindet sich ein kleines Madonnenbild auf Kupfer (Farbtafel 14), das ARTEMITIA GENTILESCHI signiert ist. Es wird überwiegend um 1651 datiert und immer wieder vermutet, dass es mit dem Bild identisch ist, das sie 1650 Ruffo ankündigte. Es zeigt eine junge Muttergottes in einem roten Kleid. Ihr blauer Mantel liegt über ihren Knien und dient dem kleinen Jesuskind als Unterlage. Die junge Mutter hält einen Rosenkranz so in ihrer Hand, dass das Kind mit der einen Hand danach greift, während es in der anderen eine Rose hält. Weitere rote Rosen liegen auf der Bank neben Maria, hinter ihr hängt ein schwerer grüner Vorhang. Er ist so gerafft, dass er den Blick freigibt in den dahinter liegenden dunklen Raum, in dem nur schemenhaft einige Gegenstände zu erkennen sind. Erstaunlich sind die klaren Farben von Mantel und Kleid der Muttergottes, die sich nur selten bei Artemisia finden, doch die Physiognomie und die Handhaltung der Madonna stimmen auch mit anderen Bildern Artemisias überein.

Die letzten beiden von Artemisia signierten und datierten Bilder stammen von 1649 und 1652. Beide zeigen dasselbe Thema wie ihr erstes signiertes und datiertes Bild von 1610: *Susanna und die beiden Alten* (Abb. S. 185).[179] Auf beiden Gemälden sitzt Susanna vor einer Brüstung,

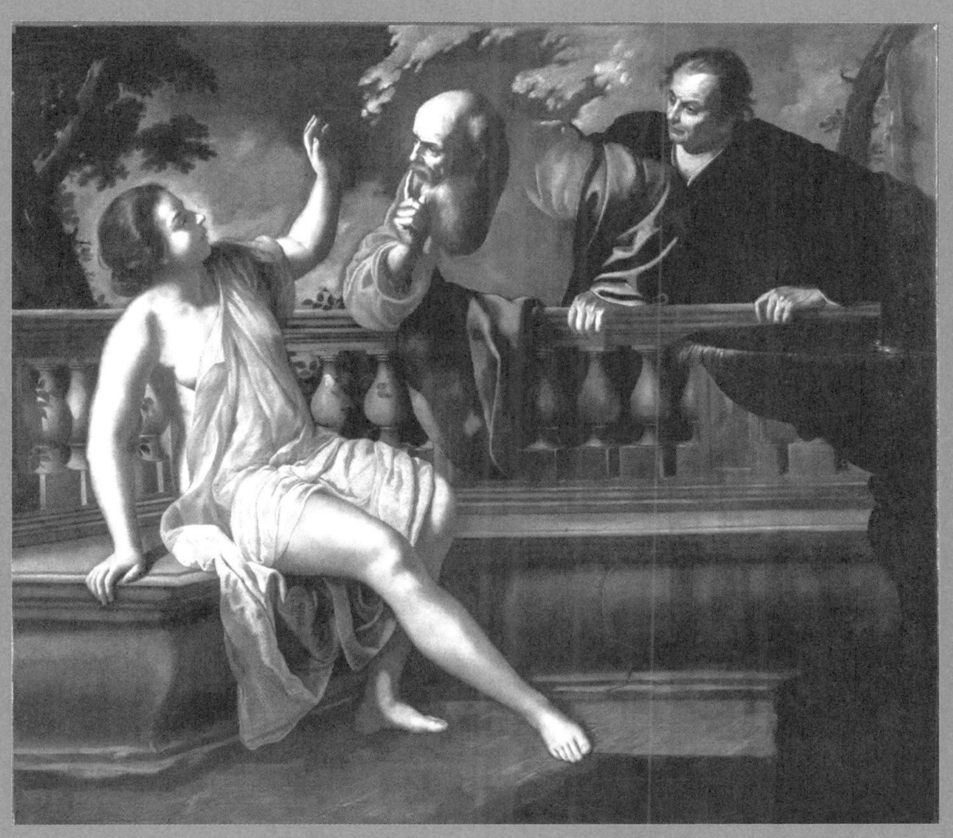

So wie das erste datierte Bild von Artemisia handelt es sich auch bei dem letzten von 1652 um eine *Susanna und die beiden Alten*. Dazwischen liegen 42 Jahre.

ist mit einem Tuch nur notdürftig bedeckt und wehrt die zudringlichen Männer hinter der Brüstung ab. Das Bassin ist nicht zu sehen, dafür breitet sich nach hinten hin eine Landschaft aus. Das zweite Bild gehörte im 18. Jahrhundert Averardo de' Medici und wurde später, als es in die Bologneser Pinakothek kam, Elisabetta Sirani zugewiesen, bevor man die Signatur von Artemisia entdeckte. Beide Bilder malte Artemisia vermutlich nicht allein, sondern ließ malen. Denn in ihrer Werkstatt, die vielleicht sogar weitergeführt wurde, als sie in London war, dürften einige Mitarbeiter:innen beschäftigt gewesen sein.

Die Werkstatt

Die Werkstatt, die Artemisia in ihrer ersten Zeit in Neapel aufgebaut hatte, wurde vielleicht von ihrer vermutlich inzwischen verheirateten Tochter weitergeführt, während sich die Malerin in London aufhielt. Die 1617 geborene Prudenzia war zu der Zeit genauso alt wie Artemisia, als sie sich in Florenz eine neue Existenz aufbaute, und damit durchaus imstande, selbstständig zu agieren. Warum sollte sie nicht für die Dauer der Abwesenheit Artemisias die Geschäfte führen und auch später noch mitarbeiten? Das war in der damaligen Zeit durchaus üblich.

Doch offensichtlich hatte Artemisia ja noch eine zweite Tochter, die sie am 13. März 1649 verheiratete und die ebenfalls malte.[180] Auch sie dürfte in der Werkstatt mitgearbeitet haben.

Die vielen Bilder, die in der späten Neapolitaner Zeit dokumentiert sind, lassen auf eine Werkstatt mit weitaus mehr Mitarbeiter:innen schließen, deren Namen nicht überliefert sind. Eine zeitweise Zusammenarbeit mit Bernardo Cavallino ist aufgrund der ähnlichen Malweise möglich, aber nicht gesichert. Das von dem späteren Biografen Dominici behauptete Lehrerin-Schüler-Verhältnis zwischen Artemisia und Onofrio Palumbo ist schon wahrscheinlicher, weil er zumindest ab 1653 mit ihr zusammenarbeitete. Damals und ein Jahr später verpflichtete sich der Maler vertraglich, sie bei der Vollendung mehrerer Gemälde zu unterstützen, darunter einer noch nicht vollendeten *Susanna*. Ein weiterer möglicher

Mitarbeiter war der aus Kalabrien stammende Maler Giovanni Battista Colimodio. In einem Brief vom 24. Juli 1649 bat Artemisia Ruffo, Colomodio aufzufordern, ihr auf ihre Briefe zu antworten, denn sie habe dringend „Angelegenheiten von hoher Bedeutung“[181] mit ihm zu erörtern. Den Quellen zufolge hielt sich Colimodio zu der Zeit allerdings in Kalabrien auf, weshalb ihr Ruffo diesen Gefallen nicht tun konnte. Der aus Kalabrien stammende Colimodio lebte zeitweise auch in Neapel. 1639 ist er dort dokumentiert. Artemisia kannte ihn offensichtlich, vielleicht war er sogar zeitweise ihr Mitarbeiter.

Leben und Sterben in Neapel

Als Artemisia nach Neapel zurückkehrte, waren ihr ihre Brüder keine Hilfe mehr. Sie engagierten sich anderweitig, versuchten, mit dem König von Portugal ins Geschäft zu kommen. Francesco und Giulio waren spätestens 1641 in Lissabon, wo Francesco 1647 inhaftiert wurde, 1648 vor der Inquisition aussagte und anschließend bis 1665 im französischen Angers lebte. Giulio hatte als „römischer Bürger“ von 1630 bis 1656 seinen Hauptwohnsitz offensichtlich in Genua, von Marco ist kaum etwas bekannt.

Wahrscheinlich lebte Artemisia mit ihrer (zweiten?) Tochter in Neapel, bis sie diese 1649 verheiratete. 1651 zog sie in eine Wohnung, die Vittoria Corenzio gehörte, der Tochter und Erbin des Malers Belisario Corenzio, der ein umfangreiches Werk in Neapel hinterlassen hatte. Die Wohnung im Stadtteil Montecalvario hatte fließendes Wasser und besaß mehrere Räume.[182] Ihre Vermieterin dürfte mit der Vittoria Correnti identisch sein, die ihr im Namen von Ettore Capecelatro am 13. Mai 1653 vier Dukaten und 50 „grana“ bezahlte. Capecelatro besaß von Artemisia eine *Madonna*, wie aus dem 1655 erstellten Inventar seines Besitzes hervorgeht, nachdem er 1654 gestorben war. Diese *Madonna* war wohl erst 1653 vollendet, als Artemisia den Rest der Summe dafür erhielt.[183]

1634 erschien in Venedig ein Buch mit dem Titel *Cimiterio. Epitafi giocosi*, verfasst von Giovan Francesco Loredan und Pietro Michiele, zwei Dichtern, mit denen Artemisia in Venedig Kontakt gehabt hatte. Die „lustigen Grabinschriften“ (Epitafi giocosi) waren eigens gedichtete Vierzeiler auf historische Persönlichkeiten, Zeitgenossen, aber auch

Tiere, Fabelwesen und viele andere mehr, für die es weder Grab noch Inschrift gab. 1645 erschien eine zweite, erweiterte Auflage, und 1653, nach Michieles Tod, eine weitere (die späteren waren dann nur noch Nachdrucke). Die neuen Verse stammten nun wahrscheinlich nur von Loredan. In dieser Ausgabe finden sich auch zwei Vierzeiler auf Artemisia, die lange als Beweis dafür galten, dass die Malerin bereits gestorben sein musste. Doch Loredan wusste wahrscheinlich gar nicht, wo sich Artemisia aufhielt und ob sie noch lebte. Doch er dürfte sich noch gut an sie erinnert haben.

Und so lautet der erste Vers:
„Dadurch, dass ich die Gesichter von diesem und jenem malte / gewann ich in der Welt ungeheuren Ruhm; / um die Hörner für meinen Mann zu schnitzen / legte ich den Pinsel weg und nahm den Stichel.“[184]

Loredan spielte damit wahrscheinlich nicht auf ihren gehörnten Ehemann an. Er konnte auch nicht wissen, dass sich Stiattesi selbst in einem Brief an Maringhi so bezeichnet hatte. Sexuelle Späße sehr viel derberer Art ziehen sich durch das ganze Buch und waren nicht speziell auf Artemisia bezogen. Ihnen ist kein tieferer Sinn beigegeben, der speziell auf das Leben der Malerin anspielte.

„Zärtlicher (süßer) Köder für die Herzen, die nach mir verlangten / in dieser Welt der Blinden; / bin ich nun unter diesen Marmorplatten versteckt / selbst ein süßer (zarter) Köder für die Würmer.“[185]

Dieser zweite Vers ist vor allem ein Wortspiel mit dem Namen Gentileschi, der, als zwei Worte genommen, zärtlicher oder süßer (gentile) Köder (esca) bedeutet. Ob Artemisia damals schon oder überhaupt jemals unter Marmorplatten begraben wurde, konnte Loredan nicht wissen. Es interessierte ihn vermutlich auch gar nicht.

Als diese Ausgabe in Venedig erschien, lebte Artemisia noch. 1653 wurde sie zu Zahlungen verpflichtet, erhielt aber auch selbst Geld für eine *Madonna*, und sie schloss einen Vertrag mit Palumbo ab. Der nächste am 31. Januar 1654 galt über Jahre als letzte Nachricht von Artemisia, bis ein weiteres Dokument gefunden wurde, das belegt, dass sie am 12. August 1654 noch Steuern bezahlte.[186] Am 8. Juli hatte sie ihren 61. Geburtstag gefeiert. Für damalige Verhältnisse war sie alt. Und sie hatte ja auch bereits in ihren letzten Briefen an Ruffo darüber geklagt, so krank gewesen zu sein, dass sie nicht arbeiten konnte.

Wann Artemisia starb, ist nicht überliefert. Vielleicht wurde sie auch ein Opfer der Pest, die 1655 in Neapel wütete und der viele ihrer Malerfreunde zum Opfer fielen: Bernardo Cavallino, Massimo Stanzione, Onofrio Palumbo ...

Averardo de' Medici, einer ihrer Biografen, behauptete, dass Artemisia in der Kirche San Giovanni dei Fiorentini begraben worden wäre, unter einer Marmorplatte mit der Inschrift: HEIC ARTEMISIA. Dieses Epitaph wurde bei der Restaurierung von 1785 entfernt.

X Nachleben

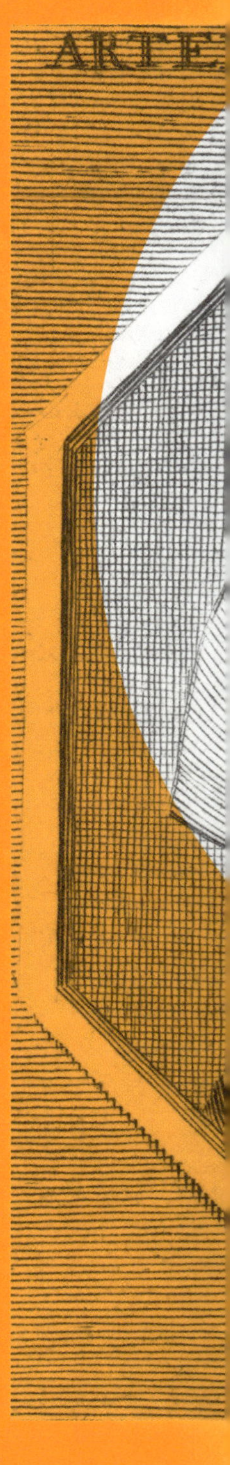

„Da Du so schön bist wie berühmt liebenswerte Artemisia, lobt Dich die Welt“

Giovanni Canale, 1667

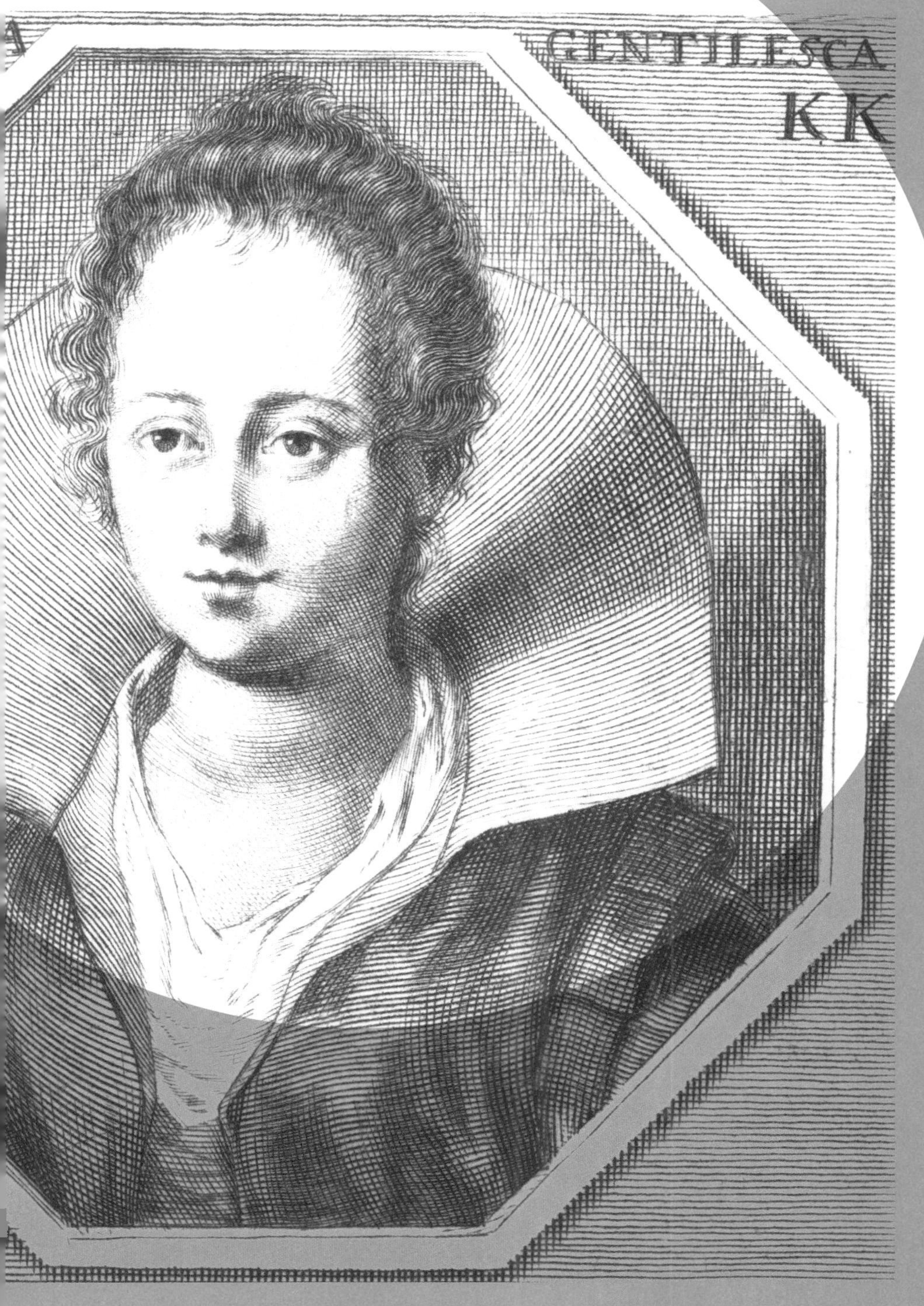

A
GENTILESCA
KK

Artemisia war gestorben. Giovanni Canale und Tommaso Gaudiosi dichteten Lobeshymnen über sie, die etwas mehr als zehn Jahre nach ihrem Tod publiziert wurden. In Canales zweitem, aus 13 Strophen bestehenden Gedicht kann man unter anderem die Verse lesen: „Da Du so schön bist wie berühmt / liebenswerte Artemisia, lobt Dich die Welt."[187] Auch Canale bediente sich eines Wortspiels mit ihrem Nachnamen: „Artemisia gentile" wird in diesem Fall mit „liebenswert" übersetzt, da es sich nicht um einen „süßen Köder" für die Würmer handelt wie bei den Epitaphien.

1675, also nur wenig später, erschien in Nürnberg Joachim von Sandrarts *Teutsche Akademie*, in der nicht nur Orazio behandelt wurde, sondern auch Artemisia. Sogar ein Kupferstich nach einer Zeichnung, die er vermutlich in Neapel bei seinem Besuch angefertigt hatte, war beigegeben (Abb. S. 190/191). Das kleine Bild zeigt eine leicht idealisierte junge Frau mit hochgesteckten, lockigen Haaren und einem hohen Kragen. In dem Buch befand sich das Bild auf einem Blatt mit fünf weiteren Porträts, die Orazio, Simon Vouet und drei weitere Künstler darstellen, die in keinem direkten Zusammenhang zu Artemisia stehen. Ab diesem Moment wäre es also auch möglich gewesen, sich in Deutschland über Artemisia zu informieren. Doch Sandrart blieb ein Einzelfall.

In Italien hingegen mehrten sich die Traktate, in denen auch Informationen über die Künstlerin zu finden waren. Bereits zu Lebzeiten war sie in den Künstlerviten von Giovanni Baglione summarisch bei Orazio abgehandelt worden,[188] aber auch bei dem Spanier Francisco Pacheco, der in seinem 1649 publizierten Werk *El arte de la pintura* gleich auf mehrere Malerinnen hinwies, darunter neben Frauen aus der Antike Lavinia Fontana, Sofonisba Anguissola und Artemisia, von der der Herzog von Alcalá einige Werke mit nach Spanien gebracht habe, was ja auch den Tatsachen entsprach. Pacheco verortete Artemisia noch in Rom.

Filippo Baldinucci widmete in seinem Traktat über die Florentiner Künstler im sechsten Band, der 1728 posthum erschien, Artemisia einen ganzen Abschnitt von mehreren Seiten.[189] Viel wusste er nicht über die Künstlerin, versuchte aber, mehr herauszufinden, was ihm allerdings

S. 190/191: Joachim von Sandrart, Artemisia Gentilesca, 1675

offensichtlich nicht gelang. Immerhin kannte er einige der Bilder, die sich damals in Florenz befanden, darunter eine *Entführung der Proserpina*, die heute verloren ist, und das von ihm gerühmte Gemälde *Judith enthauptet Holofernes* (Farbtafel 5). Nach einer längeren Passage, in der Baldinucci eine Anekdote erzählt, endet die Vita damit, dass Artemisia ab 1630 in Neapel lebte und mit großem Ruhm und Profit für die dortigen Prinzen und Herrschaften malte.

Als Baldinucci 1681 die Galerie mit Künstlerselbstporträts für die Medici in den Uffizien einrichten sollte, verlangte er auch nach Porträts von Künstlerinnen, namentlich von den drei Schwestern Anguissola, Elisabetta Sirani und Artemisia. Zumindest das von Sofonisba Anguissola kam damals bereits in die Galerie, von Artemisia gab es auch später dort keines.

Baldinucci hatte sich vor allem auf die Florentiner Zeit von Artemisia konzentriert, Dominici integrierte ihre Vita in sein Traktat über die Künstler Neapels, das von 1742 bis 1745 in drei Bänden erschien.[190] Er beschrieb, dass Artemisia mit Empfehlungsschreiben des Vizekönigs nach Neapel kam und so berühmt war, dass Massimo Stanzione sie täglich besuchte, um zuzuschauen, wie sie malte und begann, ihre Werke zu kopieren. Artemisia rühmte in seinem Beisein Guido Reni, der in Rom ihr Meister gewesen sei. Diese Lobeshymnen führten letztendlich dazu, dass Stanzione auch nach Rom ging.

Auf diese Ausführungen stützte sich Averardo de' Medici in seinem Bericht über Artemisia, der 1792 in einem Kompendium über berühmte Pisaner Männer erschien.[191] Averardo besaß ein Bild von Artemisia, das wohl den Anstoß zu seiner Beschäftigung mit der Malerin gab, die 1652 datierte und signierte *Susanna mit den beiden Alten* (Abb. S. 185). Dass der Artikel ausgerechnet in einem Buch über prominente Pisaner erschien, lag an der Herkunftsfamilie von Artemisia, die aus Pisa stammte. So wurde auch sie zur Pisanerin, die dort 1590 geboren wurde. Das damalige hohe Ansehen, das Frauen in der Gesellschaft genossen, wird gleich zu Beginn des Textes deutlich, denn Averadro erklärte, dass Frauen von der Natur mit mehr Kreativität ausgestattet worden seien als Männer, speziell wenn es sich um Malerei und Dichtkunst handele. Dann rühmte er die künstlerisch begabten Töchter von malenden Vätern und führte ein paar Beispiele an, bevor er auf Artemisia zu sprechen kam, die mit dem Talent, das sie vom Vater und den Vorfahren geerbt hatte, und ihrer hervorragenden Ausbildung diesen nicht nur gleichgestellt war, sondern sie sogar übertraf. Nach seinem Bedauern darüber, wie wenig er von ihr wisse, und der Erwähnung ihres Mannes, der vollkommen unbekannt sei, kam er auf die Bilder zu sprechen. Nach ihren hervorragenden Porträts, in deren perfekte Ausführung Orazio sie unterrichtet hatte, folgten ihre Stillleben, die er wortreich rühmt, ohne ein Beispiel zu nennen. Von den Bildern in Pozzuoli nannte er zwei, den *Heiligen Januarius im Amphitheater* sowie dessen Hinrichtung, ein Bild, das Artemisia nicht gemalt hatte. Zwei Bilder in Florenz kannte er: *Judith enthauptet Holofernes* (Farbtafel 5), „ein Bild, das mit Perfektion komponiert ist und gemalt mit solch lebensechten Farben, dass es nur mit Abscheu betrachtet werden kann.“[192] Außerdem das eigene Bild, das er in höchsten Tönen lobte und vor allem die Schönheit der Susanna hervorhob.

Artemisia sei nicht durch normale Wege zu diesen exzellenten Fähigkeiten gelangt, vielmehr habe sie sich nach den Unterweisungen von Vater und Onkel (der Pisaner Aurelio Lomi musste natürlich auch eine wichtige Rolle einnehmen) auf lange, weite Reisen in die Hauptstädte Europas begeben, auf die sie der Vater begleitet habe. Auch dadurch wurde sie zu einer Erneuerin und Lehrerin, so wie Dominici es beschrieb. Nach dem Einschub mit dem Text von Dominici beschäftigte sich Averardo mit der Frage, warum sich Artemisia Gentileschi nannte und nicht Lomi oder Stiattesi. Dass Orazio den Namen des Onkels in Rom angenommen hatte, war ihm bekannt, und er schlussfolgerte, dass Artemisia weiterhin den Namen des berühmten Vaters tragen wollte, zumal sie schon vor ihrer Heirat selbst berühmt war, ebenso wie zwei Dichterinnen, die auch ihren Namen nach der Hochzeit weiter trugen.

Am Ende dieser immerhin zwölf Seiten langen Vita korrigierte er noch das von Baldinucci auf 1642 festgesetzte Todesdatum, da er selbst ja dieses 1652 datierte Bild besaß, und verwies auf die Kirche San Giovanni dei Fiorentini als Begräbnisort.

Averardo erwähnte Agostino Tassi und den Prozess mit keinem Wort. Auch in den anderen Viten war darüber nichts zu lesen. Ausnahme war das Traktat von Giovanni Battista Passeri, das dieser zwar 1679 verfasst hatte, das aber erst 1772 erschien.[193] In seiner Vita über Agostino Tassi erwähnte er auch Artemisia und schilderte, dass Agostino sich ihr genährt habe, bis Orazio ihn angezeigt hatte und er inhaftiert wurde. Man wisse allerdings nicht, was sich wirklich zugetragen habe. Artemisia bezeichnete er als schön, eine Malerin, hochgeachtet, wenn sie ein anständigeres Leben geführt hätte. Diese Passage griff zwar ein anderer Biograf, Alessandro Morrona, auf, doch auch er stellte diese Geschichte nicht ins Zentrum seiner kurzen Vita, sondern eher Artemisias hervorragende Malweise.[194]

Gerade um 1800 gab es noch weitere Traktate, in denen das Leben und Wirken Artemisias besonders hervorgehoben wurde. Doch dann wurde es stiller um die Malerin, was durch die veränderte Stellung der Frau in der Gesellschaft zu erklären ist.[195] Eine Ausnahme stellten die von Frauen geschriebenen Werke dar, wie die der Engländerin Anna Jameson, die 1832 ein Buch mit dem Titel *Characteristics of Women, Moral, Political and Historical* schrieb, in dem sie Artemisias Rolle als untypisch für weibliche Malerei herausstrich, und der US-amerikanischen Autorin Elizabeth Fries Ellet, die in ihrem 1859 publizierten Buch *Women Artists in all Ages and Countries* ein erstaunlich präzises Bild von Artemisia zeichnete. 1858 erschien in Berlin das Buch *Die Frauen in der Kunstgeschichte* von Ernst Guhl in dem Bestreben, den Anteil der Frauen an der Kunst aufzuzeigen. Er betonte allerdings die Vormachtstellung der Männer. Artemisia gehörte für ihn zu den vielen italienischen Künstlerinnen des Barock, von der er zwei Bilder lobend hervorhob, die *Judith* im Palazzo Pitti in Florenz und die *Geburt Johannes des Täufers* in Madrid (Farbtafel 12). Doch generell ging im 19. Jahrhundert die von Averardo de' Medici, Alessandro Morrona und Marco Lastri geäußerte Überzeugung, dass Frauen in allen Künsten, auf die sie ihr Augenmerk richteten, Außergewöhnliches geschaffen haben, verloren. Von der Kreativität der Frauen war keine Rede mehr. Bildende Künstlerinnen, Musikerinnen und Dichterinnen, die professionell gearbeitet hatten, gerieten in Vergessenheit. Sie wurden erst nach und nach wiederentdeckt.

XI
Es werden immer mehr – Künstlerinnen der Barockzeit

„Ihr solltet wissen: Ich weiß, wie viele Frauen es in Flandern und in Frankreich und auch in Italien gibt, die auf eine Art und Weise malen, dass ihre Bilder in Italien sehr geschätzt werden."

Francesco da Sangallo, 1545

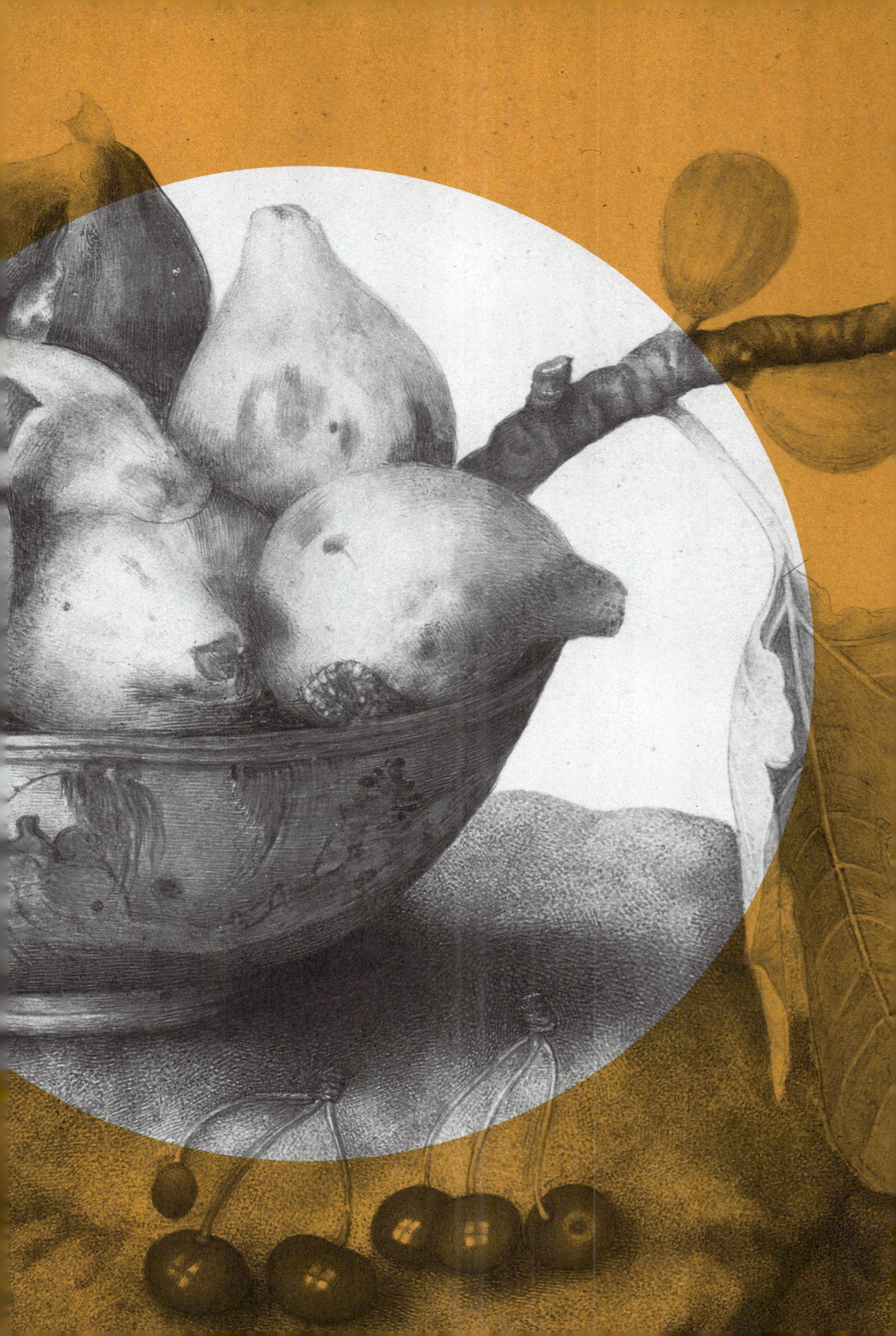

Artemisia ist nicht die einzige Künstlerin, die seit längerer Zeit in den Fokus geraten ist. Nie vergessen oder seit Langem bekannt sind Sofonisba Angiussola, Lavinia Fontana, Elisabetta Sirani, Rosalba Carriera, um nur Italienerinnen zu nennen. Doch wer kennt schon Giovanna Garzoni, Diana de Rosa, Anna Maria Vaiani oder Virginia da Vezzo? Sie alle sind Malerinnen, Zeitgenossinnen von Artemisia, die hier Erwähnung fanden. Doch es waren noch viel mehr.

Künstlerinnen der Barockzeit

Im März 2021 eröffnete in Mailand eine Ausstellung mit Werken von 34 Künstlerinnen, die im Italien des 16. und 17. Jahrhunderts gewirkt haben. Ende September 2021 präsentierte dann das Museum in Wadsworth/Ohio eine Ausstellung mit 18 italienischen Künstlerinnen aus ähnlicher Zeit. Sieben der Künstlerinnen waren nicht in beiden Ausstellungen vertreten, was nur zum Teil daran lag, dass die Ausstellung in den USA einen etwas späteren Zeitraum als Schlusspunkt setzte. Zwei der Künstlerinnen, die hier kurz behandelt wurden, kamen in beiden Ausstellungen, die von opulenten Katalogen begleitet wurden, nicht vor. Die Ausstellungen in Mailand[196] und den USA[197] dürften auch erst den Anfang markieren. Weitere Forschungen werden noch mehr Künstlerinnen zutage fördern, wenn es auch nie so viele sein werden wie Künstler. Das erfahren wir schon aus einem Brief von Giovanni Lanfranco an den Theologen und Schriftsteller Ferrante Carli von 1637:

„Ich wundere mich über gar nichts: Sig. Ippolito hat, wie Sie sagen, [mein Gemälde] in das Haus von Toscanella zur Begutachtung gegeben, wo es als Werk von der Hand einer Frau eingestuft wurde. Aber wenn dem so wäre, müsste der Preis nicht dreimal so hoch sein? Wenn Sie ihn sehen, sagen Sie ihm das. Hier jedenfalls hat ihm das Bild gefallen, und

S. 196/197: Giovanna Garzoni,
Schale mit Feigen, Kirschen und Rotkehlchen, um 1650, Detail

er musste es unbedingt haben, auch wenn es ein Narrenstück ist, wie es nun bezeichnet worden ist.“[198]

Diese Aussage von Lanfranco kann man als Kritik daran werten, dass die Bilder von Malerinnen bei Sammlern in Rom und Neapel besonders begehrt waren, es zeigt aber auch, dass sie eine tatsächliche Konkurrenz für die Künstler darstellten. Es handelte sich eben nicht nur um Artemisia, sondern um viele andere mehr, und einige von ihnen lebten bereits im 16. Jahrhundert. Denn sonst hätte auch Francesco da Sangallo kaum an Benedetto Varchi 1545 schreiben können: „Ihr solltet wissen: Ich weiß, wie viele Frauen es in Flandern und in Frankreich und auch in Italien gibt, die auf eine Art und Weise malen, dass ihre Bilder in Italien sehr geschätzt werden.“[199] Sangallo fuhr dann fort, dass es aber nur eine Künstlerin gebe, die auch Skulpturen mache, doch diese lebte lange vor 1600 und soll hier deshalb nicht berücksichtigt werden.[200]

Von den Künstlerinnen stammten viele, wie Artemisia, aus einer Familie, in der die Kunst die entscheidende Rolle spielte und in der alle mithalfen. Merkten die Väter, dass sie besonders begabte Töchter hatten, wurden auch diese gefördert. Andere kamen aufgrund ihres Talents zu einem Maler in die Lehre und heirateten entweder ihn oder einen anderen Lehrling. Einige blieben als Mitarbeiterinnen in der männlich geführten Werkstatt und kamen nie selbst zu Ruhm und Anerkennung, doch andere setzten sich durch und gingen ihre eigenen Wege. Die meisten von ihnen waren entweder nie verheiratet oder lösten sich auf die eine oder andere Weise aus der Ehe. Ein Problem stellte dabei häufig dar, dass es Frauen nicht erlaubt war, Verträge zu unterzeichnen. Doch auch hier wurden offensichtlich immer wieder Mittel und Wege gefunden, jenes Verbot zu umgehen.

Die Schwägerin von Agostino Tassi, Costanza Cannodoli (oder Francini), malte wahrscheinlich noch nicht, als Artemisia sie kennenlernte. Sie wurde 1597 in Empoli geboren und heiratete 1610 den Maler Filippo Francini, einen Schüler von Agostino Tassi. Der war mit ihrer älteren Schwester verheiratet. Tassi nahm Francini und seine Frau 1610 mit nach Rom, wo sie auch zusammenlebten. Später beherrschte sie die Kerzenmalerei und scheint nach Francinis Tod dessen Stellung übernommen zu haben, denn von 1634 bis 1653 wurde sie von der Kirche San Giovanni dei Fiorentini als Malerin entlohnt. Schreiben und damit Quittungen zeichnen konnte sie anfangs noch nicht. Das besorgte die ersten drei Jahre ein Buchhändler für sie, später beherrschte sie zumindest die eigene Unterschrift. Cannodoli gehörte zu den vielen kaum dokumentierten Maler:innen, die dekorative Arbeiten ausführten. Ohne ihren Kontakt zu Artemisia hätte sie wahrscheinlich nie eine solche Beachtung gefunden, dass ihr eine monografische Arbeit gewidmet wurde.[201] Ganz anders verhält es sich da mit Giovanna Garzoni.

Die Stilllebenmalerin – Giovanna Garzoni

Giovanna Garzoni war etwas jünger als Artemisia und wurde, im Gegensatz zu dieser, Hofmalerin sowohl in Turin als auch in Florenz. Ihre Anfänge liegen etwas im Dunklen, denn es gibt keine gesicherten Dokumente über ihre Geburt. Man kann aber davon ausgehen, dass sie 1600 in Ascoli Piceno geboren wurde, ihre Familie jedoch aus dem Veneto stammte. Als junges Mädchen kam sie zu ihrer Ausbildung als Malerin aus den Marken nach Venedig, vermutlich gemeinsam mit ihrem Bruder Mattio, der sie wohl auch auf ihrem späteren Lebensweg begleitete. In Venedig lernte sie die Ölmalerei, dazu aber auch andere Fertigkeiten wie die Kalligrafie. Lesen, Schreiben und Musizieren waren ihr vermutlich schon im Elternhaus beigebracht worden. Mit 16 Jahren signierte und datierte sie ihr erstes Bild, eine *Maria mit Kind* (Privatbesitz), woraus das Geburtsdatum 1600 geschlossen wurde. Cristofano Bronzini schrieb auch über sie eine Biografie, weshalb sie sich wohl irgendwann zwischen 1618 und 1621 in Florenz aufgehalten hatte und dort Artemisia begegnet sein könnte. Wieder in Venedig, heiratete sie den Maler Tiberio Tinelli, obwohl sie ein Keuschheitsgelübde abgelegt hatte. Die Beweggründe sind nicht klar, die Ehe wurde nicht vollzogen und 1624 annulliert. In Venedig hatte sie erneut Kontakt mit Artemisia, beide gingen auf Einladung des Herzogs von Alcalá 1630 nach Neapel, wobei Garzoni vorher in Rom Station machte, um ihren Förderer, Cassiano Dal Pozzo, zu treffen. Im Juni 1630 war sie „bei guter Gesundheit“[202] in Neapel angekommen, wie sie Dal Pozzo am 15.6. in einem Brief mitteilte. Garzoni fühlte sich in Neapel nicht wohl, vielleicht erhielt sie auch keine Aufträge, jedenfalls

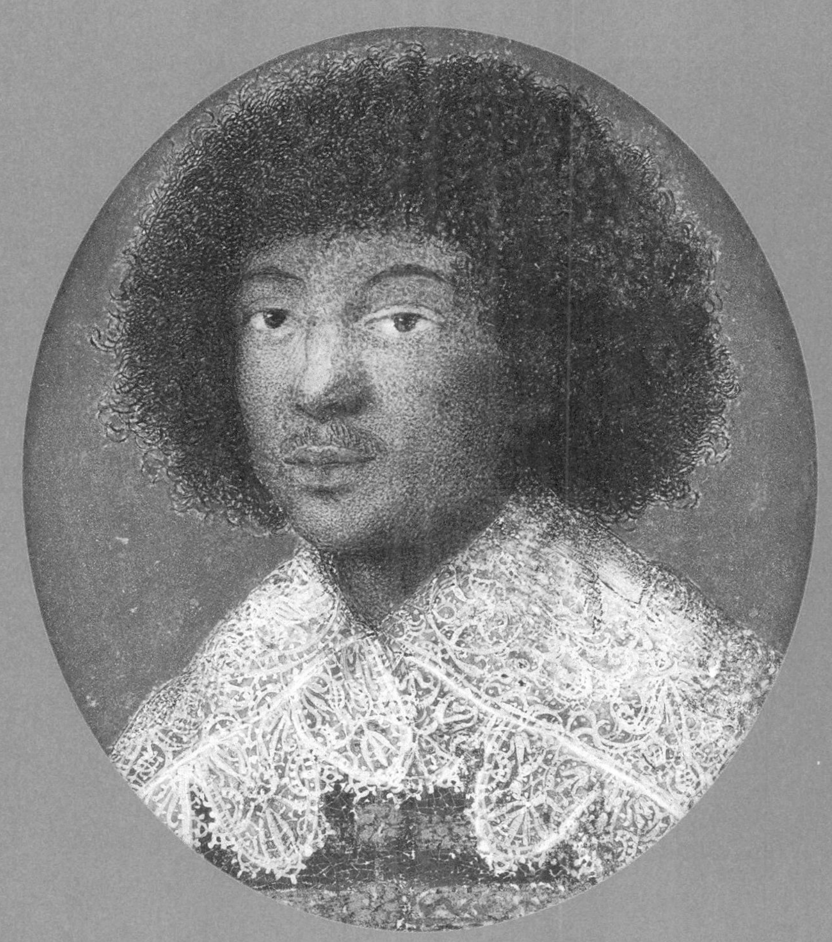

Giovanna Garzoni malte mit diesem Bildnis von Zaga Christ
das erste Porträt eines schwarzhäutigen Menschen in Europa.

kehrte sie 1631 bereits nach Rom zurück und nahm 1632 eine Einladung an den Hof in Turin an, wo sie bis 1637 als Miniaturmalerin für Christina von Frankreich, die Herzogin von Savoyen, arbeitete. Dort malte sie Bildnisse der Mitglieder des Hofes als Miniaturen auf Pergament, ebenso ihre ersten Stillleben, am erstaunlichsten aber ist das Porträt von Zaga Christ oder Ṣägga Krəstos (Abb. S. 201), einem Äthiopier, der für sich reklamierte, dem dortigen Herrscherhaus anzugehören. Er reiste durch den Sudan, Ägypten und Palästina, wo er den katholischen Glauben annahm. 1632 lebte er für zwei Jahre in Rom, dann ging er nach Turin, wo Garzoni ihn porträtierte, und von dort nach Paris, wo er an einer Rippenfellentzündung starb. Das kleine ovale Bildnis ist das erste Miniaturporträt in Europa mit einem schwarzhäutigen Menschen und schon allein deshalb eine Sensation. Garzoni wählte einen blauen Hintergrund, vor dem die schwarzen Locken und das dunkelhäutige Gesicht mit den erstaunt blickenden Augen hervorzutreten scheinen. Seine Kleidung, ein weißer Spitzenumhang über einem rot-gelben Kleid, entspricht der damaligen höfischen Tracht. Ob Zaga Christ das kleine Medaillon in Auftrag gab oder der Herzog von Savoyen, ist nicht bekannt. Auf der Rückseite steht „Giovanna Garzoni F.“ auch in äthiopischer Schrift.

1637, nach dem Tod des Herzogs, verließ Garzoni Turin und ging 1638 mit Artemisia nach London, von wo sie dann 1640 erst nach Paris reiste, dann an den Hof der Medici nach Florenz. Dort blieb sie bis 1651, perfektionierte ihre Früchtestillleben in Schalen aus chinesischem Porzellan (Abb. S. 196/197), von denen sie um 1650 zwanzig verschiedene für den Großherzog ausführte, wollte aber zurück nach Rom, was ihr dann auch gelang. Dort wurde sie 1654 in die Accademia di San Luca aufgenommen und lebte in einem Annexbau der zur Akademie gehörenden Kirche Santi Luca e Martina, wo sie auch bestattet wurde, wie bis heute ihr Grabdenkmal bezeugt, das als Dank für den der Akademie vermachten Nachlass errichtet wurde. Unter den Porträts der Akademiker befindet sich auch das ihre, eine Kopie des Bildes, das Carlo Maratti 1665 von ihr gemalt hatte.[203]

Im Nachlass befand sich auch ihr Skizzenbuch mit den Zeichnungen nach Dürer, die sie in London von dem einen Blatt kopiert hatte, das sich

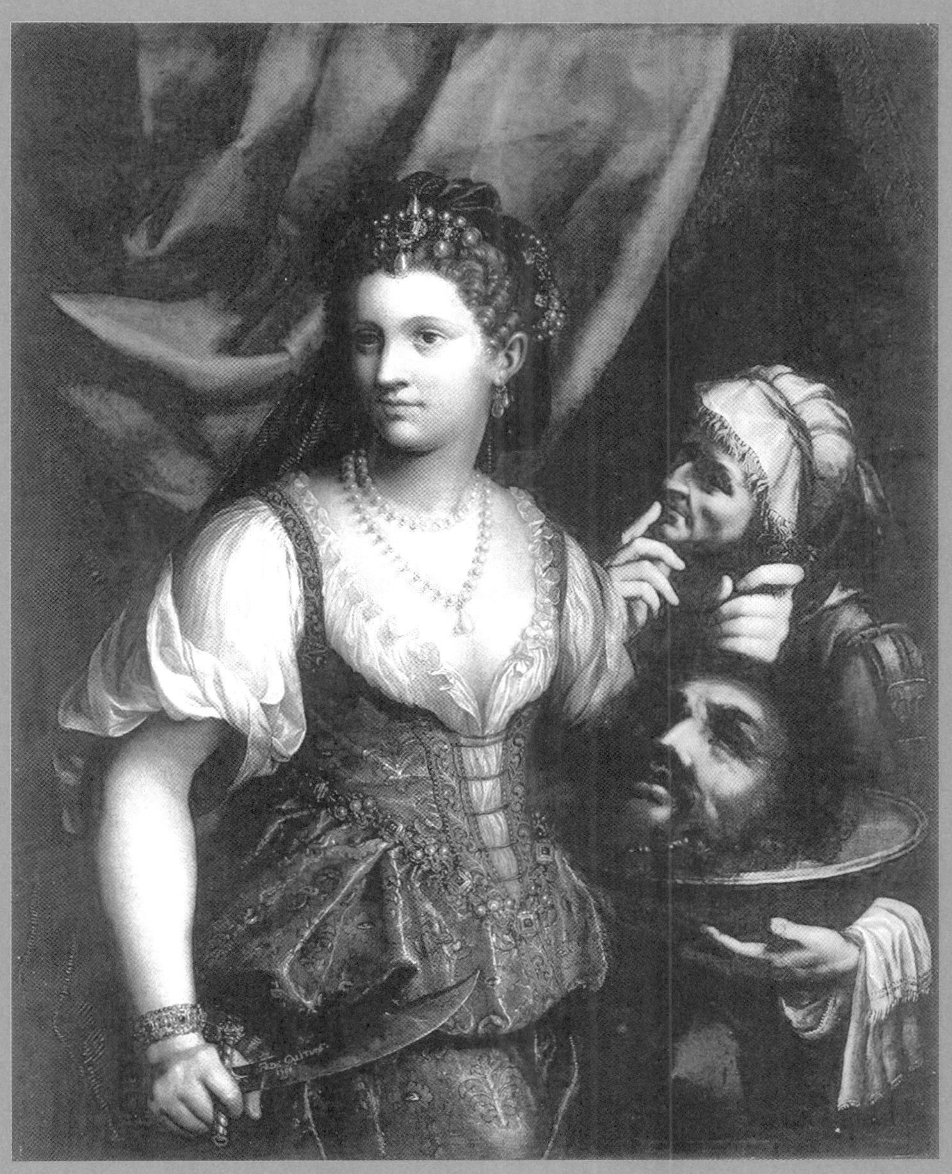

Auch Fede Galizia malte neben anderen Historienbildern 1596 eine
Judith mit dem Haupt des Holofernes.

im Besitz von Inigo Jones befand, außerdem Versatzstücke für ihre Stillleben, also einzelne Früchte, Pflanzen oder Insekten. In einem anderen Buch, das um 1630/32 datiert wird, hat sie einzelne Pflanzen gezeichnet und aquarelliert.[204] Ihr botanisches Interesse zeigt sich auch in den Früchte- und Blumenstillleben mit Insekten oder kleineren Tieren.

Giovanna Garzoni malte keine Historienbilder. Mit ihren Stillleben und Miniaturen passte sie eher ins gängige Bild von Malerinnen. Dennoch wurde auch sie lange vergessen und erst 2020 durch eine große Ausstellung im Florentiner Palazzo Pitti, begleitet von einem opulenten Katalog, wieder in Erinnerung gebracht.

Das Stillleben war ein relativ neues Genre, das in Italien unter anderem auch durch Fede Galizia zu einer ersten Blüte gelangte. Garzoni hatte wahrscheinlich in Turin Bilder dieser in Mailand lebenden Malerin kennengelernt. Galizia lernte bei ihrem Vater, in dessen Werkstatt sie auch noch 1610 arbeitete, obwohl sie inzwischen zu großem Ruhm gekommen war. So wurde sie früh in Gedichten lobend hervorgehoben, später dann rühmende Verse auf sie verfasst. Ihre Bilder fanden Eingang in die Sammlungen bedeutender Höfe wie demjenigen des Kaisers in Prag, und auch sie malte eine *Judith mit dem Haupt des Holofernes* (Abb. S. 203), eines von etlichen Gemälden, bei denen vor allem die kostbare Kleidung und der Schmuck der dargestellten Personen bemerkenswert sind. Sie zeigen vor allem auch ihre Beschäftigung mit Textilien, durch die ihr eine solch hervorragende Darstellung gelang. Von Galizia haben sich zahlreiche großformatige Historienbilder, Porträts, aber eben auch Stillleben erhalten, die wegweisend nicht nur für Garzoni, sondern auch für ihre männlichen Kollegen wurden. Dennoch wurde ihr erst 2021 eine erste große Ausstellung in Turin gewidmet.

Diana de Rosa, Anna Maria Vaiani und Virginia Vezzi

Die drei Malerinnen Diana de Rosa, Anna Maria Vaiani und Virginia Vezzi wurden in etwa um 1600 geboren und können auf die eine oder

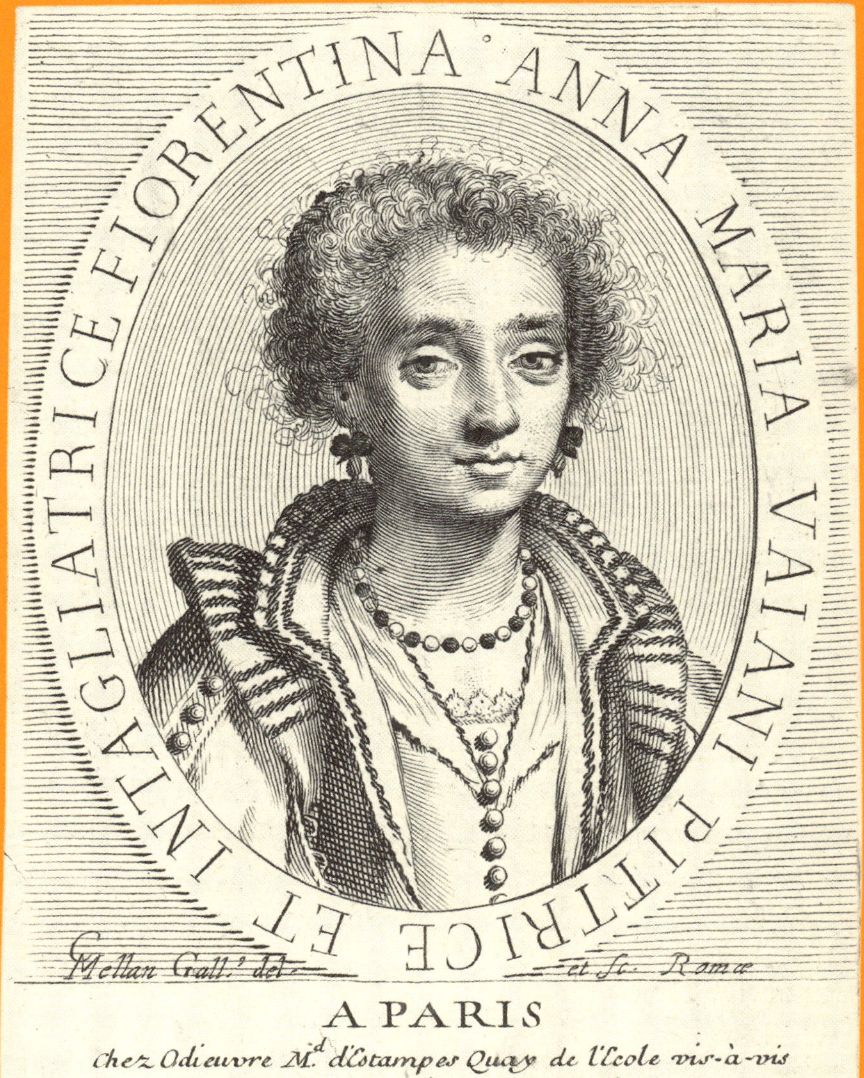

Die aus Florenz stammende Malerin Anna Maria Vaiani
dürfte spätestens in Rom Artemisia begegnet sein.

andere Weise mit Artemisia in Verbindung gebracht werden. Diana oder Anella de Rosa war die Tochter eines neapolitanischen Malers. Gemeinsam mit ihrem jüngeren Bruder Francesco, genannt Pacecco, lernte sie erst beim Stiefvater, dann bei Massimo Stanzione. 1626 heiratete sie Agostino Beltrano, mit dem gemeinsam Artemisia in Pozzuoli gearbeitet hatte. Von Rosa sind zwei Werke dokumentiert, die möglicherweise mit Altartafeln identisch sind, die sich in der Kirche Pietà dei Turchini befinden und durch die ihr einige andere sakrale Bilder zugewiesen werden. Durch ihre Zusammenarbeit mit Stanzione wurde ihr eine Liebesgeschichte mit ihm angedichtet, was ihren Mann derart erzürnt haben soll, dass er sie umbrachte, aus Neapel floh und erst nach der Pest von 1656 zurückkehrte. Doch auch diese Kriminalgeschichte, in der ein sündiges Weib die Hauptrolle spielt, gehört ins Reich der Legenden, da ein Dokument existiert, in dem festgehalten wurde, dass Rosa am 7. Dezember 1643 an einer Krankheit starb.

Diana de Rosa soll eine ausgesprochene Schönheit gewesen sein, ebenso wie ihre beiden Schwestern, die als die „drei Grazien Neapels“[205] Bekanntheit erlangten. Eine von ihnen heiratete ebenfalls einen Künstler und so entstanden wie so häufig verschiedene familiäre Beziehungen, in die dann auch Freundschaften mit einbezogen wurden. Und so dürfte Artemisia über Beltrano, vor allem aber auch über Stanzione mit Rosa bekannt gewesen sein. In ihrem Roman über Artemisia lässt Anna Banti Rosa auch eine wichtige Rolle als Malerin in Neapel spielen und als Modell für das Bild *Allegorie der Malerei* (Farbtafel 13).

Wie bereits erwähnt, lernte Artemisia Simon Vouet und Virginia Vezzi bei ihrer Rückkehr nach Rom entweder gemeinsam kennen oder die eine durch den anderen. Vezzi stammte zwar nicht aus einem Künstlerhaushalt, heiratete aber 1625 ihren Lehrer Simon Vouet und ging mit ihm nach Paris, wo das Ehepaar eine gemeinsame Werkstatt führte. Ein Freund von Vouet, Claude Mellan, porträtierte sie (Abb. S. 117). Durch diesen Kupferstich und das Selbstbildnis von Vouet konnten Vezzi jetzt neben ihrem gesicherten Gemälde der *Judith* weitere Bilder zugeschrieben werden, allen voran ein Selbstbildnis als Malerin, die das Porträt von Simon Vouet malt. Ob dieses Bild auch als *Allegorie der Malerei* gedeutet werden kann, ist aufgrund der einen existierenden Reproduktion schwer zu beurteilen. Das Gemälde wurde 1999 in Mailand versteigert und befindet sich in unbekanntem Privatbesitz.

Anna Maria Vaiani und Artemisia bewegten sich in denselben Kreisen in Rom und dürften sich von daher ebenfalls gekannt haben. Die in Florenz geborene Vaiani stammte ebenfalls aus einem Künstlerhaushalt. Ihr Vater war vor allem Kupferstecher und so erlernten sie und ihr Bruder auch die Drucktechniken von ihm. 1625 zog die Familie nach Rom, wo Vaiani sehr schnell Fuß fasste. Ihr Kontakt mit Galileo Galilei verschaffte ihr, vermittelt über Michelangelo dem Jüngeren, Aufträge der Barberini und damit auch die Bekanntschaft mit Cassiano Dal Pozzo, für den sie ebenfalls Werke schuf. Nach dem Tod ihres Vaters 1631 vervollständigte sie die von ihm gemeinsam mit ihr begonnenen Fresken in der Kapelle von Papst Urban VIII. im Apostolischen Palast des Vatikans mit der *Passion Christi*, für die sie 1632 die enorme Summe von 348 scudi erhielt. Ein Jahr später war sie an der Illustrierung des Kompendiums *De Florum Cultura* des Jesuiten Giovanni Battista Ferrari beteiligt, das die Anlage und Kultivierung von Blumengärten beschreibt und ein wichtiges Werk über Gärten im 17. Jahrhundert darstellte. An den Illustrierungen wirkten auch Giovanni Lanfranco und Guido Reni mit. Vaiani wurde bereits 1630 Mitglied der Accademia di San Luca und noch einmal 1655 im Register gelistet.

Doch auch bei Vaiani geht es nicht ganz ohne Kriminalgeschichte. 1647 heiratete sie den sehr viel jüngeren französischen Maler Jacques Courtois, doch die Ehe verlief nicht besonders harmonisch. Sie wurde gefangen genommen, da ihr Mann sie beschuldigt hatte, das gemeinsame Haus verlassen zu haben. Durch ihre prominenten Fürsprecher kam sie jedoch bald wieder frei und konnte die Scheidung erzwingen, wobei sie ihre Mitgift zurückgab. Es gibt allerdings auch noch eine zweite Version aus Sicht des Mannes, der nach dem Scheitern der Ehe Rom verließ und erst 1653 zurückkehrte, um sich wieder zu versöhnen. Das scheiterte auch an dem plötzlichen Tod von Vaiani, der ihn in eine schwere Krise stürzte.

Claude Mellan stach auch ein Bild von Vaiani (Abb. S. 205), wann genau ist nicht bekannt, denn er signierte es nicht im Gegensatz zu den andern beiden Künstlerinnen-Bildnissen. Das dritte von 1635 zeigt Maddalena Corvina (Abb. S. 208). Sie arbeitete vor allem als Buchmalerin für liturgische Bücher in Rom, fertigte aber auch Radierungen und Porträt-Miniaturen. 1655 wurde sie in die Accademia di San Luca aufgenommen und hatte durch ihre Arbeiten für Cassiano Dal Pozzo sicher

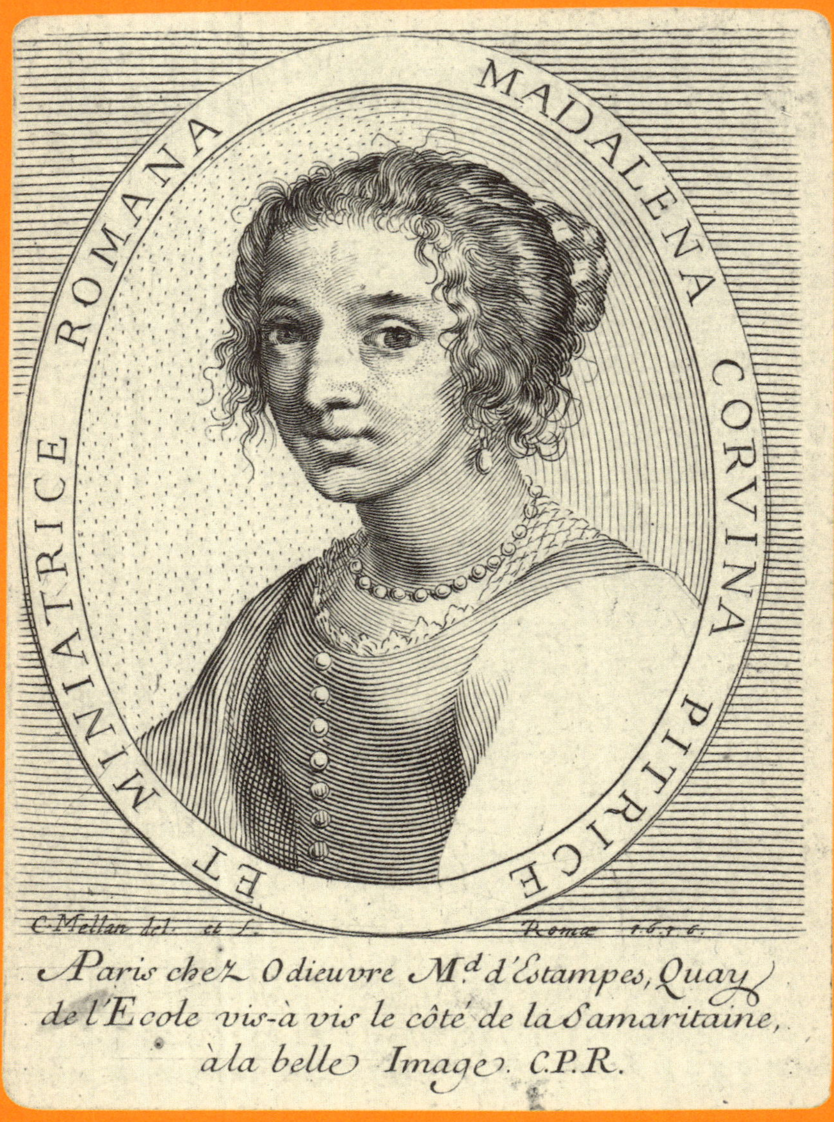

Claude Mellan stach die Bildnisse von einigen Künstlerinnen, darunter auch von der Buchmalerin Maddalena Corvina, die ebenfalls in Rom arbeitete.

auch Kontakt mit Vaiani. 2019 wurde eine Miniatur mit der Darstellung der *Heilige Katharina* in Mailand versteigert, das ihr zugewiesen und als Porträt von Artemisia erkannt wurde.[206] Dann hätten sich die beiden Malerinnen vermutlich auch gekannt. Doch ob die Miniatur wirklich von Corvina ist und wenn ja, ob es sich dabei um ein Porträt von Artemisia handelt, ist bei diesem sehr glatten und geschönten Gesicht der Heiligen nur schwer zu beurteilen.

Als Buchmalerin stand Corvina in einer langen Tradition, denn bereits im Mittelalter illuminierten Nonnen liturgische Bücher. Auch damals schon gab es Künstlerinnen, auch wenn nur wenige namentlich bekannt waren. Aber das war bei den Mönchen in den bekannten Buchmalereiwerkstätten nicht anders. Als die Künstler:innen dann anfingen, sich anderen Themen zuzuwenden und sich als Individuen zu begreifen, die nicht nur einer göttlichen Ordnung folgten, signierten sie immer häufiger ihre Werke und ihre Namen fanden sich immer häufiger in Dokumenten. Unter ihnen waren immer auch Frauen. Später wurden sie dann in die neu gegründeten Akademien aufgenommen, arbeiteten entweder in der Familien-Werkstatt oder gründeten eine eigene. Allein die wenigen hier aufgeführten Beispiele zeigen die Bandbreite, in der sie tätig waren. Sie wurden auch von ihren Malerkollegen porträtiert und als gleichwertig anerkannt. Erst die Kunsthistoriker eliminierten sie aus der Kunstgeschichte, wodurch sie in Vergessenheit gerieten und erst nach und nach wiederentdeckt werden.

Die Marginalisierung weiblicher Kunst ist noch lange nicht zu Ende. In vielen Lexika sucht man die Namen von Künstlerinnen vergebens. Die Künstlerin Sibylle Zeh hat in ihrem *Women in Art History* genannten Projekt seit dem Jahr 2000 in verschiedenen Ausgaben des *Reclams Künstlerlexikon* alle die Stellen weiß übermalt, die den Künstlern vorbehalten sind. So wurden daraus Künstlerinnenlexika, es fanden sich allerdings nur noch wenige Seiten mit Text, die meisten waren komplett geweißt. Dieses Konzept setzte sie auch mit anderen lexikalischen Werken fort. Die Ergebnisse sind erschreckend: Von 4500 Einträgen berücksichtigen 79 Frauen, 169 Einträge stehen 5030 gegenüber und bei einem Lexikon, das nur Künstler:innen des 20. Jahrhunderts behandelt, sind es immer noch fast zehnmal so viele Künstler wie Künstlerinnen.

XII
Literarische, filmische und künstlerische Rezeption

„Porträt oder nicht, daß eine Frau malt, stellt im Jahr sechzehnhundertvierzig einen Akt des Mutes dar"

Anna Banti, 1947

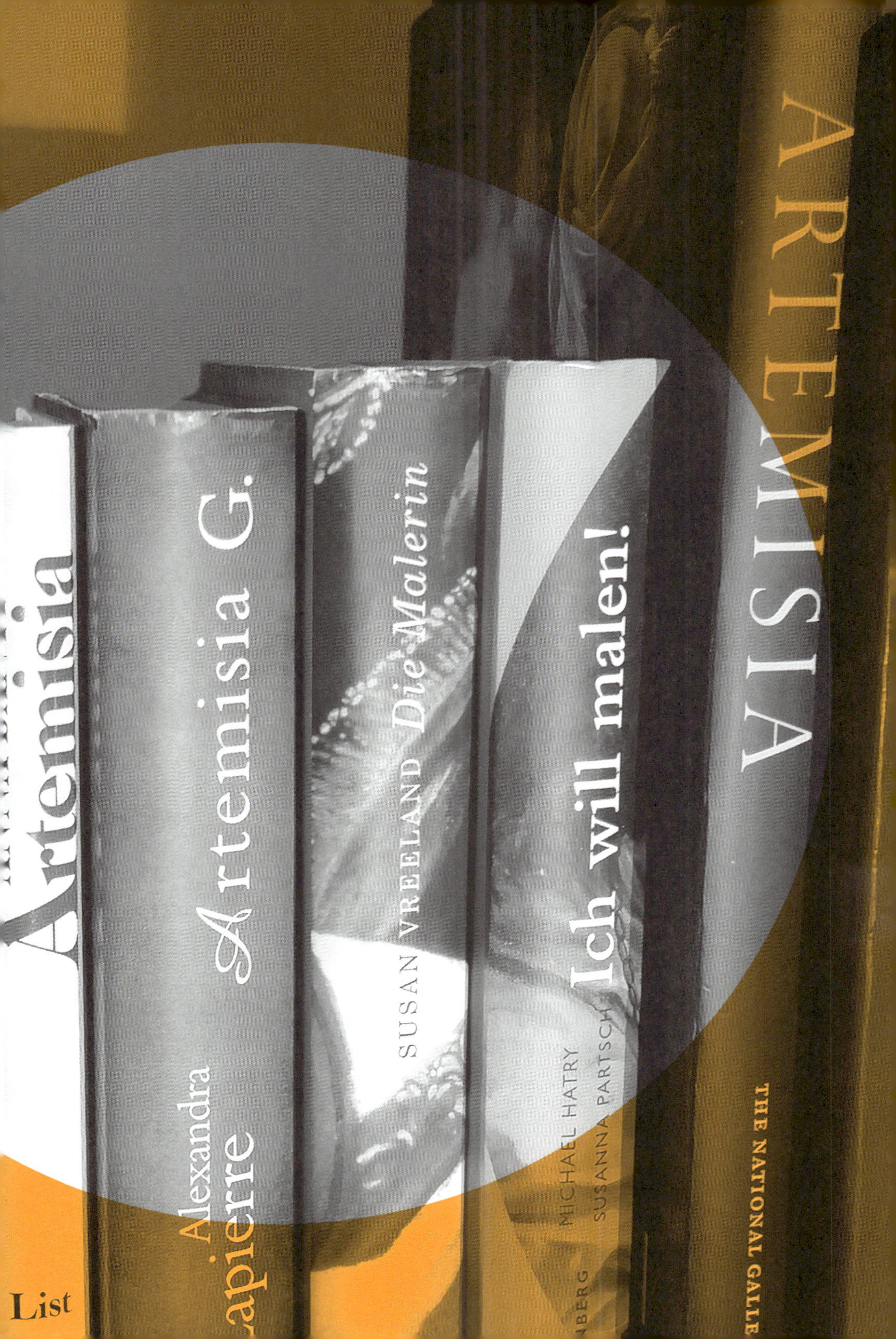

Artemisia
List

Alexandra
Lapierre
Artemisia G.

SUSAN VREELAND Die Malerin

MICHAEL HATRY
SUSANNA PARTSCH Ich will malen!

ARTEMISIA
THE NATIONAL GALLE

Der Künstlerroman ist ein Genre, das sich seit dem 18. Jahrhundert großer Beliebtheit erfreut. Die Idee des Künstlergenies spielt dabei eine große Rolle. Und so sind es natürlich auch Männer, deren Entwicklung hin zu großen Künstlern erzählt wird, seien sie nun fiktiv oder real. Dabei liegen Genie und Wahn häufig dicht beieinander, und auch wenn ihr Scheitern das Thema ist, bleibt letztendlich der Erfolg bestimmend, und sei es posthum. Zum Künstlerroman gesellt sich heute natürlich der Film, der ebenfalls facettenreich das Leben des jeweiligen Künstlers schildert, mit allen Freiheiten, die man sich bei romanhaften Biografien erlauben kann.

Selbstverständlich sind inzwischen auch Künstlerinnen Thema. Wohl eine der ersten war Artemisia, allein schon wegen der erhaltenen Prozessakten, die ihr Leben viel interessanter machen als das vieler anderer Künstlerinnen, denn hier kann eine Geschichte von Sex and Crime erzählt werden. Das Genie spielt – wenn überhaupt – eine untergeordnete Rolle. Interessanterweise haben vor allem Frauen das Leben Artemisias nachgezeichnet, in dem Liebe und Gewalt meist die bestimmenden Themen sind und nicht der Kampf um die Kunst, die Ignoranz der Auftraggeber oder der Zweifel des Genies an sich selbst wie in anderen Fällen.

Anna Banti war die erste Frau, die sich an eine literarische Verarbeitung des Themas wagte. Ihr erstes Manuskript war 1944 bei einem Bombenangriff verbrannt, kurz nach Ende des Zweiten Weltkriegs schrieb sie im Dialog mit Artemisia einerseits über den verlorenen Text, andererseits zeichnete sie ein Leben nach, bei dem sie sich nicht unbedingt an die auch damals schon bekannten Fakten hielt. Die Prozessakten waren in zusammengefasster Form bereits 1875 veröffentlicht worden, daraus konnte sie sich bedienen. Doch der Prozess selber spielt keine große Rolle im Roman, nimmt keinen großen Raum ein, das Verhältnis zu Agostino Tassi schon. In Florenz lebt Artemisia anschließend allein und malt aus Rache an Tassi *Die Enthauptung des Holofernes*.

„Agostino, der Dolch, die unglückselige Szene auf dem Säulenbett hatten einen Weg gefunden [...] Indessen schwellte ein gewaltiger Stolz

S. 210/211: Eine Auswahl der Bücher über Artemisia Gentileschi

die Brust, der schreckliche Stolz einer gerächten Frau, an der trotz der Schande auch die Befriedigung der Künstlerin teilhat, die alle künstlerischen Probleme gemeistert hat [...], die junge, nach Rechtfertigung, Rache und Herrschaft dürstende Artemisia."[207]

Möglicherweise hat Banti die Idee in die Welt gesetzt, die bis heute immer wieder durch die kunsthistorische Literatur geistert. Artemisia malt zwar Bilder und verkauft sie, doch wird weniger ihre Arbeit geschildert als ihr Verhältnis zu den wichtigen Männern in ihrem Leben, zu denen auch ihr Ehemann gehört, den sie in Rom in den ärmlichen Unterkünften der Stiattesi zu lieben lernt.

Doch als sie sich aus der prekären Situation mithilfe ihres Bruders Francesco befreit und in eine richtige Wohnung zieht, verweigert sich Stiattesi diesem Leben und verlässt sie. In den Augen Bantis besitzt Artemisia die Stärke, ihr Leben allein in die Hand zu nehmen, es gelingt ihr auch, von ihrer Malerei zu leben, doch ordnet sie sich auch immer wieder einem Manne unter. Sätzen wie „Porträt oder nicht, daß eine Frau malt, stellt im Jahr sechzehnhundertvierzig einen Akt des Mutes dar"[208] folgt zwei Seiten später „Im Vertrauen auf den Vater stützt sie sich ganz auf die Begründung [...], ihm zur Seite stehen zu wollen: während sie doch wußte, daß er ihr zur Seite stand."[209]

Dieser Wechsel zwischen gelebter Unabhängigkeit und der Sehnsucht nach Liebe und Unterordnung ist wohl auch der Zeit geschuldet, in der Banti lebte und eventuell auch ihrer eigenen Situation als Kunsthistorikerin, die immer im Schatten des berühmten Ehemannes stand, von dem sie sich nicht abgrenzen konnte oder wollte. Artemisia ist zwar Malerin, aber auch Frau in den Rollen der Tochter, der Verführten, der liebenden Ehefrau, der Verlassenen, von dem einen geliebten Bruder unterstützt. Nur die Mutterrolle kann sie nicht auch noch annehmen, wird in England aber wieder treu sorgende Tochter für einen alten, pflegebedürftigen Vater. Nach seinem Tod kehrte sie aufs Festland zurück, den Tod erwartend.

Das Buch erschien erstmals 1947, über 40 Jahre später eine Neuedition, auf die dann Übersetzungen in verschiedenen Sprachen folgten, 1992 auch auf Deutsch. Das Buch wurde zu Recht als literarische Entdeckung gefeiert, ob es tatsächlich auch eine Annäherung an eine Malerin ist, die 400 Jahre früher gelebt hatte, wird unterschiedlich bewertet.

Banti verzichtete weitgehend auf Sex and Crime, ihre Artemisia ist keine Femme fatale, aber auch keine Feministin. Allerdings vermisste die Autorin später offensichtlich selbst den Prozess in ihrem Buch und brachte 1960 ein Theaterstück mit dem Titel *Corte Savella*[210] heraus, in dem in drei Akten die Bewunderung Artemisias für die Bilder Caravaggios und die Eroberung Tassis, die Folter in Gegenwart Tassis und die Entstehung des Gemäldes der *Enthauptung des Holofernes* thematisiert werden. Das Stück feierte 1963 in Genua Premiere.

Erst nachdem die Prozessakten 1981 in großen Teilen veröffentlicht wurden,[211] gefolgt von einer englischen Übersetzung 1989,[212] in der weitere Passagen berücksichtigt waren, rückte Artemisia wieder mehr ins Bewusstsein, vor allem auch über die Fachwelt hinaus. Die Französin Alexandra Lapierre betrieb mehrere Jahre ausführliche Archivarbeit und brachte erstaunliche Details zutage, die sie allerdings nicht in wissenschaftlicher Form veröffentlichte, sondern als Roman mit einem beeindruckenden Anmerkungsapparat, der in der deutschen Übersetzung fehlt. Sie widmete vor allem der Jugend Artemisias, der Geschichte der Vergewaltigung und des anschließenden Prozesses einen Großteil ihres Buches, dessen Titel im Original *Artemisia. Un duel pour l'immortalité* lautet, auf Englisch – zumindest in einigen Ausgaben – *Artemisia. The story of a battle of greatness*. Schon der Titel suggeriert den Kampf einer Frau um Anerkennung, doch sind Liebe und Sexualität letztendlich maßgebliche Antriebsfedern. Auf die gegenseitige Liebe von Tochter und Vater folgt die Hingabe an den Vergewaltiger Tassi („Leidenschaftlich und glühend gab sie sich Agostinos Wünschen hin, erwiderte seine Umarmungen mit einer Sinnlichkeit, die er damals in ihr vermutet hatte."[213]) und die zeitweise eheliche Liebe („Als sie sich gegen ihn warf, bekam Pierantonio endlich die Gewißheit, geliebt zu werden. Er las in ihren Augen eine derartige Glut, daß er seine ganze Kraft wiederfand."[214]). Als sie dann wieder in Rom lebte, wurde sie nicht nur die Mätresse des Herzogs von Alcalá, sondern sie war mehr „Verbindungen eingegangen, als sie zählen konnte."[215] Artemisia war zur Femme fatale geworden und stand auch dazu, war ihr Ruf durch den Prozess ja sowieso ruiniert. Anders jedenfalls sind folgende Zeilen kaum zu verstehen: „Fünfzehn Jahre nach dem

Prozeß, der in der Öffentlichkeit Artemisias angeblich so ausschweifendes Leben ausgebreitet hatte, […] sündigte [sie] in aller Unbefangenheit."[216] Nicholas Lanier wurde der letzte echte Liebhaber, bevor Artemisia in Neapel weitere sexuelle Abenteuer erlebte, um später in den Kreis der väterlichen und brüderlichen Familie zurückzukehren und in London mit ihrem Vater gemeinsam und gleichberechtigt zu arbeiten. Mit Orazios Tod und Beerdigung endet das Buch.

Susan Vreeland machte in ihrem 2002 erschienenen Roman aus Artemisia eine moderne Feministin. Und auch wenn hier der Prozess nach Jahren noch Stadtgespräch ist und als Makel Artemisia ihr Leben lang begleitet, so steht doch die Malerin im Vordergrund, die nach der richtigen Komposition sucht, mit den Thema ringt und für ihre Anerkennung kämpft. 2007 veröffentlichte dann Michael Hatry das Jugendbuch *Ich will malen! Das Leben der Artemisia Gentileschi*, das Artemisias Leben bis zu ihrer Rückkehr nach Rom erzählt, wobei er sich auf die damals bekannten Fakten bezog, die in einem ausführlichen Anhang zusammengefasst sind. Die Kritik sprach davon, dass „es mit dem Buch in eindrucksvoller Weise gelungen [sei], den mühsamen Werdegang einer jungen Frau zur Malerin inmitten des bunten römischen Kunstlebens eindringlich und in einer lebendigen Sprache nachzuzeichnen."[217]

Die Ausstellungen der letzten Jahre wurden auch wieder fiktional reflektiert, wie Comics und Graphic Novels zeigen. Gina Siciliano hat in ihrem Buch *I know what I am* von 2019 sämtliche neu erschienene Literatur berücksichtigt, die sie in einem eindrucksvollen Anmerkungsapparat zusammengetragen hat. Fünf Jahre soll sie recherchiert und gezeichnet haben. Das Ergebnis ist der überzeugende Versuch, das Leben Artemisias auf neue Weise wiederzugeben und damit einem ganz anderen Publikum nahezubringen.

1997 lief der Film *Artemisia* von Agnès Merlet in den Kinos an, gleichzeitig erschien auch noch ein „Buch zum Film". Dieser Film ist mehr Fiktion als Fakt, nicht nur bezogen auf das Leben der 17-jährigen Artemisia. Rom liegt direkt am Meer, wo sich Agostino Tassi als Freilichtmaler betätigt. Artemisia hingegen bemüht sich vor allem darum, männliche Akte zu zeichnen, wozu ihr (fast) alle Mittel recht sind. Als Schülerin von Tassi wird sie nach der blutigen Vergewaltigung seine Geliebte. Er lehrt sie auch perspektivisches Zeichnen, sie hingegen porträtiert ihn als

Holofernes. Das rote Blut, das sie malt, korrespondiert dabei mit demjenigen der Vergewaltigung und der Folter ihrer Hände. Im Film wird die Entjungferung zur künstlerischen Selbstentdeckung und verweist damit auf „Weiblichkeitsmythen des 19. Jahrhunderts".[218] Artemisia wird eine „sehr junge, unschuldige, wilde Kindfrau",[219] die mit der selbstbewussten und angesehenen Malerin nicht das Geringste zu tun hat.

Bereits früh setzten sich Künstler:innen mit Artemisia und speziell mit dem Bild der *Enthauptung des Holofernes* (Farbtafel 5) auseinander. 1979 fand in Paris eine Ausstellung statt, in der sich vier Frauen und acht Männer mit diesem Bild von Artemisia beschäftigten, die meisten von ihnen konzeptuell. Ein neunter Mann, der Philosoph Roland Barthes, schrieb die Einführung, in der er die Ambivalenz des Bildes zwischen Tod und Verstümmelung einerseits und Vergewaltigung andererseits beschrieb, wobei er die beiden Frauen als die Vergewaltigerinnen sah.[220] Allerdings, so betont er, sind die sozialen Unterschiede der beiden Frauen klar erkennbar, nicht nur an ihrer Kleidung, sondern auch an der Art und Weise ihres Agierens.

Lea Lublin, eine der ausstellenden Künstlerinnen, näherte sich dem Bild in vier Zeichnungen an, in denen sie das Schwert zum Phallus, die Arme zu gespreizten Beinen, die Mörderinnen zu Hebammen werden ließ und damit sukzessive die Tat in eine Geburtsszene verwandelte. In dem langen beigefügten Text schlussfolgerte sie ähnlich wie Barthes: „Es handelt sich zwar um eine Todesszene, aber eine derartige Inszenierung einzelner Körperteile ließe sich auch als Umkehrung einer Entjungferung, als Vergewaltigungs-, Kastrations- und Geburtsszene interpretieren."[221]

Ein Jahr später, 1980, schrieb die Malerin Gisela Breitling in ihrer autobiografischen Suche nach den Frauen in der Kunstgeschichte: „Artemisia Gentileschis Bilder [...] vermitteln den Akt der Ermordung in seiner ganzen Grausamkeit, zeigen die Tragweite des Entschlusses und seiner Ausführung. Mir ist kein Bild bekannt, in dem das Töten als solch schwere und fürchterliche Arbeit dargestellt ist. Die Künstlerin begnügt sich nicht mit einer ästhetisch-stillebenhaften Zurschaustellung weiblicher List, die die Frau in ihrer Gefährlichkeit sexuell attraktiv macht."[222]

Die US-amerikanische Künstlerin Kathleen Gilje kopierte 1998 das frühe Susanna-Gemälde (Farbtafel 1) von Artemisia, wobei sie als vermeintlich untere Malschicht eine aufschreiende Frauenfigur darstellte. Durch die Verwendung von viel Bleiweiß kann man auf den anschließend angefertigten Röntgenaufnahmen beide Frauen in ihrer unterschiedlichen Wehrhaftigkeit erkennen.

2017 ließ der aus Simbabwe stammende Künstler Kudzanai Chiurai die Szene nachstellen, mit zwei schwarzen Frauen und einem weißen Mann, und fotografierte sie. Hier wird der Wunsch nach Überwindung der Machtverhältnisse anders in Szene gesetzt. Statt der Frau ist es nun die schwarze Frau, die versucht, die Strukturen zu verändern. Judith wird damit zur Kämpferin für Gleichheit und Gerechtigkeit für alle.

Nachwort

„Ich fühle mich von allen Königen und Herrschern Europas geehrt, denen ich meine Werke schickte“

Artemisia an Galileo Galilei, 20. Oktober 1635

Keine Biografie ist objektiv, denn es liegt immer im Ermessen des Biografen oder der Biografin, welche Selektion betrieben wird. Je weiter das Leben der oder des zu Beschreibenden zurückliegt, desto schwieriger ist die Suche nach Fakten. Je nach Quellenlage muss eine Biografie Fragment bleiben, zumal auch nicht allen Quellen zu trauen ist. Oder, wie es Wolfgang Hildesheimer in seinem Buch über Mozart formulierte: „Das Vermögen, sich in eine Gestalt der Vergangenheit zu versetzen, beherrschen wir nicht, vielmehr bleibt es ewig Gegenstand unserer Wunschvorstellungen.“[223]

Der Versuch einer Annäherung an Artemisia resultiert deshalb auch aus den Fragen, die ich gestellt habe, die mich interessiert haben, die ich als wesentlich empfand. Nicht alle Fragen konnten beantwortet werden, das wird im Text immer wieder deutlich. Andere Fragen wurden vielleicht anders gestellt als bisher und bieten schon deshalb andere Antworten als die bekannten.

Doch habe ich auch Fragen gestellt an Freund:innen, Kolleg:innen, Expert:innen, denen ich zu danken habe, namentlich Sheila Barker, Gregory Buchakjian, Charlotte Diehl, Peter Diemer, Christine Follmann, Karin Hellwig, Hans Lange, Jesse Locker, Teresa Löwe-Bahners, Jürgen Müller, Christian Quaeitzsch, Andreas Schumacher, Gundula Wolter. Sabine Burbaum hat mich bei den Übersetzungen aus dem Italienischen unterstützt und das Manuskript mit Argusaugen gelesen. Ihr gebührt ein ganz besonderer Dank!

Vor allem aber möchte ich Elisabeth Stein und Ulli Steinwender vom Molden-Verlag für das Vertrauen danken, das sie mir entgegengebracht haben und für die außerordentlich konstruktiven Gespräche. In der Endphase haben neben ihnen auch Alexander Herzlinger und Burghard List dazu beigetragen, dass aus einem Manuskript dieses Buch werden konnte.

Anmerkungen

Diese Monografie über die Malerin Artemisia Gentileschi behandelt nicht alle ihr zugewiesenen Bilder und liefert auch kein vollständiges Werkverzeichnis. Die Mitglieder der Familien Gentileschi und Stiattesi werden mit Vornamen genannt, um Verwechslungen zu vermeiden.

1 Kauffmann, Georg, in: Hubala, Erich: Die Kunst des 17. Jahrhunderts. Propyläen Kunstgeschichte Band 9, Berlin 1970, S. 148.

2 "un animo di Cesare nell'anima d'una donna", an Antonio Ruffo am 13. November 1649, zit. nach Solinas 2021, S. 155; der früher üblichen Übersetzung „Das Herz eines Caesars im Busen einer Frau" schließt sich d. V. nicht an.

3 Hoecker, Rudolf (Hrsg.): Das Lehrgedicht des Karel van Mander, Haag 1916, S. 45.

4 Ebd., S. 47.

5 Es handelt sich um ein Fresko in Santa Maria Maggiore, das die *Darstellung Christi im Tempel* zeigt.

6 Ein Beispiel dafür sind die knienden Gläubigen in der *Rosenkranzmadonna* von 1601/05, die sich heute im Kunsthistorischen Museum in Wien befindet.

7 Gioan Bagaglia tu non sai un ah
le tue pitture sono pitturesse
volo vedere con esse
che non guadagnarai
mai una patacca
che di cotanto panno
da farti un paro di bragasse
che ad ognun mostrarai
quel che fa la cacca
porta là adunque
i tuoi desegni e cartoni
che tu ai fatto a Andrea pizicarolo
o veramente forbetene il culo
o alla moglie di Mao turegli la potta
che con quel suo cazzon da mulo piu non la fott[e]
perdonami dipintore se io non ti adulo
che della collana che tu porti indegno sei
et della pittura vituperio.
Transkription und Übersetzung in: Müller, Jürgen: „Cazzon da mulo" – Sprach- und Bildwitz in Caravaggios *Junge von einer Eidechse gebissen*, in: Robert, Jörg (Hrsg.): Intermedialität in der Frühen Neuzeit: Formen, Funktionen, Konzepte, Berlin 2017, S. 180–214, speziell S. 184.

8 Ein weiterer Künstler, den Baglione beschuldigt hatte, der Architekt Onorio Longhi, hatte Rom verlassen und konnte deshalb nicht belangt werden.

9 Es handelte sich um Gregorio Rotolanti, einen Sohn des Stadtkämmerers, der engen Kontakt zu Onorio Longhi und dadurch vermutlich auch zu Caravaggio hatte. Wie er zu Tode kam, ist nicht bekannt, Trisegni nannte ihn als Quelle für die Gedichte.

10 Es handelte sich eigentlich um San Giovanni Decollato.

11 Schütze, Sebastian: Caravaggio, Köln 2009, S. 264, im Original in Macioce, Stefania: Michelangelo Merisi da Caravaggio. Fonti e documenti 1532–1724, Rom 2003, S. 130.

12 *Amor als Sieger*, wie der Titel des in der Berliner Gemäldegalerie ausgestellten Bildes lautet, hat verschiedene, sich widersprechende Interpretationen erfahren. Der lateinische Titel *Amor vincit omnia* kann *Die Liebe besiegt alles* bedeuten und darauf hinweisen, dass die irdische Liebe über alle moralischen und intellektuellen Werte triumphiert und damit auch über den menschlichen Ehrgeiz. Das Bild kann aber auch als eine Lobpreisung des Auftraggebers verstanden werden, einem klugen Mann, der sich in den Wissenschaften und in den Künsten hervorragend auskannte, was auch durch seine Schriften bewiesen ist. So wie Amor triumphiert auch er über Kunst und Wissenschaft.

13 Caravaggio in Preußen. Die Sammlung Giustiniani und die Berliner Gemäldegalerie (Ausstellungskatalog), Mailand 2001, S. 282–286.

14 Zit. nach Ruthe, Ingeborg, in: Berliner Zeitung vom 3.3.2014.

15 Ruthe, Ingeborg, in: ebd. vom 28.2.2014.

16 Das ist der heutige Salone Sistino im Obergeschoss der Bibliothek.

17 Die Leitung der Ausstattung teilten sich Giovanni Guerra aus Modena und der aus Orvieto stammende Cesare Nebbia, als dessen Mitarbeiter Orazio von Giovanni Baglione in dessen Lebensbeschreibung bezeichnet wird.

18 Das Bild mit der *Darstellung Jesu im Tempel* in Santa Maria Maggiore ist Teil eines großen Freskenzyklus mit dem *Leben Jesu* oberhalb der frühchristlichen Mosaiken im Mittelschiff der Kirche, an dem zahlreiche Künstler beteiligt waren.

19 Der Brief vom 3.7.1612 in: ASF, Mediceo del Principato, 6003, nach fol. 71r–72 v, abgedruckt in Leopoldo Tanfani Centofani, Notizie di artisti tratte da documenti pisani, Pisa 1897, S. 221–224; in englischer Übersetzung bei Barker 2021, S. 67–74.

20 Della dignità et della nobiltà delle donne, Florenz, Biblioteca Nazionale, Magl. Cl. VIII, 1513–1538.

21 Übersetzt und paraphrasiert von d. V. nach der englischen Übersetzung von Barker, 2018, S. 415/16, das italienische Original auf S. 433.

22 Hier dürfte es sich um den Silberscudo handeln, der damals gebräuchlichen Währung, die in Florenz parallel immer noch als fiorino bezeichnet wurde. Zur finanziellen Situation der Künstler im barocken Rom s. Spear, Richard E.: Notes on Painters' Earnings in Early Baroque Rome, in: The Art Bulletin 2003, Nr. 85, Heft 2, S. 310–320.

23 Ausführlich dazu Krischel/Sevcik 2022.

24 Das verloren geglaubte Gemälde wurde inzwischen mit demjenigen identifiziert, das sich in Rom in der Galleria Doria Pamphilij befindet und früher Domenichino zugewiesen wurde.

25 Rom, Galleria Borghese.

26 Vor allem diejenige von Marcantonio Raimondi von 1510/20, die Orazio vermutlich besaß.

27 Ausführlich dazu Simons, Patricia: Artemisia Gentileschi's *Susanna and the Elders* (1610) in the Context of Counter-Reformation Rome, in: Barker 2017, S. 41–57.

28 Die Geschichte der Susanna gehörte nach der Redaktion des Kirchenvaters Hieronymus im 4. Jahrhundert in die Vulgata, die lateinische Fassung der Bibel. Martin Luther verbannte sie zusammen mit anderen, wie der von Judith und Holofernes, in einen gesonderten Abschnitt, Apokryphen genannt. Sie gehörten seiner Meinung nach nicht zur Heiligen Schrift, er erachtete sie aber im Sinne der moralischen Erziehung als nützlich. Dem widersprach das in der Gegenreformation zwischen 1545 und 1563 tagende Konzil von Trient. Seitdem stehen die Geschichten der Susanna und der Judith zwar in den katholischen Ausgaben der Bibel, nicht aber in den protestantischen. Ausführlich dazu Krischel/Sevcik 2022.

29 Lander, Tobias: Gentil'esca – Genderkonstruktion bei Artemisia Gentileschi und Tracy Emin, in: Münch, Birgit Ulrike u. a. (Hrsg.): Künstlerinnen. Neue Perspektiven auf ein Forschungsfeld der Vormoderne, Petersberg 2017, S. 233.

30 Rosen, Valeska von: Künstlerpaare anders, in: Schäfer, Barbara/Blühm, Andreas (Hrsg.): Künstlerpaare – Liebe, Kunst und Leidenschaft (Ausstellungskatalog), Ostfildern 2008, S. 21.

31 Cohen 2000. Dennoch werden Prozess und Folter immer wieder in den Mittelpunkt gerückt; siehe zuletzt Hessel, Katy: The Story of Art without Men. Große Künstlerinnen und ihre Werke, München 2022, S. 35–39.

32 Auch Sala del Concistoro genannt.

33 Alle Zitate: Wachenfeld 1992, S. 43f.

34 siehe dazu ausführlich Cohen 2000 und dieselbe, in Krischel/Sevcik 2022, S. 97–103.

35 Wachenfeld 1992, S. 52f.

36 Ebd., S. 53.

37 Ebd., S. 121.

38 Ebd., S. 125.

39 Ebd., S. 138.

40 Ebd., S. 122.

41 Garrard 1989, S. 202–204; Bissel 1999, S. 348–353.

42 Barker, Sheila: A new document concerning Artemisia Gentileschi's marriage, in: The Burlington Magazine, 2014, Nr. 156, Heft 1341, S. 803–804.

43 "...havendo per sin adesso fatte opere, che forse principali mastri di questa professione non arrivano al suo sapere", in Bissel, 1999, S. 393, Anm. I/1.

44 Barker 2017a, S. 78: Dok. 28 vom 22.8.1619.

45 Barker 2017a, S. 77: Dok. 22 vom 28.10.1614.

46 https://www.uffizi.it/en/artworks/judith-with-the-head-of-holofernes.

47 Das ursprüngliche Bild Alloris, wohl das in London, war im Auftrag des späteren Kardinals Alessandro Orsini entstanden. Wie aus einem Briefwechsel zwischen Michelangelo dem Jüngeren und Orsini hervorgeht, zögerte Allori lange die Übergabe des Bildes heraus und forderte es dann auch noch einmal zurück, um es zu überarbeiten. Das Bild hatte er längst signiert, als Cosimo II. 1616 als Vermittler auftrat und Allori weitere Zeit zubilligte, um das Gemälde zu vollenden. Bei dieser Gelegenheit hatte er dann wohl selbst eine Fassung des Bildes bei Allori in Auftrag gegeben. Für die Dokumente s. Shearman, John: Cristofano Allori's ‚Judith', in: The Burlington Magazine 1979, Nr. 121, Heft 910, S. 2–10.

48 Briefe in Bissel 1999, S. 158.

49 Treves 2020, S. 136.

50 Es ist das Verdienst von Francesco Solinas, die Briefe von Artemisia im Archiv der Frescobaldi gefunden und publiziert zu haben. Der ersten Edition der transkribierten und kommentierten Briefe von 2011 folgte 2021 eine erweiterte Fassung, aus der hier zitiert wird.

51 Bissel 1999, S. 161.

52 Solinas 2021, S. 42, 45.

53 Ebd., S. 53.

54 Barker 2017a, S. 82, Anm. 43.

55 Die Übermalungen führte der Maler Baldassare Franceschini, genannt Il Volterrano, aus. Das Projekt, die ursprüngliche Fassung digital wiederherzustellen, ist im April 2023 abgeschlossen.

56 Garrard, 2017, S. 14 und Agoston, Laura Camille: Allegories of Inclination and Imitation at the Casa Buonarroti, in: Barker 2017, S. 103–118, bes. S. 111.

57 Barker, Sheila: Art as women's work, in: By Her Hand (wie Anm. 197), S. 46.

58 Uppenkamp, Bettina: Judith und Holofernes in der italienischen Malerei des Barock, Berlin 2004.

59 Dieses Bild wird auf 1598/99 datiert und befindet sich im Palazzo Barberini in Rom.

60 Kardinal Del Monte, der Mäzen Caravaggios, machte es Großherzog Ferdinando de' Medici zum Geschenk.

61 Barker 2017a, S. 66.

62 Baldinucci, Filippo: Notizie de' professori del disegno da Cimabue in qua, Florenz 1681–1728; Ferdinando Ranalli (Hrsg.), 5 Bände, Florenz 1845–47, Band 3, 1846, S. 714.

63 Der Vasarianische Korridor verbindet die Uffizien mit dem Palazzo Pitti; in ihm wird vor allem die Sammlung der Selbstbildnisse präsentiert.

64 Solche Behauptungen finden sich nicht nur in fiktionaler, sondern auch in wissenschaftlicher Literatur. Und so wurde noch 2016 die Schwägerin von Agostino Tassi, die Malerin Costanza Cannodoli, in dem Bild zu Abra, die Artemisia/Judith half, Tassi/Holofernes zu enthaupten. Siehe dazu: Vicioso, Julia: Costanza Francini: A painter in the shadow of Artemisia Gentileschi, in: Barker 2016, S. 99–120, speziell S. 111f. Doch auch wenn sich Künstler:innen damals Modellen bedienten, die aus dem Familien- oder Bekanntenkreis stammten, setzten sie damit diese nicht in Verbindung mit dem Thema der Darstellung.

65 Uppenkamp, Bettina: Judith und Holofernes in der italienischen Malerei des Barock, Berlin 2004, S. 182.

66 Eine dieser Versionen befindet sich heute in Oslo (Nationalgalerie) und wird auf 1608/09 datiert.

67 Es wird bezweifelt, dass es sich bei der Inschrift um eine authentische Signatur handelt.

68 "mandatemi i bambini", Artemisia an Maringhi am 13.2.1620, in: Solinas 2021, S. 55.

69 Solinas 2021, S. 168.

70 Das komplette Inventar in Solinas, 2021, S. 170–171.

71 Luigi Vettori war Mitglied einer alteingesessenen Florentiner Familie und wurde später Gesandter der Medici am Wiener Hof.

72 Solinas 2021, S. 167.

73 Filippo und Domiziano Pasqualone sollten im März 1620 einen Mordanschlag auf Tassi verübt haben; s. Cavazzini, Patrizia: Agostino Tassi (1578–1644). Un paesaggista tra immaginario e realtà (Ausstellungs-Katalog), Rom 2008, S. 52.

74 Artemisia war nicht die einzige Frau, mit der Maringhi eine Liebesbeziehung hatte, wie an ihn gerichtete Briefe anderer Frauen nahelegen, die sich ebenfalls im Archiv der Frescobaldi erhalten haben.

75 Der Musiker Belerofonte Castaldi, ein Freund von Claudio Monteverdi, arbeitete auch als Kunsthändler und hatte Maringhi einige Kunstwerke vermittelt.

76 Vermutlich war die Vermittlung für den Auftrag von Giovan Battista Crivelli ausgegangen, dem Vertrauten und Gesandten des bayerischen Kurfürsten in Rom, oder von dessen Vetter Giulio Cesare Crivelli, Gesandter der katholischen Liga am päpstlichen Hof. Eine weitere Verbindung zwischen Bayern und Florenz existierte damals durch Christina von Lothringen, der Mutter Cosimo II. de' Medici, deren Schwester Elisabeth mit dem bayerischen Herzog verheiratet war.

77 "Se Vostra Signoria si compiacerà rispondermi, resterà serviti scrivermi sotto la cuperta del Signor Francesco Maria Maringhi.", Solinas 2021, S. 132; Übersetzung von d.V. wie in den weiteren Fällen auch.

78 Alle Zitate in: Solinas 2021, S. 96.

79 Z. B. in Sonett CCCXIII, CCCXXVII, CCCXL, siehe: http://gedichte-werkstatt.de/Petrarca/Sommer.html.

80 Cohen 2015, S. 269.

81 Solinas, in: Treves 2020, S. 153.

82 Solinas 2021, S. 71: "A quello che tanto amo".

83 Artemisia wird am 29.1.1629 in einem notariellen Akt in Venedig als Ehefrau von Stiattesi bezeichnet, s. Contini/Solinas 2011, S. 264. Das bedeutet aber nicht, dass Pierantonio auch in Venedig lebte.

84 Solinas 2021, S. 139: "darmi nuova della vita o morte di mio marito".

85 Ebd., S. 179.

86 Das geht aus dem Brief vom 24.10.1637 an Cassiano Dal Pozzo hervor.

87 Der Vergleich mit der Zeichnung von Ottavio Leoni in der Karlsruher Kunsthalle ist überzeugend.

88 Giovanni Cavino oder Alessandro Cesati.

89 «Faict a Rome par Pierre Du Monstier Parisien, Ce dernier de Decemb.re 1625. / après la digne main de l'excellente e sçavante Artemise gentil donne Romaine», in: Treves 2020, S. 160.

90 'Les mains de l'Aurore sont louées et renommées pour leur rare beauté. Mais celle cy/ plus digne le doit estre mille fois plus, pour scavoir faire des merveilles,/ qui ravissent les yeux des plus Judicieux.', in: ebd.

91 Felice Antonio Casoni führte die Medaille 1611 aus, die auf der Vorderseite die Büste Lavinia Fontanas im Profil nach links zeigt, und auf der Rückseite die an einer Staffelei sitzende Allegorie der Malerei.

92 Nantes, Musée des Beaux-Arts.

93 Los Angeles, County Museum of Art.

94 München, Alte Pinakothek.

95 Hamburg, Kunsthalle.

96 Bei den Versionen in der Kathedrale von Sevilla und im Museo Soumaya in Mexiko-Stadt handelt es sich um Kopien.

97 "Al sign.r Pietro della Valle mio sig.re in venire a vedere le mie opere", in: Barker 2022, S. 78.

98 "Chè se d'allori mi ingesse il fronte", in: ebd.

99 Ob es sich dabei um eine Signatur handelt oder um eine zeitgenössische Inschrift anderer Hand, ist bislang strittig.

100 Das Gemälde wurde erst 2003 wiederentdeckt und zuerst Orazio zugewiesen, da es sich im 18. Jahrhundert in der Genueser Sammlung von Giacomo Balbi befunden hatte, wie aus einem Inventar von 1740 hervorgeht. Dort wird es als von Orazio gemalt bezeichnet, doch inzwischen ist man sich darüber einig, dass es von Artemisia stammen muss.

101 Wahrscheinlich handelte es sich ursprünglich um ein Ganzfigurenbild, denn im Inventar sind andere Maße angegeben, als das Bild heute hat, nämlich 156,2 x 133,9 cm gegen 125 x 93,5 cm; siehe Marzia Cataldi Gallo: The Sauli Collection. Two unpublished letters and a portrait by Orazio Gentileschi, in: The Burlington Magazine 2003, Nr. 145, Heft 1202, S. 345–353.

102 Das Bild befand sich lange in einer amerikanischen Privatsammlung, wechselte aber Ende Januar 2022 den Besitzer, nachdem es bei Sotheby's in New York versteigert wurde. Der Preis betrug 2 682 000 Dollar. Artemisias Bilder, auch wenn sie nicht signiert oder durch andere Dokumente zweifelsfrei ihr zugeschrieben werden können, sind hochpreisig.

103 Anders Solinas, zuletzt 2021, S. 61f.; darauf bezogen Sotheby's: https://www.sothebys.com/en/buy/auction/2022/master-paintings-sculpture-part-i/portrait-of-a-seated-lady-three-quarter-length-in?locale=en.

104 Die eine von ihnen, Clorinda, heiratete 1649 in Venedig den Maler Pietro della Vecchia, die andere, Lucrezia, 1648 den flämischen Maler Daniel van den Dyck.

105 "Artem. pinx. / H. David. F."

106 EN PICTURA MIRACULUM / INVIDENDUM FACILIUS QUAM IMITANDUM.

107 Plinius, Historia Naturalis 35:63: ...invisurum aliquem facilius quam imitaturum.

108 „Für den äußerst berühmten und hervorragenden Herrn Gioseppe Marini", bei dem es sich um einen Musiker und Komponisten aus Venezien handeln könnte.

109 Das H steht für Hieronymus, die lateinische Form des Namens Jérôme.

110 Über diese Akademie ist nur wenig bekannt. In Venedig existierte sie seit 1629, in Rom bereits 1626. Die Mitglieder waren vornehmlich Literaten und Gelehrte, keine bildenden Künstler (und ausschließlich Männer). Es ist kaum vorstellbar, dass Artemisia bei solchen Treffen in Rom zugegen war.

111 Laut Pfisterer eine Vorstellung der Frühen Neuzeit; Pfisterer, Ulrich: Picturas Schlaf und Erwachen, in: derselbe/Wimböck, Gabriele (Hrsg.): Novità. Neuheitskonzepte in den Bildkünsten um 1600, Zürich 2011, S. 311–358, hier S. 334.

112 Die Hinweise zur Kleidung verdanke ich Gundula Wolter, Berlin.

113 Das von 1620 bis 1646 in verschiedenen Sprachen abgefasste Manuskript befindet sich in London, British Museum, Sloane 2052.

114 zitiert nach Bischoff, Gudrun: Das De Mayerne-Mauskript, München 2004, S. 155.

115 Kolportiert von Walpole, Horace: Anecdotes of painting in England ..., Band 2, London 1849, S. 361, Anm. 6.

116 "Ho vista la misura che Vostra Signoria Illustrissima mi ha fatto grazia mandarmi e l'averei servita subito, so non mi occoresse fare alcuni quadri per l'Imperatrice, et è bisogno che siano finiti a mezzo Settembre, ché fatto questo, la prima cosa sarà il servire Vostra Signora Illustrissima, alla quale tanto devo." in: Solinas 2021, S. 107, die Übersetzung, leicht modifiziert, in Stolzenwald 1991, S. 114.

117 Brown, Jonathan/Kagan, Richard L.: The Duke of Alcalá, his collection and its evolution, in: The Art Bulletin 1987, Nr. 69, Heft 2, S. 231–255.

118 Es handelt sich um ein Gemälde von Scipione Pulzone von 1578 (Neapel, Museo e Real Bosco di Capodimonte) sowie um diejenigen, die Orazio um 1622/23 in

Genua malte (eines heute in Turin, Galleria Sabauda, das andere in Genua, in der Kirche San Siro).

119 Die Briefe datieren vom 24. und 31. August sowie 21. Dezember.

120 "di guanti delli più belli", in: ebd.

121 Joachim von Sandrart, Teutsche Akademie der Edlen Bau- Bild- und Mahlerey-Künste, Nürnberg 1675, II, Buch 3, S. 299 (ta.sandrart.net/de).

122 Alle Zitate ebd., Buch 2, S. 204.

123 Sandrart hatte Rom 1635 wieder verlassen und war nach Frankfurt zurückgekehrt, das Bild dürfte vorher in die römische Sammlung gekommen sein. Seine Maße, das ist überliefert, betrugen 201 x 134 cm.

124 Es befand sich lange in einer Privatsammlung in Neapel und wurde 2019 auf einer Auktion in Wien verkauft. Es misst 203,5 x 152 cm.

125 Es befindet sich in der Gemäldegalerie von Schloss Kroměříž in Tschechien, misst 193 x 158 cm und wurde 2013 Artemisia zugeschrieben; s. Zapletalová, Jana: Artemisia Gentileschi: a newly attributed painting, in: Arte cristiana 2013, Nr. 101, Heft 877, S. 251–258.

126 Rom, Palazzo Spada.

127 Das Gemälde misst 201 x 133 cm.

128 Das geht auch aus einem Brief von Artemisia an Großherzog Ferdinando de' Medici vom 20. Juli 1635 hervor.

129 *Verkündigung der Geburt des Täufers an Zacharias; Johannes verlässt das Elternhaus; Predigt von Johannes dem Täufer; Enthauptung.*

130 Vier der Bilder sind in etwa gleich groß (die Maße des Bildes von Finoglia sind überliefert), das erste und vierte deutlich breiter. Das hat zu der Annahme geführt, dass die Bilder bereits für einen bestimmten Raum konzipiert waren und dort die *Taufe Christi* rahmten.

131 Hochaltarbild mit dem *Martyrium der Heiligen Prokolus und Januarius.*

132 *Der heilige Petrus weiht San Aspreno.*

133 *Anbetung der Hirten.*

134 *Landung des heiligen Paulus in Pozzuoli.*

135 *Predigt des heiligen Patrobas.*

136 Das geht aus einer Schrift des Bischofs hervor.

137 Im Mai 1964 brach in der Kathedrale ein Brand aus, der den Chor verschonte. Die Bilder konnten gerettet werden, waren allerdings beschädigt und blieben Jahrzehnte in Neapel. Inzwischen befinden sie sich wieder in situ, bei den notwendigen Restaurierungen ging jedoch die Signatur bei der *Anbetung der Hirten* verloren. Die beiden anderen Bilder sind ebenfalls signiert.

138 Der neapolitanische ducato war etwas weniger wert als ein scudo.

139 Bernardo de Dominici, Vite de' pittori, scultori ed architetti napoletani, Neapel 1742–1743.

140 Ebd., Band 3, 1743, S. 199.

141 Die Geschichte stammt aus der Tragikomödie *Il Pastor Fido* von Giovanni Battista Guarini, die 1590 erstmals publiziert wurde und sich in Italien großer Beliebtheit erfreute, allerdings selten bildlich dargestellt wurde.

142 Datiert am 25. Januar 1635.

143 „alli quali [i miei quadri] son graditi, come frutti d'un arbor impotente à partorirli;“ in: Solinas 2021, S. 116, die Übersetzung in Stolzenwald 1991, S. 115.

144 "ho conosciuto nella loro vaghezza la virtù e nel dono di essi la liberalità di lei.", in: Solinas 2021, S. 117, die Übersetzung in Stolzenwald 1991, S. 115; der Brief datiert vom 7. März 1635.

145 Der lange Brief vom 22. Mai 1635 besteht hauptsächlich aus Höflichkeitsfloskeln.

146 Ferdinando war der Sohn des 1621 gestorbenen Cosimo II., für den Artemisia damals in Florenz einige Bilder ausgeführt hatte, andere wohl nie vollendet. Der Brief datiert vom 20. Juli 1635.

147 In dem Brief schrieb sie auch, dass ihr Bruder Francesco dem Großherzog vor Kurzem Bilder von Orazio überbracht hatte und danach nach Neapel gekommen sei, um sie nach England zu begleiten.

148 Der Brief datiert vom 20.10.1635.

149 „Prencipe Natural“, in: Solinas 2021, S. 131.

150 Im Brief erwähnte sie auch, dass der Herzog von Guise kürzlich ihrem Bruder 200 Piaster für ein Bild gegeben habe, das Geld sei allerdings nie bei ihr angekommen.

151 Das Bild ist 1632 signiert und datiert und versehen mit der Widmung an einen F. Rosiers; es befindet sich heute im Palazzo Blu in Pisa; s. Whitlum-Cooper, Francesca, in: Treves 2020, S. 200.

152 Solinas 2021, S. 132.

153 Der Brief datiert vom 11. 12. 1635.

154 am 11.2.1636: "perché in Napoli non ho voluntà de piu starce, si per li tumulti di guerra, come anco il male vivere, et delle cose care.", in: Solinas 2021, S. 138, die Übersetzung in Stolzenwald 1991, S. 118.

155 Der Brief datiert vom 1. April 1636.

156 Der Brief datiert vom 24. Oktober 1637.

157 Auch in einem Brief vom 24. November 1637.

158 Die Bände erschienen 1638 und 1640.

159 Cappones Gedichtband erschien 1643.

160 Fontanella, Girolamo: Ode, Neapel 1638, S. 170: "la tua man miracolosa, e degna / Che sì belle pitture orna, e disegna".

161 "... non sodisfatta d'essere pervenuta al servitio di questa Corona d'Inghilterra, dalla quale recevo honori et gratie segnalatissime, parmi non poter' appagar questo mio amitioso desiderio, solo che con l'inviale ancora, con quest'altro mio fratello, mandato della Maestà della Regina sua et mia Signora per suoi interssi in Italia, questa mia piccola fatica, quale è bensì nuda di perfettione, ma ricca d'una profonda osservanza che le professo." Solinas 2021, S. 143; Übersetzung in Stolzenwald 1991, S. 119.

162 Sie befinden sich heute im Marlborough House in London.

163 Das Inventar erstellte der Künstler Abraham van der Doort.

164 Ripa, Cesare: Der Kunst-Göttin Minerva Liebreiche Entdeckung, Augsburg 1704, S. 213.

165 Die *Allegorie der Malerei* von Sirani stammt von 1658 und befindet sich in Moskau, Puschkin-Museum.

166 Artemisia an Dal Pozzo, 24.11.1637: "servir gli amici e padroni", in: Solinas 2012, S. 140.

167 Barker 2022, S. 100, 133, Anm. 20.

168 Die Briefe publizierte der Nachfahre Vincenzo Ruffo 1916.

169 "Io so' romana e perciò voglio procedere sempre alla romana.", in: Solinas 2021, S. 156, Übersetzung Stolzenwald 1991, S. 122, modifiziert.

170 "... mi dispiace che anco la seconda volta habbia da fare il noviziato.", an Ruffo am 23.10.1649, in: Solinas 2021, S. 153, Übersetzung Stolzenwald 1991, S. 121, modifiziert.

171 "... perché il nome di donna fa star in dubbio sinché non si è visto l'opra.", in: Solinas 2021, S. 148, Übersetzung Stolzenwald 1991, S. 119.

172 "... chiacchiere feminili, ma l'opere saran quelle che parleranno ...", in: Solinas 2021, S. 149, Übersetzung Stolzenwald 1991, S. 120, modifiziert.

173 1. Brief vom 13.11.1649, Solinas 2021, S. 155; siehe auch Anm. 2.

174 2.Brief vom 13.11.1649, Solinas, S. 155/56.

175 Zwei der Bilder in Potsdam stammen von Luca Giordano, zwei weitere wohl von Guido Reni.

176 Von Artemisia stammt in Potsdam noch *Lukrezia und Sextus Tarquinius*. Gemeinsam mit einer *Judith und ihre Magd mit dem Haupt des Holofernes* gehörten die zwischen 1635 und 1650 datierten Bilder spätestens 1671 den Farnese und befanden sich in ihrem Schloss in Parma. 1739 wurden sie nach Neapel verschifft, wo das Judithbild heute im Museo e Real Bosco di Capodimonte präsentiert wird. Die beiden anderen Bilder sind seit 1769 in Potsdam belegt.

177 Ein Beispiel ist die Version, die sich im Columbus Museum of Art in Ohio befindet.

178 Das Bild in der National Gallery of Art in Washington gilt heute als ein Werk von Bernardo Cavallino. Ein anderes, früher ebenfalls Cavallino zugeschriebenes Gemälde, das 2007 und 2020 bei Christie's verkauft wurde, wird inzwischen Artemisia zugewiesen.

179 Das Bild von 1649 befindet sich heute in Brno in der Moravská Galerie, das von 1652 in Bologna in der Pinacoteca Nazionale.

180 Das hatte sie am 13.3.1649 an Ruffo geschrieben und hinzugefügt, dass sie sich durch die Heirat vollkommen ruiniert habe und jetzt bankrott sei.

181 "cosa di molta importanza", in: Solinas 2021, S. 152, Übersetzung Stolzenwald 1991, S. 120.

182 Porzio, Giuseppe/Terzaghi, Maria Cristina: Artemisia Gentileschi, Cleopatra, Paris 2014, S. 12, Anm. 8.

183 Lattuada, Riccardo/Nappi, Eduardo: New documents and some remarks on Artemisia's production in Naples and elsewhere, in: Mann 2005, S. 92, 98.

184 "Co'l dipinger la faccia à questo e à quello / Nel mondo m'acquistai merto infinito; / Nell'intagliar le Corna a mio Marito / Lasciai il pennello, e presi lo scalpello." zitiert nach der Ausgabe Loredan, Giovan Francesco / Michiele, Pietro: Cimiterio. Epitafi giocosi, Venedig 1674, S. 78, Epitafio XXXIX; Übersetzung in Stolzenwald 1991, S. 57, modifiziert.

185 "Gentil'esca de' cori à chi vedermi / Poteva, sempre fui nel cieco Mondo; / Hor, che trà questi marmi io mi nascondo / Sono fatta Gentil'esca de vermi." zitiert nach der Ausgabe Loredan, Giovan Francesco / Michiele, Pietro: Cimiterio. Epitafi giocosi, Venedig 1674, S. 78, Epitafio XL; Übersetzung in Stolzenwald 1991, S. 58, modifiziert.

186 Wie Anm. 182.

187 "Se quanto bella sei, tanto famosa / Artemisia gentil ti loda il Mondo", Canale, Giovanni: Poesie ..., Neapel 1667, zitiert nach Bissel 1999, S. 167, Übersetzung Sabine Burbaum.

188 Baglione, Giovanni: Le vite de' pittori, scultori e architetti, Rom 1642, Band I, S. 360 (Kommentierte Ausgabe: Hess, Jacob / Röttgen, Herwart [Hrsg.], 3 Bände, Città del Vaticano 1995).

189 Wie Anm. 62, S. 713–716.

190 Wie Anm. 139.

191 Memorie istoriche di più uomini illustri pisani, 4 Bände, Pisa 1790–1792, Bd. 4, S. 453–465 (Reprint Bologna 1972).

192 "Opera così bene immaginata, e con sì vivi colori espressa, che mette ribrezzo in chi la mira;" Averardo de' Medici, 1792, S. 457, zitiert nach Locker, 2015, S. 190, Übersetzung der Verfasserin.

193 Passeri, Giovanni Battista: Vite de' pittori scultori ed architetti che hanno lavorato in Roma. [1679], Rom 1772; Hess, Jacob (Hrsg.): Die Künstlerbiographien von Giovanni Battista Passeri, Leipzig/Wien 1934, S. 122.

194 Morrona, Alessandro da: Pisa illustrata nelle arti del disegno, Pisa 1792, Bd. 2, S. 264–274.

195 Siehe dazu allgemein Rullfes, Evke: Die Erfindung der Hausfrau. Geschichte einer Entwertung, Hamburg 2021.

196 Bava, Annamaria u. a. (Hrsg.): Le signore dell'arte. Storie di donne tra '500 e '600 (Ausstellungs-Katalog), Mailand 2021.

197 Straussman-Pflanzer, Eve/Tostmann, Oliver (Hrsg.): By Her Hand: Artemisia Gentileschi and Women Artists in Italy, 1500–1800 (Ausstellungs-Katalog), New Haven/London 2021.

198 "Io non mi maraviglio di niente, avendolo [il Sig. Ippolito] dato, come V. S. dice, a sindacare in casa del Toscanella, con tutto che fosse, come essi dicono, di mano d'una donna: stando questo fatto sino a quel segno, non doveva valere tre Volte tanto? Se le viene in taglio V. S. glielo dica; ma, sia come si voglia, qui gli piacque, e per la sua reputazione lo voleva tenere, quando fusse stato una buffoneria, come l'hanno battezzata.", zit. nach Leuschner, Eckhard: Giovanni Lanfranco: "Junger Mann mit Katze auf einem Bett" – Fragen an ein Bild, in: derselbe / Wenderholm, Iris (Hrsgg.): Frauen und Päpste: Zur Konstruktion von Weiblichkeit in Kunst und Urbanistik des römischen Seicento, Berlin 2016, S. 265–288, hier S. 265 und Anm. 1.

199 "che io so, che dovete sapere, quante donne sono per la Fiandra, e per la Francia, e ancora in Italia, le quali dipingono in modo, che in Italia i loro quadri di pittura, sono tenuti in buon pregio." abgedruckt in: Bottari, Giovanni Gaetano: Raccolta di lettere sulla pittura scultura ed architettura, Band 1, Roma 1757, S. 35, Übersetzung: Sabine Burbaum.

200 Es handelt sich um Properzia de' Rossi (um 1490–um 1530).

201 Vicioso, Julia: Costanza Francini tra Artemisia Gentileschi e le committenze della Compagnia della Pietà in San Giovanni dei Fiorentini a Roma, Rom 2014; siehe auch Anm. 64.

202 "a farle sapere il mio arrivo in Napoli con buona salute", zit. nach Solinas, in: Treves 2020, S. 62, Anm. 47.

203 Ascoli Piceno, Pinacoteca Civica.

204 Giovanna Garzoni, Piante varie, Washington, DC, Dumbarton Oaks Research Library, ms G-3-3.

205 Della Ragione, Achille: http://achillecontedilavian.blogspot.com/2012/03/diana-de-rosa-detta-annella-di-massimo.html.

206 https://wannenesgroup.com/lots/397-70-maddalena-corvina/.

207 Banti, Anna: Artemisia, München 1992, S. 54.

208 Ebd., S. 219.

209 Ebd., S. 221.

210 Corte Savella ist der Name des Gefängnis, in dem Tassi inhaftiert war und in dem Teile des Prozesses stattfanden.

211 Menzio, Eva: Atti di un processo per stupro, Milano 1981.

212 In Garrard, 1989.

213 Lapierre, Alexandra: Artemisia G., München/Zürich 1998, S. 144.

214 Ebd., S. 295.

215 Ebd., S. 379.

216 Ebd., S. 379.

217 Hellwig, Karin, in: Neue Zürcher Zeitung vom 30.4.2008, S. 52.

218 Georgen, Theresa: Hysterisch, exaltiert, verzweifelt. Die filmische Konstruktion einer künstlerischen weiblichen Attitüde, in: Schmitz, Norbert M. (Hrsg.): Der Kinematografische Vasari. Zur Ästhetik des filmischen Künstlerporträts, Kiel 2019, S. 190.

219 Ebd., S. 184.

220 Barthes, Roland: Deux femmes, in: Artemisia, Paris 1979 (in deutscher Übersetzung: Zwei Frauen, in: Wachenfeld 1992, S. 11–14).

221 Lublin, Lea: Der perspektivische Raum und das verbotene Begehren der Artemisia G., in: Weber, Stephanie/Mühling, Mattias: Lea Lublin – Retrospective, München/Köln 2015, S. 317.

222 Breitling, Gisela: Die Spuren des Schiffs in den Wellen. Eine autobiographische Suche nach den Frauen in der Kunstgeschichte, Frankfurt am Main 1986, S. 157 (1. Auflage Berlin 1980).

223 Hildesheimer, Wolfgang: Mozart, Frankfurt am Main 1982, S. 290.

Personenverzeichnis

Berufsbezeichnungen finden sich nur bei den Personen, bei denen es sich nicht (ausschließlich) um Künstler:innen handelt.

A

B

C

D

E

F

G

H

J

K

L

M

N

O

P

R

S

T

U

V

Z

Liste der im Text genannten Bilder von Artemisia Gentileschi

Die Titel der nur dokumentarisch belegten Bilder sind kursiv. In Klammern die Katalognummern bei Bissel 1999; L sind laut Bissel verlorene Werke, X von Bissel abgelehnte Zuschreibungen.

Allegorie der Begabung, 1616, Leinwand, 152 x 61 cm, Florenz, Casa Buonarroti, spätere Übermalung von Baldassare Franceschini, genannt Il Volterrano (Bissel Kat. 8), Abb. S. 66.

Allegorie der Fama, 1638/39, 1639 und 1649 im Inventar der königlichen Sammlung in England gelistet (Bissel L-30).

Allegorie der Malerei (Artemisia Gentileschi an der Staffelei), um 1620/25, Leinwand, 98 x 74,5 cm, Rom, Galleria Nazionale d'Arte Antica Palazzo Barberini (Bissel Kat. 25; auch Simon Vouet zugeschrieben), Abb. S. 113.

Allegorie der Malerei, um 1638/39, Leinwand, 98,6 x 75,2 cm, monogrammiert in der Mitte unten: A.G.F., London, The Royal Collection (Bissel Kat. 42), Abb. S. 77.

Allegorie der Poesie, um 1612/13?, verschollen (nicht bei Bissel).

Anbetung der Hirten, um 1635, Leinwand, 308 x 205 cm, Pozzuoli, Dom (Bissel Kat. 33c).

Antoine de Ville, 1626/27, Leinwand, 204,5 x 109,2 cm, Privatsammlung (am 29. 1. 2020 bei Sotheby's New York) (Bissel Kat. 19), Abb. S. 133.

Apollo mit der Leier, nach 1630, in Gedichten von Fontanella erwähnt (nicht bei Bissel).

Apollo, der den Python tötet, nach 1630, in Gedichten von Fontanella erwähnt (nicht bei Bissel).

Bathseba, 1636, Leinwand, ca. 3 m hoch, für Fürst Karl Eusebius von Liechtenstein (Bissel L-8).

Bathseba, um 1635/50, Leinwand, 259 x 218 cm, Potsdam, Neues Palais, Obere Galerie (Bissel Kat. 48a), Abb S. 79, 176/177.

Bathseba, um 1636/37, Leinwand, 265,4 x 209,6 cm, Columbus/Ohio, Museum of Art (lt. Bissel Kat. 37 identisch mit dem Bild, das sich 1742 im Haus von Luigi Romeo befand).

Büßende Maria Magdalena (Bekehrung der Magdalena), 1615/16, Leinwand, 146,5 x 108 cm, Signiert (von anderer Hand?) ARTIMISIA LOMI, Florenz, Palazzo Pitti (Bissel Kat. 10) , Abb. S. 98.

Büßende Maria Magdalena, um 1625, Leinwand, US-amerikanische Privatsammlung (nicht bei Bissel).

Büßende Maria Magdalena, Leinwand, 122 x 97 cm, Sevilla, Kathedrale (Kopie des Originals in US-amerikanischer Privatsammlung; Bissel Kat. 16).

Büßende Maria Magdalena, Leinwand, 136,3 x 100,3 cm, Mexiko-Stadt, Museo Soumaya (Kopie des Originals in US-amerikanischer Privatsammlung; Bissel Kat. 17).

Büßende Maria Magdalena, 1630/31, Leinwand, 102 x 118 cm, Beirut, Sursock Palast Sammlung (nicht bei Bissel).

Christus und die Samariterin am Brunnen, um 1637, Leinwand, 267,5 x 206 cm, Privatsammlung (Bissel L-15).

Christus, die Kinder segnend, 1626, Leinwand, 135 x 98,5, rückseitig signiert und 1626 datiert, Rom, San Carlo Borromeo (Bruderschaft der Heiligen Ambrosius und Carolus; Bissel L-14).

Corisca und der Satyr, um 1635/37, Leinwand, 155 x 210 cm, auf dem Baum rechts signiert: ARTIMISIA / GENTILES / CHI, Italien, Privatbesitz (Bissel Kat. 30), Abb. S. 158.

Danaë, um 1612, Kupfer, 41,3 x 52,7 cm, St. Louis, Missouri, Saint Louis Art Museum (Bissel X-7), Abb. S. 41.

David mit dem Haupt Goliaths, um 1611/12, Leinwand, 152,5 x 142 cm, Kroměříž, Schloss, Gemäldegalerie (um 50 cm in der Höhe beschnitten; nicht bei Bissel).

David mit dem Haupt Goliaths, um 1630?, Leinwand, 203,5 x 152 cm, Privatsammlung (22.10.2019 Auktion Wien, Dorotheum; nicht bei Bissel).

David mit dem Haupt Goliaths, um 1631?, Leinwand, 201 x 134 cm, 1638 Rom, Sammlung Giustiniani (Bissel L-22/23).

David mit dem Haupt Goliaths, um 1638/40?, Leinwand, 201 x 133 cm, signiert: ARTEMISIA, Privatsammlung (seit 1975 mehrfach versteigert, zuletzt 6. 12. 2018 bei Hampel, München, in London restauriert; nicht bei Bissel).

David, Harfe spielend, um 1625/26, für den Herzog von Alcalá (Bissel L-20).

Diana beim Bade, 1619, Leinwand, 292 x 253 oder 350 x 292 cm, verschollen (1619 in Florenz, Palazzo Pitti dokumentiert, 1649 in einer Medici-Villa; Bissel L-26).

Diana beim Bade, 1638/39, 1649 im Inventar der königlichen Sammlung in England gelistet (Bissel L-25).

Diana beim Bade, 1651, für den Habsburger Hof in Wien (nicht bei Bissel).

Diana und Aktaeon, um 1650, Leinwand, 204 x 255 cm, Messina, Antonio Ruffo (Bissel L-27).

Esther vor Ahasver, nach 1626, Leinwand, 208,3 x 273,7 cm, New York, Metropolitan Museum (Bissel Kat. 28), Abb. S. 74.

Galatea, 1648/49, Leinwand, 204 x 255 cm, Messina, Antonio Ruffo (Bissel L-33; möglicherweise identisch mit dem 2020 bei Christie's versteigerten Bild mit den Maßen 196,85 x 254,5 cm).

Galatea, um 1650, für einen von Antonio Ruffo vermittelten Auftraggeber (nicht bei Bissel).

Geburt Johannes des Täufers, um 1632/35, Leinwand, 184 x 258 cm, signiert: ARTEMITIA / GINTILES, Madrid, Museo Nacional del Prado (Bissel Kat. 32), Abb. S. 76, 142/143.

Gonfaloniere, 1622, Leinwand, 208,4 x 128,4 cm, rückseitig bezeichnet: ARTEMISIA GĒTILESCA FA=/CIEBAT ROMAE 1622, Bologna, Collezioni Communali d'Arte (Bissel Kat. 13), Abb. S. 72.

Heilige Cäcilie als Lautenspielerin, 1613/1620, Leinwand, 108 x 78,5 cm, Rom, Pal. Spada (Bissel X-28).

Heilige Elisabeth, 1630, Leinwand, Pisticci, Kirche (nicht bei Bissel).

Heilige Katharina, 1635/36, Geschenk für Andrea Cioli in Florenz (Bissel L-69).

Heilige Katharina von Alexandria, um 1615/17, Leinwand, 71,4 x 69 cm, London, National Gallery (nicht bei Bissel), Abb. S. 80.

Heilige Katharina von Alexandria, um 1615/17, Leinwand, 78 x 61,5 cm, Florenz, Uffizien (Bissel Kat. 6).

Heiliger Januarius im Amphitheater von Pozzuoli, um 1635, Leinwand, 300 x 200 cm, Pozzuoli, Dom (Bissel Kat. 33b).

Heiliger Prokolus und seine Mutter Nicea, um 1635, Leinwand, 300 x 180 cm, Pozzuoli, Dom (Bissel Kat. 33a).

Herkules bei Omphale, 1628, Leinwand, 266 x 266 cm, 1636 in Madrid, Alcázar Real (Bissel L-40).

Herkules bei Omphale, Leinwand, 211 x 238 cm, 1699 in Neapel, Alfonso de Cárdenas (Bissel L-41).

Herkules bei Omphale, um 1640, Leinwand, 192 x 241 cm, Beirut, Sursock Palast Sammlung (mit Bernardo Cavallino? Nicht bei Bissel).

Herkules, 1620 Auftrag von Cosimo II. de Medici, Vollendung unbekannt (Bissel L-39).

Jaël und Sisera, 1620, Leinwand, 86 x 125 cm, signiert: ARTEMITIA LOMI / FACIBAT / M.D.CXX., Budapest, Szépmüvészeti Múzeum (Bissel Kat. 11), Abb. S. 70.

Johannes der Täufer, 1629/31, Leinwand, 167 cm hoch, 1637 in Sevilla, Casa de Pilates, Herzog von Alcalá (Bissel L-75).

Johannes in der Wüste, um 1637, Leinwand, 267 x 267 cm, Auftrag der Barberini Kardinäle (Bissel L-76).

Judith enthauptet Holofernes, 1612/13, Leinwand, 158,8 x 125,5 cm Neapel, Museo e Real Bosco di Capodimonte (Bissel Kat. 4), Abb. S. 68.

Judith enthauptet Holofernes, 1613/14, Leinwand, 199 x 162,5 cm, signiert: EGO ARTEMITIA LOMI FEC., Florenz, Uffizien (Bissel Kat. 12), Abb. S. 8, 10, 69.

Judith und ihre Magd, um 1614/15, Leinwand, 114 x 93,5 cm, Florenz, Uffizien (Bissel Kat. 5).

Judith und ihre Magd, um 1623/25, Leinwand, 184 x 141,6 cm, Detroit, Institute of Arts (Bissel Kat. 14), Abb. S. 75.

Judith und ihre Magd, um 1635/50, Leinwand, 272 x 221, Neapel, Museo e Real Bosco di Capodimonte (Bissel Kat. 48c).

Kleopatra, um 1611/12, Leinwand, 117,5 x 182 cm, Privat-Sammlung (Bissel X-6).

Kleopatra, um 1638/39, Leinwand, 223 x 150 cm, Privatbesitz (1649 im Inventar der königlichen Sammlung in England als ***Heilige(r) mit Hand auf Früchten***, Bissel L-79).

Lautenspielerin, 1628/29, Leinwand, 64 x 78 cm, signiert: A.G.R.F., Privatsammlung (nicht bei Bissel).

Lukrezia, um 1627, ehemals Venedig (Bissel L-54).

Lukrezia und Sextus Tarquinius, vor 1634, Leinwand, 1634 im Besitz des englischen Königshauses (Bissel L-106).

Lukrezia und Sextus Tarquinius, 1636, Leinwand, ca. 3 m hoch, für Fürst Karl Eusebius von Liechtenstein (Bissel L-53).

Lukrezia und Sextus Tarquinius, um 1635/50, Leinwand, 259 x 218 cm, Potsdam, Neues Palais, Obere Galerie (Bissel Kat. 48b).

Madonna, 1653, Neapel, Ettore Capecelatro (nicht bei Bissel).

Maria mit Kind, um 1609/10, Leinwand, 118 x 86 cm, Florenz, Palazzo Pitti, Galleria Palatina (Bissel Kat. 1).

Maria mit Kind, 1613, Leinwand, 116,5 x 86,5 cm, Rom, Palazzo Spada (Bissel X-19).

Maria mit Kind und Rosenkranz, um 1651?, Kupfer, 58 x 50 cm, signiert am linken Rand: ARTEMITIA GENTILESCHI, El Escorial, Casita del Príncipe (Bissel Kat. 51), Abb. S. 78.

Märtyrerin mit Palmzweig, um 1613/14, Leinwand, 31,8 x 24,8 cm, Privatbesitz (Bissel Kat. 7).

Medea tötet eines ihrer Kinder, um 1627/28, Bildträger und Größe nicht bekannt, signiert auf einem Pfeiler ARTEMISIA GENTILESCA ROMANA, Privatbesitz (nicht bei Bissel).

Porträt (Selbstbildnis?), 1629/31, Leinwand, 1637 in Sevilla, Casa de Pilates, Herzog von Alcalá (Bissel L-61).

Porträt des Signore Artigenio, 1611, in den Prozessakten belegt (Bissel L-63).

Porträt einer Dame mit Fächer, um 1625, Leinwand, 127,5 x 95,3, Malta, Souveräner Malteserorden (nicht bei Bissel).

Porträt einer sitzenden Dame, um 1620/30, Leinwand, 128,3 x 95,9 cm, Privatbesitz (27.1. 2022 bei Sotheby's New York versteigert; Bissel Kat. 26), Abb. S. 73.

Porträt von Adriana Basile, nach 1630, in Gedichten von Fontanella erwähnt (nicht bei Bissel).

Porträt von Girolamo Fontanella, nach 1630, in Gedichten von Fontanella erwähnt (nicht bei Bissel).

Porträt, 1629/31, Leinwand, 1637 in Sevilla, Casa de Pilates, Herzog von Alcalá (Bissel L-62).

Raub der Proserpina, ?, Florenz, Palazzo Pitti (Bissel L-66).

Schlafender Amor, um 1627, ehemals Venedig, Jacomo Pighetti (Bissel L-1).

Selbstbildnis als Allegorie der Malerei, um 1612/13?, Holz, 33,9 x 24,3 cm, verschollen (Bissel X-21), Abb. S. 165.

Selbstbildnis als Lautenspielerin (Zingane), um 1615/16, Leinwand, 77,5 x 71,8 cm, Hartford, Connecticut, Wadsworth Atheneum Museum of Art (nicht bei Bissel), Abb. S. 56/57, 67.

Selbstbildnis für Maringhi, 1617/19?, Verbleib unbekannt (nicht bei Bissel).

Selbstbildnis, Leinwand, ab 1630 Cassiano Dal Pozzo versprochen (Bissel L-88).

Selbstbildnis, nach 1630, in Gedichten von Fontanella erwähnt (nicht bei Bissel).

Selbstbildnis, überliefert durch den Kupferstich von Jérôme David, 1627/28 (Bissel Kat. 20).

Selbstbildnis, 1638/39, 1649 im Inventar der königlichen Sammlung in England gelistet (Bissel L-90).

Selbstbildnis, um 1649/50, Antonio Ruffo versprochen (Bissel L-89).

Susanna und die beiden Alten, 1610, signiert ARTEMITIA / GENTILESCHI F. / 1610, Leinwand, 170 x 121 cm, Pommersfelden, Schloss Weißenstein, Kunstsammlungen Graf Schönborn (Bissel Kat. 2) , Abb. S. 28/29, 65.

Susanna und die beiden Alten, 1622, signiert und datiert: ARTEMITIA GENTILESCHI LOMI / FACIEBAT A. D. MDCXXII, Leinwand, 161,5 x 123 cm, Stamford, UK, The Burghley House Collection (Bissel X-42).

Susanna und die beiden Alten, um 1627, ehemals Venedig (Bissel L-105).

Susanna und die beiden Alten, 1636, Leinwand, ca. 3 m hoch, für Fürst Karl Eusebius von Liechtenstein (Bissel L-102).

Susanna und die beiden Alten, um 1636/37, Leinwand, 265 x 210 cm, Privatsammlung (lt. Bissel Kat. 38 identisch mit dem Bild, das sich 1742 im Haus von Luigi Romeo befand, auch Bernardo Cavallini zugeschrieben, 27.1.2022 bei Sotheby's London, verkauft).

Susanna und die beiden Alten, 1638/39, Leinwand, 1639 und 1649 im Inventar der königlichen Sammlung in England gelistet (Bissel L-103).

Susanna und die beiden Alten, 1649, Leinwand, 205 x 168 cm, signiert ARTEMITIA GENTILESCHI F. MDCIL, Brno, Moravská Galerie (Bissel Kat. 50).

Susanna und die beiden Alten, 1652, Leinwand, 200,3 x 225,6 cm, Reste einer Signatur und Datierung links unten an der Balustrade: ARTEMISIA GENTILESCHI F. 1652, Bologna, Pinacoteca Nazionale (Bissel Kat. L-104), Abb. S. 185.

Urteil des Paris, um 1650, für einen von Antonio Ruffo vermittelten Auftraggeber (nicht bei Bissel).

Venus und Adonis, 1651, für den Habsburger Hof in Wien (nicht bei Bissel).

Verkündigung an Maria, 1630, Leinwand, 257 x 179 cm, signiert und datiert: ÆRTEMISIÆ GENTILESCHA / F: 1630, Neapel, Museo e Real Bosco di Capodimonte (Bissel Kat. 24), Abb. S. 147.

Weitere Bilder ohne Titel: drei für den Hof in Florenz, ab 1614, zwei für den Großherzog der Toskana, 1635, eines für den Herzog von Guise, um 1635, zwei um 1650, von Antonio Ruffo abgelehnt, eins 1651 für den Habsburger Hof in Wien.

Abbildungsverzeichnis

Farbtafeln

Abbildungen im Text

Bildnachweis

Cover: Heritage Images / Fine Art Images / akg-images
S. 2: Heritage Images / Fine Art Images / akg-images
S. 8: akg-images / Rabatti & Domingie
S. 10: akg-images / Rabatti & Domingie
S. 12/13: BRITISH LIBRARY / Science Photo Library / picturedesk.com
S. 15: BRITISH LIBRARY / Science Photo Library / picturedesk.com
S. 18: Bridgeman Art Library / picturedesk.com
S. 19: Mudrats Alexandra / Tass / picturedesk.com
S. 22: akg-images / picturedesk.com
S. 26: akg-images / picturedesk.com
S. 28/29: culture-images / fai
S. 31: Staatliche Graphische Sammlung München
S. 32, links: Wikimedia Commons / CC0 1.0
S. 32, rechts: The Morgan Library & Museum, New York
S. 41: culture-images / fai
S. 45: Wikimedia Commons
S. 56/57: Sotheby's / akg-images / picturedesk.com
S. 61: akg-images / Orsi Battaglini
S. 65: culture-images / fai
S. 66: akg-images / Manuel Cohen
S. 67: Sotheby's / akg-images / picturedesk.com
S. 68: akg-images / picturedesk.com
S. 69: akg-images / Rabatti & Domingie
S. 70: akg-images / picturedesk.com
S. 71: Heritage Images / Fine Art Images / akg-images
S. 72: Heritage Images / Fine Art Images / akg-images
S. 73: akg-images / WHA / World History Archive
S. 74: akg-images
S. 75: Detroit Institute of Arts / Gift of Mr Leslie H. Green / Bridgeman Images
S. 76: Heritage Images / Fine Art Images / akg-images
S. 77: culture-images / fai
S. 78: Wikimedia Commons
S. 79: akg-images
S. 80: Heritage Images / Fine Art Images / akg-images
S. 83: Roger Viollet / picturedesk.com
S. 93: Gloria Imbrogno / PA / picturedesk.com
S. 98: Rabatti - Domingie / akg-images / picturedesk.com
S. 102/103: Trustees of the British Museum
S. 105: RMN-Grand Palais (musée du Louvre) / Michel Urtado
S. 112: Royal Museums of Fine Arts of Belgium (Brussels), inv. 4060 / 3128, photo: J. Geleyns
S. 113: Bridgeman Art Library / picturedesk.com
S. 114: bpk / Münzkabinett, SMB / Reinhard Saczewski
S. 117: Courtesy National Gallery of Art, Washington / CC0
S. 127: Trustees of the British Museum
S. 129: historic-maps / akg-images / picturedesk.com
S. 132: Wikimedia Commons
S. 133: Heritage Images / Fine Art Images / akg-images
S. 142/143: Heritage Images / Fine Art Images / akg-images
S. 145: BRITISH LIBRARY / Science Photo Library / picturedesk.com
S. 147: Heritage Images / Fine Art Images / akg-images
S. 158: Wikimedia Commons
S. 165: Alamy / The Picture Art Collection
S. 167: Wikimedia Commons
S. 176/177: akg-images
S. 185: culture-images / fai
S. 190/191: akg-images / picturedesk.com
S. 196/197: Orsi Battaglini / akg-images / picturedesk.com
S. 201: Wikimedia Commons
S. 203: Wikimedia Commons
S. 205: Courtesy National Gallery of Art, Washington / CC0
S. 208: Courtesy National Gallery of Art, Washington / CC0
S. 210/211: Privat
S. 239: Privat

Literatur

Ausführliche Literaturverzeichnisse finden sich bei Bissel 1999, Contini/Solinas 2011, Locker 2015, Treves 2020, Barker 2022

Barker 2016: Barker, Sheila (Hrsg.): Woman Artists in early modern Italy. Careers, Fame, and collectors, London/Turnhout 2016.

Barker 2017: Barker, Sheila (Hrsg.): Artemisia Gentileschi in a Changing Light, London/Turnhout 2017.

Barker 2017a: Barker, Sheila: Artemisia's money: The entrepreneurship of a woman artist in seventeenth-century Florence, in: Barker 2017, S. 59–88.

Barker 2018: Barker, Sheila: The first biography of Artemisia Gentileschi, in: Mitteilungen des Kunsthistorischen Instituts in Florenz 2018, Nr. 60, Heft 3, S. 404–435.

Barker 2021: Barker, Sheila: Lives of Artemisia Gentileschi by herself and others, Los Angeles 2021.

Barker 2022: Barker, Sheila: Artemisia Gentileschi, Los Angeles 2022.

Bissel 1999: Bissel, R. Ward: Artemisia Gentileschi and the authority of art, Pennsylvania 1999 (mit ausführlichem Werkverzeichnis).

Christiansen/Mann 2001: Christiansen, Keith/Mann, Judith: Orazio and Artemisia Gentileschi (Ausstellungs-Katalog), Mailand 2001.

Cohen 2000: Cohen, Elisabeth Storr: The trials of Artemisia Gentileschi. A rape as history, in: The sixteenth century journal 2000, Nr. 31, Heft 1, S. 47–75.

Cohen 2015: Cohen, Elisabeth Storr: More trials for Artemisia: her life, love and letters in 1620, in: McIver, Katherine A./Stollhans, Cynthia: Patronage, gender and the arts in early modern Italy, New York 2015, S. 249–272.

Contini/Solinas 2011: Contini, Roberto/Solinas, Francesco (Hrsg.): Artemisia Gentileschi, storia di una passione (Ausstellungs-Katalog), Mailand 2011.

Garrard 1989: Garrard, Mary D.: Artemisia Gentileschi. The image of the female hero in italian baroque art, Princeton 1989.

Garrard 2017: Garrard, Mary D.: Identifying Artemisia: The archive and the eye, in: Barker 2017, S. 11–40.

Garrard 2020: Garrard, Mary D.: Artemisia Gentileschi and feminism in early modern Europe, London 2020.

Krischel/Sevcik 2022: Krischel, Roland / Sevcik, Anja K.: Susanna. Bilder einer Frau vom Mittelalter bis MeToo (Ausstellungs-Katalog Köln), Petersberg 2022.

Locker 2015: Locker, Jesse: Artemisia Gentileschi, the language of painting, New Haven 2015.

Lutz 2011: Dagmar Lutz: Artemisia Gentileschi. Leben und Werk, Stuttgart 2011.

Mann 2005: Mann, Judith (Hrsg.): Artemisia Gentileschi: Taking Stock, Turnhout 2005.

Solinas 2021: Solinas, Francesco: Lettere di Artemisia (Nuova edizione critica e annotata), Rom 2021 (1. Auflage Rom 2011).

Stolzenwald 1991: Stolzenwald, Susanna: Artemisia Gentileschi. Bindung und Befreiung in Leben und Werk einer Malerin, Stuttgart 1991.

Treves 2020: Treves, Letizia (Hrsg.): Artemisia (Ausstellungs-Katalog), London 2020.

Wachenfeld 1992: Wachenfeld, Christa: Die Vergewaltigung der Artemisia. Der Prozess, Freiburg im Breisgau 1992 (mit einem Essay von Roland Barthes).

Fiktion

Banti, Anna: Artemisia, München 1992.

Blöss, Willi, Artemisia Gentileschi – Die neue Frau, Aachen 2021.

Bramly, Marine: Artemisia, die Geschichte einer Passion, Berlin 1998 (nach dem Film von Agnès Merlet: Artemisia – Schule der Sinnlichkeit von 1997).

Hatry, Michael: Ich will malen! Das Leben der Artemisia Gentileschi (mit einem Anhang von Susanna Partsch), Hildesheim 2007.

Lapierre, Alexandra: Artemisia G., München/Zürich 1998 (in der französischen Originalausgabe und der englischen Ausgabe mit einem ausführlichen Anmerkungsapparat).

Siciliano, Gina: I know what I am. The Life and Times of Artemisia Gentileschi, Seattle, WA 2019 (Graphic Novel).

Vreeland, Susan: Die Malerin, München/Zürich 2002.

Die Autorin

Susanna Partsch

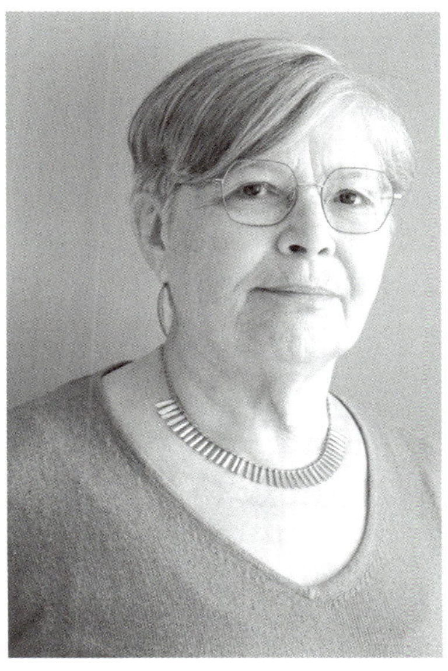

ist promovierte Kunsthistorikerin und erfolgreiche Autorin von Sachbüchern für Erwachsene, Jugendliche und Kinder. Zu ihren Publikationen zählen Künstlermonografien, Überblickswerke wie „Wer hat Angst vor Rot, Blau, Gelb" (2012) oder „Schau mir in die Augen, Dürer" (2018) sowie themenbezogene Bücher wie „Tatort Kunst" (2010) oder „Wer klaute die Mona Lisa" (2021). Für ihr Buch „Haus der Kunst. Ein Gang durch die Kunstgeschichte von der Höhlenmalerei bis zum Graffiti" wurde sie 1998 mit dem Deutschen Jugendliteraturpreis ausgezeichnet. Drei weitere Nominierungen folgten 2000, 2009 und 2019, außerdem 2009 die Nominierung für „Das beste Wissenschaftsbuch des Jahres" in Österreich gemeinsam mit Rosemarie Zacher.

Die Gemälde der prominenten Barockmalerin Artemisia Gentileschi, die häufig zugunsten der zu Teilen falsch interpretierten Biografie vernachlässigt werden, beschäftigen sie seit vielen Jahren. Susanna Partsch lebt seit 1985 als freie Autorin in München.

Liebe Leserin, lieber Leser,
hat Ihnen dieses Buch gefallen? Dann freuen wir uns über Ihre Weiterempfehlung, Austausch und Anregung unter

leserstimme@styriabooks.at

Inspirationen, Geschenkideen und gute Geschichten finden Sie auf

www.styriabooks.at

STYRIA
BUCHVERLAGE

ISBN 978-3-222-15080-7

Bücher aus der Verlagsgruppe Styria gibt es
in jeder Buchhandlung und im Online-Shop
www.styriabooks.at

Projektleitung: Ulli Steinwender
Lektorat: Arnold Klaffenböck
Bildredaktion: Alexander Herzlinger
Cover und Buchgestaltung: Bleed Vienna
Layout: Burghard List

Druck und Bindung: Finidr
Printed in the EU
7 6 5 4 3 2 1